普通高等教育"十一五"国家级规划教材 修订版

高职高专物流管理专业系列教材

机 械 工 业 出 版 社 精 品 教 材

物 流 营 销

第 4 版

主　编　袁炎清　　范爱理

副主编　管惟琦　　倪天林

参　编　胡勇军　赵　霞　牛晓红　王　峰

机 械 工 业 出 版 社

本书将现代服务营销的基本理论、方法、策略与正在快速发展的物流企业的经营、管理、技术运用的具体情况相结合，介绍了物流营销的基本理论、方法、策略、战略以及物流企业的一些实际做法。

全书共 8 章，包括物流营销基础概述、物流营销市场分析、物流营销目标选择、物流营销 4Ps 制订、物流营销界面管理、物流营销项目开发、物流营销顾客管理、物流营销绩效评估。主要内容涉及营销发展、营销理念、核心概念、基本方法、物流营销、物流服务模式、宏微观环境分析、顾客分析、竞争者分析、营销调研与预测、市场细分、目标市场选择与市场定位、产品与品牌策略、价格策略、渠道策略、促销与沟通策略、人员策略、有形展示策略、过程策略、网络促销、物流营销项目开发与操作、物流项目招标与投标、顾客关系管理、服务失误与服务补救、顾客抱怨与顾客投诉处理、营销管理与营销绩效评估等。

本书可作为大专院校、成人高等学校以及其他各类学校物流管理、市场营销等相关专业的教材，也可作为物流、航运、港口、货代等企业管理人员、市场营销人员和其他从业人员学习、培训的参考用书。

图书在版编目（CIP）数据

物流营销/袁炎清，范爱理主编．—4 版．—北京：机械工业出版社，2018.11（2023.12重印）

高职高专物流管理专业系列教材

ISBN 978-7-111-61124-0

Ⅰ．①物…　Ⅱ．①袁…　②范…　Ⅲ．①物资市场—市场营销学—高等职业教育—教材　Ⅳ．①F252.2

中国版本图书馆 CIP 数据核字（2018）第 234610 号

机械工业出版社（北京市百万庄大街 22 号　邮政编码 100037）
策划编辑：孔文梅　　责任编辑：孔文梅　张潇杰
责任校对：郑　婕　　封面设计：鞠　杨
责任印制：常天培
固安县铭成印刷有限公司印刷
2023 年 12 月第 4 版第 8 次印刷
184mm×260mm・15.25 印张・356 千字
标准书号：ISBN 978-7-111-61124-0
定价：45.00 元

电话服务　　　　　　　　　　网络服务
客服电话：010-88361066　　机 工 官 网：www.cmpbook.com
　　　　　010-88379833　　机 工 官 博：weibo.com/cmp1952
　　　　　010-68326294　　金 书 网：www.golden-book.com
封底无防伪标均为盗版　　　机工教育服务网：www.cmpedu.com

前 言

《物流市场营销》第 1 版于 2003 年年初出版,出版后得到了读者的认可和好评,后又修订出版了第 2 版和第 3 版,多次印刷,2006 年被评为"普通高等教育'十一五'国家级规划教材",2007 年被机械工业出版社评为精品教材。经过 10 余年的教学使用,一方面获得了读者的一些有益意见或建议,另一方面物流业也在快速发展、物流营销研究在不断进步,为了更好体现我国物流业的发展实际和满足物流营销教学需要,我们在《物流市场营销》(第 3 版)的基础上,对原书的结构和内容进行了比较大的修订,删减了一些过时的内容,新增了一些研究成果,更新或改写了一些案例,形成了第 4 版并更名为《物流营销》。第 4 版在保留第 3 版精华内容的基础上,按照营销基础知识、市场分析和选择、项目开发、策略制订、顾客管理、绩效评估的演进思路将内容重构成 8 章,即物流营销基础概述、物流营销市场分析、物流营销目标选择、物流营销 4Ps 制订、物流营销界面管理、物流营销项目开发、物流营销顾客管理、物流营销绩效评估。每部分内容由知识目标、能力目标、案例导入、正文、本章小结、关键术语、知识检测、职场体验等构成,正文中根据需要,列有示例、相关知识等内容,作为进一步的解释。

本书第 3 版由袁炎清、范爱理任主编,管惟琦、倪天林、赵霞、胡勇军、牛晓红等参加编写,袁炎清统编定稿。由于时间关系和人员变化,本版的修订由袁炎清教授完成,广州航海学院王峰副教授、胡勇军副教授提供了部分资料。

本书配有电子课件等教师用配套教学资源,凡选用本书作为教材的教师可登录机械工业出版社教育服务网 www.cmpedu.com 下载。咨询可致电:010-88379375,QQ:945379158。

本版的修订工作得到了机械工业出版社蓝伙金、孔文梅的支持和帮助,并给予了具体指导,得到了编者们所在学校领导和同事的关心与鼓励,在此表示衷心感谢!此外,在编写过程中,比较多地参阅和引用了一些市场营销、服务营销和物流方面的文献资料,包括许多网络资料,在此一并致谢!

由于我们的理论水平和实践经验有限,书中不当之处敬请读者批评指正。

袁炎清

目　录

第一章

物流营销基础概述

1

知识目标

了解市场营销的发展过程。

理解市场营销的核心概念和服务营销的核心理论。

熟悉物流市场营销的特点、方式和物流营销规划管理。

掌握 SWOT 分析方法的运用。

能力目标

能初步运用各种营销指导思想分析企业营销活动。

案例导入

三个业务员寻找市场

一家制鞋公司拟开拓非洲市场，决定派员去非洲一个国家，考察能否将本公司的鞋销售给当地居民。公司先派市场部业务员 A 去，A 到非洲只待了一天便发回一封电报："这里的人不穿鞋，没有市场。我即刻返回。"公司又派出了业务员 B，B 在非洲待了一个星期，电报告知："这里的人不穿鞋，鞋的市场容量很大，可以把本公司生产的鞋卖给他们。"公司得到两种不同的结果后，为了解到更真实的情况，总经理于是又派出业务员 C，C 到非洲后待了一个月，向总经理报告："这里的人不穿鞋，原因是他们脚上长有脚疾，他们也想穿鞋，过去不需要我们公司生产的鞋，是因为我们的鞋太窄。我们必须生产宽一些的鞋，才能适合他们对鞋的需求。这里的部落首领不让我们做买卖，除非我们借助于政府的力量和公关活动扩大影响。公司打开这个市场需要投入大约 1.5 万美元。这样我们每年能卖大约 2 万双鞋，在这里卖鞋可以赚钱，投资收益率约为 15%。"

思考 1）什么是市场？

2）如果你是本例中的公司总经理，你将采纳哪一个业务员的建议，为什么？

3）请你以一种自己较熟悉的商品为例，分析这种商品是如何进入市场，并被广大消费者（或客户）所接受的？

4）你认为营销是一项系统活动吗？

1.1　市场营销学的产生与发展

市场营销学萌生于 20 世纪初，成熟于 20 世纪 80 年代，目前仍在不断发展之中。它是市场经济发展到较高级阶段的产物，并随着社会和经济的发展而不断深化、丰富和完善。

1.1.1　市场营销学产生的条件

市场营销理论作为一门学科产生于 19 世纪末 20 世纪初的美国。当时美国社会经济出现的一些明显变化促进了市场营销思想和理论的形成：①市场规模迅速扩大。工业生产飞速发展，专业化程度日益提高，人口增长迅速，城市化速度加快，人均收入大幅度提高，美国国内市场扩大到了历史上前所未有的程度。市场规模的迅速增长既为厂商提供了大规模生产机会，带来了无限商机，也给厂商带来了新的竞争。信息、促销等变得越来越重要。②市场的决定力量由卖方向买方转化。市场规模的扩大极大地刺激了生产厂商的扩张欲望，科技进步使得大规模生产成为可能。农业经济向工业经济转化，家庭作坊向大规模工厂转化，有力推动了社会生产的发展，与此同时，市场供求关系也出现变化，市场的决定力量由卖方（生产经营者）向买方（消费者）倾斜，卖方市场开始向买方市场转化。企业生产什么、生产多少由市场来决定，企业的生产经营活动要按照市场的需求来安排，市场营销活动（如广告、促销等）日益成为影响企业效益的重要因素。③公平竞争环境的建立。竞争是市场经济的灵魂，也是市场规律得以发挥作用的基础和条件。有市场就必然有市场竞争，但并非所有的市场竞争都有利于市场规律发挥作用。只有自由、公开、平等、正当的市场竞争才能引导社会经济合理发展。国家通过建立一系列的政治法律制度，来维持社会的公平竞争，保护企业、消费者和国家的利益。自由竞争能让市场主体自由地参与或退出市场活动；实行公开竞争便于提高市场竞争的"透明度"，使市场竞争行为在规范有序中正常进行。在市场竞争中，竞争者以平等的权利、地位为基础，面对同等的市场机会，不应存在歧视的市场待遇；竞争者从事生产经营活动应讲究公正、商业道德和符合法律规范。

市场营销思想最初的产生是自发的，是人们在解决各种市场问题的过程中逐渐形成的。上述这些变化因素有力地促进了市场营销思想的产生和市场营销理论的发展。

1.1.2　市场营销学的发展

市场规模的扩大、商品的迅速丰富、需求的多样化等因素逐渐改变了原有的商品流通体系，中间商体系开始形成，出现了与第一流生产企业并驾齐驱的百货商店、邮购商店和连锁经营店等市场主体。中间商的进入，产品市场开始由本地市场向全国市场甚至是国际市场扩张，也产生了供应商与消费者之间的信用等问题，而生产企业内的销售队伍也开始迅速膨胀，日益成为与生产线管理同等重要的组织构成。这些新生因素的出现要求企业必须进行有效的管理。但是，管理一家工厂所要求的才能与管理一个新的分销组织所需要的才能是不同的，培养这方面人才所需要的技术知识和理论思想在现成的理论书中是找不到的，它迫切需要有一种新的理论问世。

在上述大背景下，市场营销学作为一门站在企业角度，研究企业如何在市场条件下提供有效供给，并能在生产商、中间商、消费者之间建立有效的沟通，以提高企业经济效益的学科就呼之欲出了。

追踪索源，市场营销学百余年的理论与实践发展，大体上可划分为以下七个阶段：

1．萌芽阶段（1900—1920 年）

这一时期，出现了一些市场营销研究的先驱者，其中最著名的有肖（Shaw），巴特勒（Bulter），斯威尼（Swirniy）及赫杰特齐（Hagerty）。学者们的研究主要涉及分销和广告学。这一阶段的市场营销理论同企业经营哲学相适应，即同生产观念相适应。其依据是传统的经济学，是以供给为中心的。1905 年，美国人克罗西在宾夕法尼亚大学开设"产品市场营销"课程，1910 年，巴特勒在威斯康星大学开设"市场营销方法"课程，1912 年，赫杰特齐编著第一本《市场营销学》教材。课程的开设、教材的编写标志着市场营销学作为一门学科开始建立。

2．功能研究阶段（1921—1945 年）

此阶段最著名的代表者有克拉克（Clerk）、韦尔达（Weld）、亚历山大（Alexander）、埃尔德（Ilder）及奥尔德逊（Alderson）。这一阶段以营销功能研究为特点。1932 年，克拉克和韦尔达出版了《美国农产品营销》一书，对美国农产品营销进行了全面的论述，指出市场营销的目的是"使产品从种植者那儿顺利地转到使用者手中"。这一过程包括三个重要又相互有关的内容：集中（购买剩余农产品）、平衡（调节供需）、分散（把农产品化整为零）。这一过程包括七种市场营销功能：集中、储藏、财务、承担风险、标准化、推销和运输。1942 年，克拉克出版的《市场营销学原理》一书，在功能研究上有创新，把市场营销的功能归纳为三类：交换功能——销售和采购，物流功能——运输和储存，辅助功能——融资、风险承担、市场信息沟通和标准化等，并提出了推销是创造需求的观点，实际上是市场营销的雏形。

3．形成和巩固时期（1946—1955 年）

这一时期的代表人物有范利、格雷特、考克斯、梅纳德及贝克曼。这一时期已形成市场营销的原理及研究方法，传统市场营销学已形成。1952 年，范利、格雷斯和考克斯合作出版了《美国经济中的市场营销》一书，全面地阐述了市场营销如何分配资源，指导资源的使用，尤其是指导稀缺资源的使用；市场营销如何影响个人分配，而个人收入又如何制约营销；市场营销还包括为市场提供适销对路的产品。1952 年，梅纳德和贝克曼在出版的《市场营销学原理》一书中，提出了市场营销的定义，认为它是"影响商品交换或商品所有权转移，以及为商品实体分配服务的一切必要的企业活动"。梅纳德归纳了研究市场营销学的五种方法，即商品研究法、机构研究法、历史研究法、成本研究法及功能研究法。1955 年，西德尼·莱维提出"品牌"形象的概念，这实际上标志着差异化竞争时代的来临。

4．市场营销管理导向时期（1956—1965 年）

这一时期的代表人物主要有史密斯（Smith）、奥尔德逊（Alderson）、霍华德（Howard）及麦卡锡（McCarthy）。史密斯于 1956 年在美国《市场营销杂志》首先提出市场细分理论，这一理论已被广泛用来指导企业的市场营销活动。为企业寻找目标市场，对产品进行精确市场定位,加强市场竞争地位,在为企业带来良好经济效益的同时,也更好地满足了消费者的需求。奥尔德逊在 1957 年出版的《市场营销活动和经济行动》一书中,提出了"功能主义"的概念。霍华德在出版的《市场营销管理:分析和决策》一书中,率先从营销管理角度论述市场营销理论和应用,从企业环境与营销策略二者的关系来研究营销管理问题,强调企业必须适应外部环境。1957 年,通用电气公司的约翰·麦克金特立克阐述了"市场营销观念"的哲学内涵,认为它是公司效率和长期盈利的关键。当一个组织脚踏实地地发现客户的需要,然后给予各种服务,到最后使客户得到满足,它便是以最佳方式满足了组织自身的目标。市场营销概念的重点从"以产定销"转向"以销定产",这是公司经营观念或市场观念的一次重大飞跃。市场营销观念提出了企业市场致胜在思想上的"四大法宝":客户需求、目标市场、协调营销以及通过满足客户需要创造公司利润。这一观念使得客户与公司间的关系趋于双赢,即在满足客户需求的同时也实现公司自身的目标。麦卡锡在 1960 年出版的《基础市场营销学》一书中,对市场营销管理提出了新的见解,提出了著名的"市场营销组合"理论(4Ps),以产品(Product)、价格(Price)、渠道(Place)、促销(Promotion)构成营销过程控制的职能要素。他把消费者视为一个特定的群体,即目标市场,企业制订市场营销组合策略,适应外部环境,满足目标客户的需求,实现企业经营目标。1961 年,西奥多·莱维特发表了著名的"营销近视"说。他指出有些行业在困难期间衰退的原因在于它们重视的是"产品",而不是"客户需要"。1963 年,威廉·莱泽提出了"生活方式"这样一个早已为社会学家所熟悉的概念,指出它对营销领域可能发生的深刻影响。各种生活方式是洞察形形色色消费方式的切入点。厂商们越来越多地按照某种特定的生活方式来设计产品,锁定一个消费群体。

5. 协同和发展时期(1966—1980 年)

这一时期的代表人物主要有道宁(Downing)、科特勒(Kotler)。1967 年,美国著名市场营销学教授科特勒出版了《市场营销管理:分析、计划与控制》一书,更全面、系统地发展了现代市场营销理论。他对营销管理下了定义:营销管理就是通过创造、建立和保持与目标市场之间的有益交换和联系,以达到组织的各种目标而进行的分析、计划、执行和控制过程,并提出市场营销管理过程包括分析市场营销机会,进行营销调研,选择目标市场,制订营销战略和战术,制订、执行及调控市场营销计划。在 20 世纪 60 年代末,莱维和科特勒提出"扩大的营销概念",市场营销是与市场有关的人类活动,既适用于盈利组织,也适用于非盈利组织、个人等。并于 70 年代以后在这种概念的基础上逐渐发展起"社会大营销"的完善理论。道宁于 1971 年出版的《基础市场营销:系统研究法》一书,提出了系统研究法,认为公司就是一个市场营销系统,"企业活动的总体系统,通过定价、促销、分配活动,并通过各种渠道把产品和服务提供给现实的和潜在的客户"。他还指出,公司作为一个系统,同时又存在于一个由市场、资源和各种社会组织等组成的大系统之中,它将受到大系统的影响,同时又反作用于大系统。1971 年,泽尔曼和科特勒提出了"社会营销"的概念,促使人们注意营销学在传播意义重大的社会目标方面可能产生的作用,如环境保护。20 世纪 70 年代早期的经济危机导致了"战略计划"概念的产生,在这方面成绩卓著的是波士顿咨询公司。它说服企业不能对所有的业务一视同仁,而应该根据各种业务的市场份额的成长情况来进行取舍。这就是建立在波士顿矩阵之上的著名的"业务经营组合法"。对营销者而言,营销并不仅仅意味着增加销售额,而是要通盘考虑"战略营销"的概念。到了20世纪70年代后期,美国的服务业得到迅速发展,随即休斯塔克在1977年的营销学杂志上阐述了她对服务营销的独到见解。她认为,因为服务性商品和实物性商品在生产和消费的过程中存在着显著差异,对服务产品的营销应该从实物产品营销思路的束缚中解脱出来。从而掀起对服务营销学的研究热潮,使其逐渐发展成营销理论体系中的一支。

这一时期,市场营销学逐渐从经济学中独立出来,同管理科学、行为科学、心理学、社会心理学、统计学等理论相结合,其理论更加成熟。

6. 分化和扩展时期(1981—1993年)

1981年,辛格和科特勒对"市场营销战略"这一概念以及军事理论在市场营销战中的应用进行了研究,几年后,列斯和特罗出版了《市场营销战》一书。1981年,瑞典的格罗路斯发表了论述"内部营销"的论文。倡导在公司里创造一种营销的氛围,从经理到普通职员全部在本职工作中贯彻营销观念,营销工作已不再仅仅是营销部门的职责,而是公司全员的责任,奉行客户导向的营销观念。科特勒也提出要在企业内部创造一种市场营销文化,即使企业市场营销化的观点。1983年,莱维特提出另一个堪称里程碑的概念——"全球营销"。他呼吁跨国公司向全世界提供一种统一的产品,采用统一的沟通手段。他指出过于强调对各个当地市场的适应性,将导致生产、分销和广告方面规模经济的损失,从而使成本增加。1985年,杰克逊提出了"关系营销""协商推销"等新观点。关系营销是指建立维系和发展客户关系的营销过程,目标是致力于培养客户的忠诚度。公司不是在创造购买,而是要建立各种关系。特别是当服务在产品交易中作用越来越突出的时候,关系营销更优于交易营销。1986年,科特勒提出了"大市场营销"的概念(6Ps):原来的4Ps(产品、价格、分销及促销)加上政治权力(Political power)及公共关系(Public relations)。他提出当代的营销者越来越需要借助政治技巧和公共关系技巧去克服各种地方保护主义、政治壁垒和公众舆论方面的障碍等,以便在全球市场有效地开展工作。在此期间,"直接市场营销"也是一个引人注目的新问题,其实质是以数据资料为基础的市场营销,由于事先获得大量信息和电视通信技术的发展才使直接市场营销成为可能。它从最初的上门推销和邮售,发展到现在的电话推销、电视直销和网上销售等。1990年,广告学教授劳特朋(Lauteerborn)在美国《广告时代》上发表文章,第一次提出4Cs营销理论。与4Ps理论相比,该理论以消费者为中心,强调忘掉产品,注意消费者的欲望与需求(Consumer wants and demands);忘掉价格,了解消费者为满足其需求与欲望所愿意支付的成本(Cost);忘掉渠道,考虑如何使消费者方便(Convenience);忘掉促销,强调企业和消费者之间双向沟通(Communication)的重要性。1992年,舒尔茨和劳特朋出版了《整合营销传播》(Integrated Marketing Communications,IMC)一书,整合营销传播的核心思想是将与企业进行市场营销有关的一切传播活动一元化。整合营销传播包括认知的整合、形象的整合、功能的整合、协调的整合、基于消费者的整合、基于风险共担者的整合、关系管理的整合。20世纪90年代,美国的舒尔茨(Schultz)提出4Rs理论,它包括与客户建立关联(Related),提高市场反应速度(Reflect),重视关系营销(Relation)和营销回报(Reward)。这一理论强调以竞争为导向,注重关系营销,维护企业与客户之间的长期合作关系。4Rs理论通过适应需求变化并创造需求,追求各方互惠关系最大化。而20世纪90年代中后期,随着高科技产业的迅速崛起，高科技企业、高技术产品和服务不断涌现，营销观念和营销方式也不断丰富与发展，出现了 4Vs 营销组合理论。所谓 4Vs 是指差异化（Variation）、功能化（Versatility）、附加值（Value）、共鸣（Vibration）。这一理论强调客户差异化、功能弹性化、产品附加值以及消费者在消费产品时所产生的共鸣。4Vs 理论主要满足客户追求个人体验和价值最大化需求。

7. 营销管理的网络化时期（1993 年至今）

信息技术在 20 世纪 90 年代的蓬勃兴起将营销带进了新的时代，关于"数据库营销""知识营销""网络营销""绿色营销""定制营销""深度营销""政治市场营销""市场营销决策支持系统""市场营销专家系统"等新的理论与实践问题开始引起学术界和企业界的关注。进入 21 世纪，随着科技进步加快、信息技术和互联网的广泛应用，市场营销呈现出虚拟化、个性化、国际化、高科技等特点，营销组织精简反应迅速，市场营销管理以客户为中心，市场营销人员成为咨询顾问，产品越来越多样化，产品生命周期越来越短，营销品牌趋向全球一致，分销渠道数字化，企业广泛运用多元新型媒体开展市场营销活动。

概括地说，市场营销学的发展主要是沿着营销理念的深化、营销对象内涵外延的扩大和理论基础的不断丰富三条脉络演变的。

1）营销理念的深化。营销理念指的是企业从事营销活动的指导思想。市场营销理念的演变过程经历了以生产理念、产品理念、推销理念为内容的传统市场营销理念；以客户导向、社会营销为内容的新市场营销理念；以及适应时代发展的各种新的营销理念。每一个新理念的提出都是对前一个理念的扬弃，它使营销理念不断深化，并日益表现出企业对客户、社会和环境所应承担的责任的关注。

2）营销对象内涵和外延的扩大。早期的营销理论主要用于研究和指导企业行为，现在被推广到一些非盈利性机构，如医院、学校、社会福利机构等，甚至被应用到诸如争取国外援助、旅游开发、农业开发等政府项目中。早期市场营销学中最重要的核心概念——产品，正在不断被赋予新的含义，服务、创意、Know-How 等无形产品已成为产品的主题，而且逐渐成为比有形产品更具价值、更有意义、更重要的产品，这些都深刻地反映了社会变迁、产业升级、知识经济等当今世界经济生活中的重要主题。

3）营销理论基础的丰富。著名营销大师菲利普·科特勒曾说："市场营销学的父亲是经济学，母亲是行为科学；数学乃市场营销学的祖父，哲学乃市场营销学的祖母。"实际上，市场营销学在发展进程中除了继承了以上学科的雄厚基础之外，还在不断从系统科学、管理科学、信息科学、传播学、心理学等学科汲取营养，充实、丰富自己。

1.1.3 市场营销学的性质和研究对象

1. 市场营销学的性质

"Marketing"一词在英文中既作市场营销解释，同时也作市场营销学解释，但这是两个既有联系又有区别的不同概念。市场营销学是系统地研究市场营销活动规律的一门科学，是对现代化大生产及商品经济条件下工商企业营销活动经验的总结和概括，它阐明了一系列概念、原理和方法。市场营销理论与方法一直指导着国内外企业营销活动的发展。科特勒指出，市场营销学是一门建立在经济科学、行为科学以及现代管理理论基础上的应用科学。

2. 市场营销学的研究对象

市场营销学的研究对象是市场营销活动及其规律，即研究企业如何识别、分析评价、选择和利用市场机会，从满足目标市场客户需求出发，有计划地组织企业的整体活动，通过交换，将产品从生产者手中转向消费者手中，以实现企业营销目标。基本内容如下：

1）营销原理。它包括营销观念、市场分析、营销环境、消费者需要与购买行为、市场细分与目标市场选择等理论。

2）营销实务。它是由产品策略、定价策略、分销渠道策略、促销策略、市场营销组合策略等组成，服务市场营销还涉及人员、过程、环境展示等。

3）营销管理。它包括营销战略、计划、组织、控制、评估等。

4）特殊市场营销。它是由网络营销、服务市场营销和国际市场营销等组成。

1.2 市场营销核心概念

1. 市场

市场起源于古时人类对于固定时段或地点进行交易的场所的称呼，指买卖双方进行交易的场所。发展到现在，市场有如下意义：

1）早期市场的界定沿用了经济学的定义，将市场定义为买主和卖主发生作用的场所（地点）或地区，是商品交换的场所。

2）从客户需求角度看，市场是指一种商品或劳务的所有潜在购买者的需求总和。通常是购买者形成市场，销售者构成行业。简单的营销系统如图 1-1 所示，买卖双方有四种流动相连：卖方将商品（服务）送达市场，并与市场沟通；买方把金钱和信息送到行业。内环表示钱物交换，外环表示信息交换。

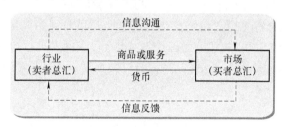

图 1-1 简单的营销系统

3）从企业经营的角度来看，市场是卖方、买方、竞争者的集合。

4）从"关系营销"的角度看，市场是由所有利益相关者构成的集合。

一般而言，市场由具有购买意向、具有支付能力的人群组成，人口、购买力、购买意向这三个基本要素互相制约，缺一不可。市场构成要素可简单表述为

$$市场=\{人口 \times 购买力 \times 购买意向\}$$

一个国家或地区的人口总量、增长速度、自然构成、民族构成、教育程度、地区分布以及地区间的移动等因素，决定着市场的规模和容量的大小，都会对消费需求的变化产生直接或间接的影响，人口是市场三要素中最基本的要素。

购买力是指一定时期由社会各方面用于购买商品或劳务的货币支付能力,包括消费者市场购买力和组织市场购买力,是构成现实市场的物质基础。国民经济发展速度、人均收入水平决定了购买力水平的高低。

购买意向是指消费主体购买商品和服务的动机、愿望或要求,是消费主体把潜在的购买力变为现实购买力的必要条件。

% 相关知识

市 场 类 型

市场按产品或服务供给方的情况可分为完全竞争市场、完全垄断市场、垄断竞争市场和寡头垄断市场;按照消费主体的不同可分为消费市场和组织市场;按照消费客体的性质不同可分为有形产品市场和无形产品市场;按照市场出现的先后可分为现实市场、潜在市场和未来市场;按产品的自然属性划分,可分为商品市场、金融市场、劳动力市场、技术市场、信息市场、房地产市场等;按照地域的不同可分为国内市场与国际市场;按照关系的不同可分为客户(消费者)市场、供应商市场、内部市场、竞争者市场、分销商市场、相关利益者市场。

2. 产品

可以把具有交换价值并能满足交换双方需要与欲望的所有"东西"都称之为产品(Products)。产品可以表现为商品、服务、创意等。产品包括有形的与无形的、可触摸的与不可触摸的,电视机、汽车是产品,公共交通、动物园、博物馆、旅游景点的服务是产品,知识、智慧、创意也是产品。服务(Services)通常是指满足人们需要的任何无形产品。营销学者一般是从区别于有形的实物产品的角度来进行研究和界定服务的。创意(Ideas)就是平常说的"点子""主意"或"想法",创意一般源于个人创造力、个人技能或个人才华。好的创意通常是科学技术和艺术结合的创造。无形产品或服务通常是通过其他载体,诸如人员、地点、活动、组织和观念等来提供的。如当人们感到疲劳时,为满足轻松的需要,可以到音乐厅听歌手演唱(人员),可以到风景区旅游(地点),可以进行户外运动(活动),可以参加假日羽毛球俱乐部(组织),也可以参加研讨会接受一种不同的价值观(观念)。

% 相关知识

交 换 与 交 易

交换(Exchange)是指通过提供某种东西作为回报,从别人那里取得所需物的行为。交换是一个过程,而不是一种事件。交换的产生需要5个条件:①至少要有交换双方;②每一方都要有对方所需要的有价值的标的;③每一方都要具有沟通信息和传送交换物的能力;④每一方都可以自由地接受或拒绝对方的交换条件;⑤每一方都认为同对方的交换是合适、满意或称心的。交换的5个条件可以说是现代市场营销的一种境界,即通过创造性的市场营销实现双赢。

交易(Transactions)是交换的基本组成单位,是由双方之间的价值交换所构成的行为,包括货币交易和易货交易两种主要形式。当交换的协议达成时,则称发生了交易。一项交易至少要涉及如下内容:至少两件以上有价值的标的(包括货币),双方同意的条件、时间和地点,以及相关的法律条款。

3．需要、欲望与需求

人类的需要和欲望是市场营销活动的出发点，也是市场交换活动的基本动因。需要（Needs）是指人们没有得到某些基本满足的感受状态，即人们某种不足或短缺的感觉。人类的需要是丰富多彩的，如食品、衣服、住所、安全、归属、受人尊重等生理需要和心理需要。它是促使人们产生购买行为的原始动机，是市场营销活动的源泉。

欲望（Wants）是人们期望得到基本需要的具体满足物的愿望，是受文化和独特个性影响的人的需要的形式，"欲望"是把需要具体化。不同的欲望通过不同的物品和方式得到满足，如一个美国人饿时需要汉堡包、油炸土豆条和可乐，而中国人则希望得到米饭和菜肴。

需求（Demands）是指在人们购买能力支持下愿意购买某个具体产品的欲望，即具有购买力时，欲望就转化为需求。游艇作为一种海上休闲的工具，人人都需要。但对没有购买能力的人来说，游艇的需要只是一种欲望，只有具有足够支付能力的人才是需求。需求的形成有两个必要条件：有支付能力且愿意购买。

需要、欲望与需求这一组概念都含有"想得到"的基本意思。但这三者又是有区别的，区分需要、欲望和需求的意义在于明确市场营销人员的作用，即需要先于市场营销而存在，市场营销者并不能创造需要，而只是连同其他因素一起影响人们的欲望，并试图向人们指出何种特定产品可以满足其特定需要。市场营销人员通过使产品富有吸引力，适应人们的支付能力且使之容易得到来影响人们的需求。

4．关系与网络

关系（Relationships）是指企业与客户、分销商、经销商、供应商等建立的互信互利的联系。建立关系是指企业向客户做出各种许诺，保持关系的前提是企业履行诺言，发展或加强关系是指企业履行从前的诺言后，向客户做出一系列新的许诺。企业的生产经营活动要着眼于长远利益，特别应注意保持并发展与客户的长期关系，建立关系市场营销。关系市场营销可定义为：企业与其客户、分销商、经销商、供应商等建立、保持并加强关系，通过互利交换及共同履行诺言，使有关各方实现各自的目的。企业与客户之间的长期关系是关系市场营销的核心概念。而在关系市场营销的情况下，企业与客户保持广泛、密切的联系，价格不再是最主要的竞争手段，竞争者很难破坏企业与客户的关系。关系市场营销强调客户忠诚度，保持老客户比吸引新客户更重要。关系市场营销的最终结果，是为企业带来一种独特的资产，即市场营销网络。

市场营销网络（Marketing Networks）是指企业和与之建立起牢固的互相信赖的商业关系的其他企业所构成的网络。在市场营销网络中，企业可以找到战略伙伴并与之联合，以获得一个更广泛、更有效的地理占有。这种网络已经超出了纯粹的"市场营销渠道"的概念范畴。借助该网络，企业可在全球市场上同时推出新产品，并减少由于产品进入市场的时间滞后而被富有进攻性的模仿者夺走市场的风险。市场营销管理也正日益由过去追求单项交易的利润最大化，转变为追求与对方互利关系的最佳化。

5．市场营销

美国市场营销协会（AMA）从不同角度及发展的观点对市场营销下了不同的定义：

1）市场营销是将货物和劳务从生产者流转到消费者过程中的一切企业活动。

2）市场营销是对思想、产品及劳务进行设计、定价、促销及分销的计划和实施的过程，从而产生满足个人和组织目标的交换。

3）市场营销既是一种组织职能，也是为了组织自身及利益相关者的利益而创造、传播、传递客户价值，管理客户关系的一系列过程。该定义一是着眼于客户（或消费者），二是强调了市场营销的特质。

着眼于客户表现为明确了客户地位、承认了客户价值、强调了与客户的互动。客户构成市场，市场沉浮企业。争取客户支持、满足客户需要是企业思考营销问题的核心。客户凭借购买权来驱动市场，这种购买权对于企业来说是稀缺的，因而也就具有了价值。这种价值足以使得企业千方百计地追求为客户提供利益。现代市场营销的发展趋势之一就是客户越来越多地参与到营销活动中来。这种参与意识、体验活动贯穿于从新产品开发到售后服务，从营销战略开发到营销策略实施。要积极运用全面体验管理，增强在营销各个环节中与客户的互动作用，真正做到尊重客户价值，也就保证了市场营销过程紧紧围绕客户价值进行。

市场营销的特质指市场营销是一个过程、一项组织职能，明确了市场营销的目标和导向。市场营销是一个过程，不是从企业营销的自身角度来阐述的，而主要是从客户价值的角度来阐述的，这就要求企业应该着眼于客户价值来综合运用各种营销策略，以期给客户提供更多更有意义的价值。市场营销不仅要以本组织的利益为目标，而且要兼顾和它有相关关系的各种组织的利益，避免企业把市场营销仅看作一项营利的手段，这样才能保证组织市场营销活动的可持续发展。关注客户价值，专注于更好地创造、传播和传递客户价值，管理客户关系，专注于把自己的事情做好，这是市场营销最本质的要求。

市场营销既是一种经营哲学又是一种经营职能。营销作为一种经营哲学，必须将企业的利益相关者看作自己的客户，通过"满足需求——客户满意"，来实现"多赢"；作为营销部门的一种职能，它又必须与其他职能管理部门一样，从事营销的分析、计划、实施与控制等活动。

市场营销作为一种活动，有四项基本功能：发现和了解客户需求；指导企业决策；开拓市场；满足客户需要。

相关知识

利益相关者

利益相关者（Stakeholder）是指能够影响一个组织目标的实现或者能够被组织实现目标过程影响的人或群体。一般而言，企业利益相关者包括股东、经营者、员工、债权人、客户、供应商、竞争者、社区、政府部门、环境保护主义者等。

6. 市场营销组合

市场营销组合（Marketing Mix）是指企业为实现预期目标，将营销中的可控因素进行有机组合。对于生产经营有形产品的企业来说，市场营销组合主要是通过产品策略（Product）、价格策略（Price）、渠道策略（Place）、促销策略（Promotion）进行有效组合，即 4Ps 组合。

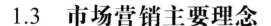

1.3　市场营销主要理念

营销理念是企业营销活动的指导思想。营销理念贯穿于营销活动的全过程，并制约着企业的营销目标和原则，是实现营销目标的基本策略和手段。伴随着市场经济的发展，营销理念也在不断地演变。

1.3.1　传统的营销理念

1．生产观念

生产观念又称为生产者导向观念，是一种传统的经营思想。其基本内容是：企业以改进、增加生产为中心，生产什么产品，就销售什么产品。企业的主要任务是扩大生产经营规模，增加供给并努力降低成本和售价。

2．产品观念

产品观念是指企业不是通过市场分析开发相应的产品和品种，而是把提高质量、降低成本作为一切活动的中心，以此扩大销售、取得利润这样一种经营指导思想，是生产观念的后期表现。它认为客户总是喜欢优质的产品，只要产品好，就不愁销不出去，即所谓"酒好不怕巷子深"。产品观念只看到自己产品的诸多优点，而忽视了客户需求的变化，从而会使企业生产经营陷入困境。

3．推销观念

推销观念是指以推销现有产品为中心的企业经营思想。它是生产观念的发展和延续，强调：如果不经过销售努力，客户就不会大量购买。在"卖方市场"向"买方市场"过渡时，大多数厂商由于生产能力过剩，希望通过大量的促销活动积极推销产品。推销观念的主要不足在于营销者只注重"推销企业所制造的产品"，而不是"制造市场所需要的产品"。没有站在客户的角度来看待自己的营销活动。

相关知识

> **市场营销与推销或销售的区别**
>
> 现代市场营销认为，企业的一切经济活动都必须以客户的需求为转移，企业只生产经营适销对路的产品或服务。现代企业的市场营销活动包括：市场营销研究、产品开发、定价、分销、广告、宣传报道、销售渠道、人员推销、售后服务、传递客户价值、管理客户关系等。从中可以看出，推销（Selling）或销售（Sale）只是市场营销活动的一个环节，而且还不是其最主要的部分。

1.3.2　新的市场营销理念

1．市场营销观念

市场营销观念是一种"以消费者需求为中心，以市场为出发点"的经营指导思想。市场营销观念的基本内容是：客户需要什么产品，企业就应当生产、销售什么产品。它强调：企业应当注重选择目标市场，发现目标市场中客户的内在需要，并能运用整体营销手段在满足客户需要的同时使企业盈利。因此，目标市场、客户需要、整体营销以及盈利是市场营销观念的四大支柱。像"用户至上""客户就是上帝"等广告用语，就真实反映了市场营销的观念。从本质上说，市场营销观念是一种以客户需要和欲望为导向的哲学，是消费者主权论在企业市场营销管理中的体现。

2．社会营销观念

社会营销观念是以社会长远利益为中心的市场营销观念，是对市场营销观念的补充和修正。20 世纪 70 年代以来，国际市场营销环境发生了急剧的变化，尤其是对能源短缺、人口膨胀、环境污染以及消费者权益保护运动等问题的日益重视，使得市场营销观念开始受到怀疑和指责，指责的内容包括忽视社会伦理道德、资源浪费、环境污染等。

社会市场营销观念要求市场营销者在制订市场营销政策时，要统筹兼顾企业利润、消费者需要的满足和社会利益。

1.3.3　新世纪营销观念

在新的市场环境下，现代企业要赢取市场就必须掌握以下的营销理念，即客户价值导向营销理念、客户心理导向营销理念、服务导向营销理念、知识导向营销理念、绿色导向营销理念、合作竞争导向营销理念、关系导向营销理念、互动营销理念、品牌导向营销理念、口碑导向营销理念和国际导向营销理念等。

> **示 例**
>
> **招商局物流集团的物流服务营销理念**
>
> 招商局物流集团有限公司强调以"用心做事，亲力亲为"为核心文化理念，以"与客户共同成长""运营成本的优化、合理"为经营管理理念，立足"五化"（集约化、网络化、信息化、标准化、国际化），融汇"四流"（物流、商流、资金流、信息流），贯通"四网"（公路、铁路、航运、空运）。

1.4　服务与服务营销

1.4.1　服务

1．服务的意义

服务是行动、过程和表现。关于服务的表述有：

国际标准化组织认为，服务是为满足客户的需要，供方与需方接触的活动和供方活动所产生的结果。

美国市场营销学会将其定义为：主要为不可感知，却使欲望获得满足的活动，而这种活动并不需要与其他的产品或服务的出售联系在一起。生产服务时可能不会利用实物，而且即使需要借助某些实物协助生产服务，这些实物的所有权将不涉及转移的问题。

营销大师科特勒认为，服务是一方向另一方提供的任何一项活动或利益，它本质上是无形的，并且不产生对任何东西的所有权问题，它的生产可能与实际产品有关，也可能无关，由此，服务的本质是无形性和无所有权的转移。

与有形产品相比，服务具有以下特征：

1）不可感知性。它可以从三个不同的层次来理解：①服务的很多元素看不见，摸不着，无形无质。②客户在购买服务之前，往往不能肯定他能得到什么样的服务。③客户在接受服务后通常很难察觉或立即感受到服务的利益，也难以对服务的质量做出客观评价。实际上，真正无形的服务极少，很多服务需借助有形的实物才可以产生。

2）不可分离性。有形的工业品或消费品在从生产、流通到最终消费的过程中，往往要经过一系列的中间环节，生产和消费过程具有一定的时间间隔。而服务则与之不同，它具有不可分离性的特点，即服务的生产过程与消费过程同时进行，也就是说服务人员向客户提供服务之时，也正是客户消费服务的时刻，二者在时间上不可分离。

3）差异性。差异性是指服务无法像有形产品那样实现标准化，每次服务带给客户的效用、客户感知的服务质量都可能存在差异。这主要体现在三个方面：①由于服务人员的原因，如心理状态、服务技能、努力程度等，即使同一服务人员提供的服务在质量上也可能会有差异；②由于客户的原因，如知识水平、爱好等，也直接影响服务的质量和效果，如同听一堂课，有人津津有味，有人昏昏欲睡；③由于服务人员与客户间相互作用的原因，在服务的不同次数的购买和消费过程中，即使是同一服务人员向同一客户提供的服务也可能会存在差异。

4）不可贮存性。服务的生产与消费同时进行及其无形性，决定了服务不能在生产后贮存备用，客户也无法购后贮存。很多服务的使用价值，如不及时加以利用，就会"过期作废"，如车、船、飞机上的空座位，宾馆中的空房间，闲置的服务设施及人员，均为服务业不可补偿的损失。

5）缺乏所有权。缺乏所有权是指在服务的生产和消费过程中不涉及任何东西的所有权转移。既然服务是无形的又不可贮存，服务产品在交易完成后便消失了，客户并没有实质性地拥有服务产品。缺乏所有权会使客户在购买服务时感受到较大的风险。

6）时间因素极其重要。客户将时间因素视为珍惜资源并慎重分配，厌恶无谓的等待，希望服务能够及时并便利，这就要求提升服务传递速度，使客户等待时间最小化。

此外，客户可能会参与服务生产、人是体验中的一部分、服务运营投入与产出差异性极大以及可能会通过非实体渠道分销等。

2．服务分类

从基于过程视角看，服务可以分为：人体服务、所有物的服务、精神服务、信息服务，如表1-1所示。

表1-1 基于过程视角的四种服务分类

服务活动性质	服务的直接接受者	
	人	所 有 物
有形活动	人体服务（针对人体的服务）：旅客运输、住宿、医疗服务……	所有物服务（针对实物的服务）：货运、维修与保养……
无形活动	精神服务（针对人的思想的服务）：教育、心理治疗……	信息服务（针对无形资产的服务）：会计、法律服务……

相关知识

> **中国的服务业**
>
> 　　在我国，服务业是指除第一产业（如农业、畜牧业、林业、渔业和狩猎业）、第二产业（如制造业、建筑业、自来水、电力和煤气生产、采掘业和矿业）之外的所有产业，如商贸、交通运输、仓储、邮政、电信、金融保险、技术服务等。
>
> 　　根据国家统计局发布的数据，2017 年，我国服务业增加值 427032 亿元，占全国 GDP 比重为 51.6%；服务业增加值比 2016 年增长 8.0%，比国内生产总值和第二产业增加值增速分别高出 1.1 和 1.9 个百分点，已连续五年领跑；服务业增长对国民经济增长的贡献率为 58.8%，比第二产业高出 22.5 个百分点；拉动全国 GDP 增长 4.0 个百分点，比第二产业高出 1.5 个百分点。

1.4.2　服务营销

1. 服务营销的特点

服务营销是在市场营销学基础上发展起来的，既借鉴了市场营销学的基本理论和方法，又以服务领域作为自己的研究和应用方向，是服务企业的市场营销。服务营销是企业在充分认识消费者需求的前提下，为充分满足消费者需求而在营销过程中所采取的一系列活动。服务营销的特点主要表现为：

1）推销比较困难。一般产品可以被陈列、展销，以便消费者进行比较、挑选，但大多数服务产品却没有自己独立存在的实物形式，难以展示，也不可能制造标准的服务样品，推销比较困难。由于服务产品的无形性，所以消费者在购买服务产品之前，一般不能进行检查、比较和评价，只能凭借经验、品牌和推销宣传信息来选购。

2）销售方式单一。服务产品生产与消费的同步性决定了企业不可能广泛利用中间商进行销售，而能够更多地采取直接销售的方式，而直接销售的方式使服务产品的生产者不可能同时在多个市场出售自己的产品。

3）服务需求弹性大。人们对服务产品的需求是随着经济的发展、收入水平的提高以及生产的专业化、效率化的加强而发展的，需求表现出较大的弹性。研究结果表明，"需求的波动"是服务经营者最棘手的问题。

4）服务供求分散。人们对服务产品的供求具有分散性。这就要求服务网点广泛而分散，尽可能接近客户。

5）强调人员和有形展示。服务的无形性以及生产与消费的同步性要求服务营销充分考虑人员与有形展示，使得服务营销组合在传统市场营销的 4Ps 基础上，又增加了"人员"（People）、"有形展示"（Physical Evidence）、"服务过程"（Process）三个因素，从而形成了服务营销的 7Ps 组合。

2. 服务营销组合

传统的市场营销组合理论无法将客户互动问题纳入进来，在竞争激烈的服务市场上，4Ps 未能完全反映服务的内在特性，企业需要制订 7Ps 组合策略，即产品策略、定价策略、渠道策略、促销策略、人员策略、有形展示策略、服务过程策略，确保企业制订出满足客户需要、企业可以赢得竞争优势的有效策略。

3. 服务营销核心理论

（1）客户导向的"4Cs"理论 20 世纪 80 年代，美国营销专家劳特朋向传统的"4Ps"理论发起挑战，提出"4Cs"理论。这一理论强调以客户需求（Consumption）为导向，充分考虑客户所愿意支付的成本（Cost）、照顾客户的便利性（Convenience）、与客户进行沟通（Communication）。也就是说，多想想客户的需求，而不只是你的"产品"；多想想客户愿意支付的成本，而不只是你的"价格"；多想想客户获得满足的便利性，而不只是你在什么"地点"销售产品；多想想如何与客户沟通，而不只是单方面"促销"。

（2）竞争导向的"4Rs"理论 20 世纪 90 年代，美国的舒尔茨（Schultz）提出"4Rs"理论，阐述了全新的营销要素，包括与客户建立关联（Related），提高市场的反应速度（Reflect），重视关系营销（Relation）和营销回报（Reward）。与客户建立关联，是指在竞争的环境中，企业必须时刻关注客户的需求及其变化，提高客户的满意度和忠诚度，同时必须注意与上游厂商形成一个卓越的价值让渡系统或战略网，提高整个战略网的竞争力。提高市场的反应速度，是指厂商应在客户的需求发生变化时，甚至是变化前做出适当的反应，以便与客户的需求变化相适应。重视关系营销，是指企业应当与客户建立长期、稳定且密切的关系，降低客户流失率，建立客户数据库，开展数据库营销，从而降低营销费用。营销回报，是指企业营销的真正动机在于为企业带来短期的利润回报和长期的价值回报，这是营销的根本出发点和目标。"4Rs"理论强调以竞争为导向，注重关系营销，维护企业与客户之间的长期合作关系。

（3）服务营销三角形理论 考虑到人的因素在服务营销中的重要性，格隆罗斯（Gronroos）提出，服务业的营销实际上由三个部分组成（见图 1-2），即企业、员工、客户。

图 1-2 服务业三种类型的营销

其中，外部营销包括企业提供的服务准备、服务定价、促销、分销等内容；内部营销则指企业培训员工及为促使员工更好地向客户提供服务所进行的其他各项工作；互动营销则主要强调员工向客户提供服务的技能。图 1-2 中的模型清楚地显示了员工因素在服务营销中的重要地位。

（4）服务利润链理论 1994 年，由詹姆斯·赫斯克特教授等五位哈佛商学院教授从价值链视角提出了"服务利润链（Service Profit Chain）"的概念，指出服务利润链可以形象地理解为一条将盈利能力、客户忠诚度、员工满意度和忠诚度与生产力之间联系起来的纽带，它是一条循环作用的闭合链，其中每一个环节的实施质量都将直接影响其后的环节，最终目标是使企业盈利。简单地讲，利润是由客户的忠诚度决定的，忠诚的客户（也就是老客户）给企业带来超常的利润空间；客户忠诚度是靠客户满意度取得的，企业提供的服务价值（服务内容加过程）决定了客户满意度；最后，企业内部员工的满意度和忠诚度决定了服务价值。简言之，客户的满意度最终是由员工的满意度决定的。图1-3 服务利润链对这一思路做出了很好的说明。

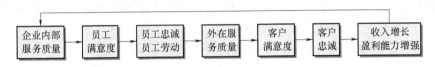

图1-3　服务利润链

相关知识

> ### 产 业 链
>
> 产业链是产业经济学中的一个概念，是各个产业部门之间基于一定的技术经济关联，并依据特定的逻辑关系和时空布局关系客观形成的链条式关联关系形态。产业链是一个包含价值链、企业链、供需链和空间链四个维度的概念。这四个维度在相互对接的均衡过程中形成了产业链，这种"对接机制"是产业链形成的内模式，作为一种客观规律，它像一只"无形之手"调控着产业链的形成。
>
> 产业链的本质是用于描述一个具有某种内在联系的企业群结构，它是一个相对宏观的概念，存在两维属性：结构属性和价值属性。产业链中大量存在着上下游关系和相互价值的交换，上游环节向下游环节输送产品或服务，下游环节向上游环节反馈信息。

（5）客户感知服务质量理论　1982年，瑞典著名服务市场营销学专家克·格鲁诺斯提出"客户感知服务质量模型"，认为客户对服务质量的评价过程实际上就是将其在接受服务过程中的实际感觉与他接受服务之前的心理预期进行比较的结果：如果实际感受满足了客户期望，那么客户感知质量就是上乘的，如果客户期望未能实现，即使实际质量以客观的标准衡量是不错的，客户可感知质量仍然是不好的。客户感知服务质量模型如图1-4所示。

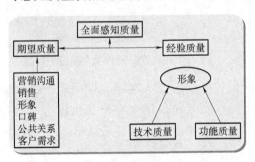

图1-4　客户感知服务质量模型

在客户感知服务质量模型中，服务质量由技术质量和功能质量两部分构成。技术质量是指服务结果和产出的质量，也就是服务交易时客户所获得的实际产出、企业为客户提供的服务结果的质量；功能质量是指服务过程的质量，它强调服务过程中人与人之间互动的感觉。

1.5 物流市场营销

1.5.1 物流与物流企业

1. 物流

物流一词最早出现于美国，与市场营销几乎同步，市场营销中的一个重要内容就是实体配送（Physical Distribution），即销售过程中的物流。第二次世界大战中，围绕战争供应，美国军队建立了"后勤"（Logistics）理论，并将其用于战争活动中。此时的"后勤"是指将战时物资生产、采购、运输、配给等活动作为一个整体进行统一布置，以求战略物资补给的费用更低、速度更快、服务更好。随后，这一概念被运用于经济领域。欧美国家普遍称 Logistics 为物流。

目前，国内外的物流概念有多种说法，如美国物流管理协会对物流的定义表述为：物流是供应链运作中，以满足客户要求为目的，对货物、服务和相关信息在产出地与销售地之间实现高效率和低成本的正向和反向的流动和储存所进行的计划、执行和控制的过程。日本通商产业省运输综合研究所认为：物流是商品从卖方到买方的全部转移过程。我国国家标准《物流术语》将物流定义为：物流是指物品从供应地向接收地的实体流动过程。根据实际需要，将运输、储存、装卸、搬运、包装、流通加工、配送、信息处理等基本功能的实施有机结合。

现代物流具有将运输、储存、装卸、搬运、包装、流通加工、配送、信息处理等基本功能进行有机结合的能力并呈现出物流反应快速化、物流功能集成化、物流作业规范化、物流目标系统化、物流服务系列化、物流手段现代化、物流组织网络化、物流信息电子化、物流经营社会化的趋势。

物流最基本的构成要素是流体、载体、流向、流量、流程、流速。

流体是指物流中的"物"，即物质实体。流体具有自然属性和社会属性。自然属性是指其物理、化学、生物属性；社会属性是指流体所体现的价值属性，以及生产者、采购者、物流作业者与销售者之间的各种关系。物流渠道中流动的是各种各样的流体，具体的经营者必须根据其经营目标定位来合理确定其流体的规模和结构，以便合理选择运输方式和运输工具，安排保管场所，提供包装服务，配置装卸设施设备。

载体就是流体借以流动的设施和设备。基础设施大多是固定的，通常包括铁路、公路、水路、港口、车站、机场等基础设施。设备类主要包括车辆、船舶、飞机、装卸搬运设备等，通常是可以移动的。

流向是指流体从起点到终点的流动方向。流向有自然流向、计划流向、市场流向和实际流向之分，对某种流体而言，可能会同时存在以上几种流向。通过流向研究，可以准确把握流向的变化规律，做到合理规划物流流向、合理配置物流资源，从而降低物流成本，加快物流速度。

流量是指通过载体的流体在一定流向上的数量表现。流量与流向是不可分割的，每一种流向都有一种流量与之相对应。

流程是指通过载体的流体在一定流向上行驶路径的数量表现。路径越长，物流运输

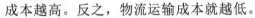
成本越高。反之，物流运输成本就越低。

流速是指通过载体的流体在一定流程上的速度表现。流速快，意味着物流时间的节约，也就意味着物流成本的减少。

物流六个要素之间有极强的内在联系，需要正确处理好它们的相互关系，确保物流企业的服务营销活动高效、有序开展。

相关知识

物流的分类

物流种类的划分有多种可以参照的标准。按照物流实用价值分为宏观物流与微观物流；按照物流系统性质分为社会物流、行业物流和企业物流，而企业物流又有企业生产物流、企业供应物流、企业销售物流、企业回收物流、企业废弃物物流等；按照物流活动的空间范围分为地区（区域）物流、国内物流和国际物流；按照作用分为供应物流、生产物流、销售物流、回收与废弃物物流；按照物流活动运作主体分为第一方、第二方、第三方、第四方物流。

2．物流企业

物流企业（Logistics Enterprise）是指从事物流活动的经济组织。它是独立于生产领域之外，专门从事与物品流通有关的各种经济活动的企业，是在市场经济中依法进行自主经营、自负盈亏、自我发展、自我约束，具有法人资格的经营单位。

现代物流企业能够提供运输、储存、装卸搬运、包装、流通加工、物流信息处理等基本的服务，甚至还能进行结算、需求预测、物流系统设计咨询、物流教育与培训等方面的服务，并且具有组织社会物资资源、商品供应、商品储存、运送物资实体、信息流通的职能。

物流企业按照完成的物流业务范围的大小和所承担的物流功能可分为运输型、仓储型、综合服务型物流企业；按照物流企业形式可分为第三方物流企业和第四方物流企业；按照物流活动的空间范围可分为区域性物流企业和跨区域物流企业；按照物流企业资本的构成可分为国有企业、民营企业、外资企业等。

示例

2017年《财富》世界500强企业排行榜，全球有12家物流企业入榜

公 司	排 名		营业收入（百万美元）	国 家
	2016年	2017年		
日本邮政控股公司	33	37	122990	日本
美国邮政	99	107	71498	美国
德国邮政	117	108	65787	德国
中国邮政集团公司	119	105	65605	中国
联合包裹速递服务公司 UPS	138	149	60906	美国
联邦快递/FeDEX	180	192	50365	美国
德国联邦铁路公司	212	203	44850	德国
意大利邮政集团	285	305	36617	意大利
马士基集团	298	240	35464	丹麦
中国远洋海运集团有限公司	366	465	29743	中国
法国邮政	427	418	25760	法国
US Foods Holding 公司	475	461	22919	美国

1.5.2 物流市场营销

1. 物流市场营销的含义

物流市场营销是指物流企业以市场需求为核心，通过采取整体营销行为，以提供物流服务来满足客户的需要和欲望，从而实现物流企业利益目标的活动过程。

与一般工商企业市场营销相比，物流市场营销具有以下几个主要特性：

1）营销者提供的是物流服务，而物流服务的质量水平并不完全由物流企业所决定，还同客户的感受有很大的关系。与有形产品相比，物流服务具有不可感知性、不可分离性、差异性、不可贮存性。物流服务的无形性使得客户难以凭肉眼观察和触摸等方式予以评判。由于物流服务的特殊性，物流企业所提供的物流服务的质量水平并不完全由企业所决定，而同客户的感受有很大的关系。即使是被物流企业认为符合高标准的质量，也可能不为客户所喜爱和接受。因此，对物流企业而言，需要通过诸如场所气氛、人员素质、价格水平、设备的先进程度和供应链整合能力等能反映服务能力的"信号"，让客户感受到。

2）营销的对象广泛，市场的差异程度大。由于供应链的全球化，物流活动变得更加复杂。工商企业为了将资源集中于自己的核心业务上，往往将其他非核心业务外包。工商企业急剧上升的物流外包为物流企业提供了广阔的市场营销范围和服务对象，可以说是涉及各行各业。客户的广泛性导致了市场的差异性，因此，物流企业面对的是一个差异程度很大、个性化很强的市场，这就要求物流企业在进行营销工作时，必须根据目标市场客户的特点为其量身定制，并建立一套高效合理的物流解决方案。例如，松下公司在珠三角生产的产品，就没有自己的物流体系，而是由深圳深九国际物流有限公司全权处理，承揽松下在珠三角地区合资企业的物流服务，做到"松下的产品下了生产线以后就都是我们的事了"。该公司仅为松下服务就在全国建立20多处中转仓库，全包运输、仓储、中转、货物整体包装、重新贴标签、甚至途中拆换部分零件、报关等业务。

目前，物流外包已成为国际潮流，符合全球化的核心思想——合作竞争。与此同时，政府、非盈利性组织等也日益成为物流企业的服务对象。例如，澳大利亚主办"北京文化节"，中远物流公司就为"北京文化节"展团的全体人员提供了在境外的一系列服务工作。无论是悉尼开幕式，还是随后巡回至堪培拉、惠灵顿演出，海陆空一体的全程物流服务都是由中远物流公司提供的。

3）物流服务能力强。物流市场营销者面对的需求是非标准化的，因此，提供的物流服务必须是个性化的，这就客观上要求物流企业具有强大的营销服务能力。一个成功的物流企业，必须具备较大的运营规模，建立有效的地区覆盖，具有强大的指挥和控制中心，兼备高水准的综合技术、财务资源和经营策略。例如，作为世界物流业的领头羊，马士基集团向客户提供定制的物流解决方案，包括整合供应链管理、仓储分拨、海运及空运服务。中远海运物流公司也具有强大的服务能力，能够为国内外广大货主和船东提供现代物流、国际船舶代理、国际多式联运、公共货运代理、空运代理、集装箱场站管理、仓储、拼箱服务；铁路、公路和驳船运输、项目开发与管理以及租船经纪等服务。

物流市场营销应注意以下几个原则:

1) 注重规模,讲究效益。物流企业产生效益取决于它的规模,所以进行市场营销时,首先要确定某个客户或某几个客户的物流需求具有一定的规模,才去为其设计有特色的物流服务。

2) 注重合作,讲究优势。现代物流的特点要求在更大的范围内进行资源的合理配置,因此物流企业本身并不一定必须拥有完成物流业的所有功能。一个物流企业只要做好自身的核心物流业务即可,其他业务可以交给别的物流企业去完成。所以,物流市场营销还应该包括与其他物流企业进行合作。

3) 注重回报,讲究共赢。对物流企业来说,市场营销的真正价值在于其为企业带来短期或长期的收入和利润的能力。一方面,取得回报是物流企业生存和发展的物质条件,是营销活动的动力;另一方面,物流企业在营销活动中要回报客户,要满足客户的物流需求,为客户提供价值,回报是维持市场关系的必要条件。因此,物流企业在为客户提供服务时,既要满足客户需求,又要取得应有的回报,实现企业与客户的双赢。

市场营销作为物流企业管理的一项重要职能,涉及企业经营活动的全过程以及企业内外部的各个方面,它既是社会分工和规模经济的必然产物,也是市场经济条件下企业的基本行为之一。在经济全球化、市场一体化的过程中,市场营销对物流企业的经营发挥着越来越重要的作用。

1) 物流企业重视营销管理既是物流市场发展的客观要求,也是物流企业应对竞争环境提高自身生存和发展能力的实际需要。物流企业作为以盈利为目的的经济组织,必须以市场需求为导向,深入研究环境变化,分析市场机会,寻找目标市场,拓展物流服务业务,扩大市场占有率,使自己在竞争中处于有利地位。要做到这些,物流企业必须积极开展营销活动,加强营销管理。

2) 营销管理是物流企业的核心职能之一。在市场经济条件下,市场需求引导企业行为,市场营销部门作为联结企业与市场的主要部门,相对于企业的其他职能部门(人事、财务、会计等)而言,具有重要而独特的职能。市场营销部门通过进行市场调查、方案评估、产品开发与设计、营销网点与渠道选择、广告宣传与公共关系、客户咨询、信息处理等为物流企业适应环境变化,抓住市场机会,赢得竞争优势发挥着重要作用。

2. 物流服务方式与内容

物流企业依其服务对象、服务区域、服务功能等的不同,物流服务的方式和内容也多种多样。物流服务的方式主要有:

1) 签订长期合作伙伴协议。从部分区域、业务或产品入手,逐步为客户提供全方位的物流服务。这是最为普遍的服务方式,如 MENLO 物流公司与 IBM 的合作,就经历了从对美国中央物流中心的运输服务,到增加中央物流中心的管理服务,再到增加对欧洲市场的物流服务,最后到提供全球一体化物流服务、建立长期合作伙伴关系。

2) 系统接管。全盘买进客户的物流系统,接管并拥有车辆、场站、设备和接受原公司员工。接管后,系统可以仍然单独为此企业服务或与其他公司共享以改进利用率并分享管理成本。这种形式主要出现在传统大型企业的物流外包中,如 USCO 物流公司系统接管北方电讯(NORTEL)卡尔加里物流中心。

3）合资。客户保留配送设施的部分产权，并在物流作业中保持参与。对客户而言，与物流企业的合资提供了注入资本和专业知识的途径，同时又保持了对物流过程的有效控制。这种形式在汽车、电子等高附加值行业较为普遍，如 RYDER 物流公司与通用汽车（GM）的合作。

4）签订管理型合同。对希望自己拥有物流设施（资产）的客户提供物流管理服务。这种形式在商业企业的物流服务中比较常见。

物流服务需求的多样性，决定了物流服务的广泛性。物流服务内容十分广泛，归纳起来，有以下几个方面：

1）订单履行。包括以运输为特征的运输模式选择与组织、集货、转运、配送等服务；以仓储为特征的存储、分拣、包装、装配、条码及其他增值服务。

2）信息管理。包括订单处理与跟踪查询、库存状态查询与决策、货物在途跟踪、运行绩效（KPI）监测、管理报告等。

3）客户交互。包括呼叫中心（Call Center）服务，最终客户的退货处理、安装、调试、维修等销售支持服务等。

4）相关服务。包括物流系统设计、清关、支付、费用结算、客户销售预测、客户商品促销等服务。

近年来，物流企业越来越关注物流规划、管理与咨询层面的服务功能，以实现提升客户经济效益、服务水平及企业竞争力的三大使命。客户使用专业物流公司的绩效体现，也从着重于实体货物的合理流动，转到着重于从物流系统规划、管理以及信息服务方面获取利益。

示例

2017 年的中国物流市场

2017 年，物流企业间的并购重组与谋求上市贯穿这一年的始终，但目的却不尽相同，扩充网点进而加速协同发展，整合业务谋求海外市场，或是服务提质精准"最后一公里"。与此同时，电商物流的发展趋于成熟，加码布局物流地产，丰富仓储运力，逐渐独立运营加码社会化，甚至已经成为电商企业背后一支强有力的后备军。无论物流行业如何风云变幻，智能化、绿色化、全球化成为物流企业谋篇布局时的关键词。

关键词 1　整合重组——庞大的市场从不缺少整合重组与投资控股的案例，物流行业也不例外。苏宁为提速社会化收购了天天快递；圆通收购先达国际布局海外市场；58 速运与 GOGOVAN 合并成立新公司，打通国内与海外的同城货运市场；中集 e 栈并入到丰巢正在改变快递柜行业的格局；货车帮与运满满战略合并，城际整车货运市场格局的现状被打破。谋求社会化发展、拓展海外市场、提升网点密度，物流企业一直谋求综合发展、寻求新的利润增长空间接连发力。无论是资本的推动运作，还是企业发展的需求，整合兼并成为物流行业发展的代名词之一。

关键词 2　末端竞争——当物流企业在仓储、运输以及集散等环节精耕细作时，直接面向消费者的末端配送环节则一直是物流企业关注的焦点之一，提速、提质也就成为竞争的关键点。2017 年"618"与"双 11"期间，物流行业在末端配送布局成效得到集中检验。"双 11"落幕后，菜鸟网络将 1 亿个包裹送达消费者手中的时间，相较于 2016 年提前了 0.7 天。顺丰、圆通、申通等快递企业也同样加紧配送以应对激增的单量。与此同时，快递柜深入小区，意欲破解快递"最后一公里"难题。对于消费者来讲，次日达、当日达、精准达正在成为常态，物流企业正为此加速布局。

关键词 3 物流拆分——物流作为电商的基础服务设施，已经从原本的辅助角色向主导者的角色转变。电商自建物流发展成熟，成为快递领域的搅局者。2017 年，京东物流拆分，开始独立运营，在服务京东自营商品的同时，逐渐为更多的品牌与商家服务，仓储、大数据、云计算等成为京东物流的一把利器，"双 11"当天，京东物流已将 85%的订单出库。

3. 物流市场营销规划

营销活动涉及企业外部环境和内部条件，影响因素众多，需要系统规划。对企业而言，物流市场营销规划包括：明确企业目标，制订任务书，进行营销评审，开展 SWOT 分析，辨别营销成功要素的关键假定条件，设立营销目标和营销策略，评估预期成果，确认替选计划和可选组合，制订营销方案，监督、控制和评估。

（1）明确企业目标 任何物流企业都有自己的目标，如中国远洋海运物流公司的目标：中远海运物流是居中国市场领先地位的国际化物流企业，在项目物流、工程物流、综合货运、仓储物流、船舶代理、供应链管理、理货检验等业务领域为国内外客户提供全程物流解决方案。

根据彼得·德鲁克的理论，目标设置可以从市场地位、创新目标、生产率、资源开发利用、利润率、管理者的业绩和发展、职工的业绩和态度、社会责任 8 个方面考虑。

企业目标也可从社会效益目标、业务目标、营销目标、企业效益目标等方面设置。

对企业目标的描述既可以是定性的，也可以是定量的，如利润翻两番，市场份额达到 20%。

企业目标必须符合以下要求：

1）目标应明确而具体。制订目标是为了实现它，因而要求目标具体准确。

2）层次化。显示出哪些目标是主要的，哪些目标是派生的。如营销目标是增加利润，可分解为增加营运收入和降低成本两个方面，而增加营运收入又可分解为通过提高原有市场占有率和开拓新的市场来进行等。

3）数量化。就是要给目标规定明确的数量界线，如产值、产量、利润等。在订立目标时要明确规定是增加多少，而不要用大幅度和比较显著之类的词。

4）现实性。应当根据对市场机会和资源条件的调查研究和分析来规定适当的目标水平。

5）协调一致性。在决策过程中，目标往往不止一个，多个目标之间既有协调一致的时候，有时也会发生矛盾，这就需要对多个目标进行协调。

6）规定目标的约束条件。目标可以分为有条件目标和无条件目标两种：不附加任何条件的决策目标称为无条件目标；凡给目标附加一定条件者称为有条件目标，而所附加的条件则称为约束条件。约束条件一般分为两类：①客观存在的限制条件，如一定的人力、物力、财力条件；②附加一定的主观要求，如目标的期望，以及不能违反国家的政策、法令等。

7）目标要有时间要求。目标中必须包括实现目标的期限，即使将来在执行过程中有可能会因情况变化而对实现期限做一定修改，但确定目标时必须规定预定完成期限。

（2）制订任务书 任务书的基本内容包括本企业的经营业务是什么？本企业的客户是谁？本企业应如何去满足客户的需求？即经济学上的生产什么、为谁生产、怎样生产？戴维给出了任务书的9个组成部分，即客户（他们是谁？）、产品和服务（企业的主要产品和服务是什么？）、位置（企业在什么地方竞争？）、技术（企业的基本技术是什么？）、关心生存（企业的基本经济目标是什么？）、哲学（企业的基本信念、价值观、抱负和哲学重点是什么？）、自我意识（企业的主要优势和竞争优势是什么？）、关心公众形象（企业的公共责任是什么？它期望什么样的形象？）、关心职工（企业对其职工的态度怎样？）。

确定营销任务需考虑：企业过去历史的突出特征、企业最高决策层的意图、企业周围环境的发展变化、企业的资源情况、企业的核心竞争力。

（3）进行营销评审 营销评审是指有选择地收集数据以评估企业现状和影响该企业发展的内外部因素，包括环境评审、市场评审、竞争评审和内部评审。

环境评审主要表现为对企业外部所有因素如政治、法律、经济、技术、文化、自然等因素的审核，以便发现营销机会和威胁。

市场评审包括审核市场规模、市场增长速度、市场需要、客户购买行为以及中间商。

竞争评审主要分析企业的主要竞争对手是谁，以及竞争对手的目的与目标、市场行为、市场份额、定位、服务质量、经营资源、营销组合策略等。

内部评审包括审核本企业的目的与目标、市场份额、定位、服务质量、经营资源、营销组合策略等，找出竞争优势所在。

（4）开展 SWOT 分析 SWOT 分析主要考察企业自身优势和劣势，以及所面临的外部机遇与威胁，其基本内容是：优势（Strength）和劣势（Weakness）分析主要是着眼于企业自身的实力及其与竞争对手的比较。当两个企业处在同一市场或者说它们都有能力向同一客户群体提供产品和服务时，如果其中一个企业有更高的赢利率或赢利潜力，那么，就认为这个企业比另外一个企业更具有竞争优势。竞争优势可以指客户眼中一个企业或它的产品有别于其竞争对手的任何优越的东西，如服务质量、可靠性、适用性、风格和形象以及及时的服务、热情的态度等。需要指出的是，衡量一个企业及其产品是否具有竞争优势，只能站在现有用户或潜在用户的角度上，而不是站在企业的角度上。

机会（Opportunity）和威胁（Threats）分析将注意力放在外部环境的变化及对企业的可能影响上。环境发展趋势对物流企业的影响既有威胁的一面，也有机会的一面。企业要善于把握环境带来的机遇，而对环境威胁要采取果断的战略行为，否则，将削弱企业的竞争地位。

SWOT 分析的步骤：

1）罗列企业的优势和劣势，可能的机会与威胁。构造 SWOT 矩阵分析表格，如表 1-2 所示。

表 1-2 SWOT 矩阵分析表

	机会（O）	威胁（T）
优势（S）	SO 分析	ST 分析
劣势（W）	WO 分析	WT 分析

2）优势、劣势与机会、威胁相组合，形成 SO、ST、WO、WT 策略，如表 1-3 所示。

表 1-3　SWOT 矩阵策略表

	机会（O）	威胁（T）
优势（S）	SO 战略（增长型战略） 机会、优势组合： 依靠内部优势 利用外部机会	ST 战略（多元化战略） 威胁、机会组合： 利用内部优势 回避外部威胁
劣势（W）	WO 战略（扭转型战略） 机会、劣势组合： 利用外部机会 克服内部劣势	WT 战略（防御型战略） 威胁、劣势组合： 减少内部劣势 回避外部威胁

3）对 SO、ST、WO、WT 策略进行甄别和选择，确定企业目前应该采取的具体战略与策略。

示 例

SWOT 分析方法的运用

爱世达公司是一家从事交通物资贸易和仓储的中型国有企业。目前的环境变迁迫使该公司需要进行战略调整，制订适应环境变化的成长战略。而制订战略的基础与出发点是对环境变迁所带来的机遇与威胁能有充分的把握，能认清自身的能力与资源优势，从而趋利避害，使企业能顺利成长。该公司所面对的机会、威胁、优势、劣势主要表现在以下方面：

（1）公司面临的主要机会

1）广东省经济增长快，市场容量大，需求较旺，为各类企业的生存和发展提供了较好的空间和舞台。公司可充分利用该区域巨大的商流、物流、资金流、信息流，开展经营活动。

2）广东省每年在公路建设中的投资为 150 亿～200 亿元人民币，对各种交通建设物资需求的数量也大，它为公司就近争取新的客户群提供了机会。

3）广东省的企业正大力挖掘第三利润源泉，物流业正迅速发展，生产企业物流外包明显，这为公司大力发展仓储服务，进入第三方物流行业提供了难得的机遇。

4）广东省的危险品储运业务正在进行清理整顿，尤其是吉山危险品仓库的清理，这将使相当多的危险品储运业务转向其他储运业经营单位，而公司的仓库正好可提供危险品储运业务。

（2）公司面临的主要威胁

1）科技进步带来的商业模式的变化，要求公司在商业流程中再定位。电子技术、信息技术的发展使生产供应商可通过互联网直接与客户打交道，贸易业务面临着被生产者与消费者跳过去（越过中间商）的危机。

2）广东省的市场经济相对成熟，市场竞争越来越激烈。一些大的企业集团逐步形成，实力得到加强，再加上一些大的跨国公司纷纷进入这个市场，使得企业之间的竞争越来越激烈和复杂，公司面临更大的竞争压力。

3）金融信贷体制改革使经营困难的企业融资难。现在银行发放贷款更加审慎，贷款时除了有资产抵押外，还需考察企业的经营状况和信誉，这对效益不甚理想的公司来说是一种威胁。

4）买方市场的形成，用户讨价还价能力加强，迫使作为供给方的公司处于不利的地位。

5）广东省实施的公路主枢纽货运站建设中的几个货运站就在公司储运仓库的附近，这将给公司的储运业务带来一定的威胁。

（3）公司的主要优势

1）公司作为一家从事以交通物资供销、仓储经营活动为主的国有交通物资企业，经营信誉好，具有一定的知名度。

2）公司具有较强的基础设施，拥有较多的固定资产以及场地、专用线。近10万平方米的仓库及相应的配套设施，专用公路和铁路线连接外部，为公司开展仓储运输、从事物流服务提供了极为便利的条件。

3）公司拥有一批具有物资专业知识和实践经验的中高级经济师和其他专业人才。

4）公司仓库靠近黄埔港，专用公路和铁路线直通码头，交通非常方便，特别适合从事货物的停放和中转。

5）公司在危险品、化工品储运方面竞争力强。

（4）公司的主要劣势

1）公司战略经营方向不明。到目前为止，公司还没有一个经过精心设计的经营战略作为企业成长的蓝图，经营业务显得杂乱，投资失误较多，削弱了公司的发展能力和竞争力。

2）公司历史包袱重，债权债务较大，负债过高，资金紧张，人员结构不合理，冗员过多。

3）公司不良资产较多，经营效益低，发展后劲不足。

4）机制不灵活，职工积极性不高。

5）作为一家中小型交通物资企业，公司力量单薄，实力不强。

（5）辨别营销成功要素的关键假定条件　关键假定条件是为了营销计划的顺利实施对未来经营条件的一种估计。关键假定条件既有总体上的，也有局部市场的，如总体经济形势、国民收入的变化、通货膨胀率、政府管制的变化、预计需求水平等。

（6）设立营销目标和营销策略　营销目标是指物流企业进行物流市场营销活动所要达到的最终目的。通常用规定所必需的销售量、市场份额、利润、营销成本、客户目标等指标来衡量。

营销目标既可以针对新老市场，也可以针对新老服务（产品），如在市场渗透、市场开发、服务开发、多样化经营等行为下确定收入、利润和市场份额的目标。

确定营销目标的方法可以通过细分目标，即将总目标进行层级分解，形成次级目标，如目标层次1、目标层次2、目标层次3等。

为了达到营销目标，物流企业需要制订营销策略。物流市场营销策略由服务产品、定价、地点或渠道、促销、人员、有形展示和过程7个要素构成。

（7）评估预期成果　评估预期成果是指在营销策略实施前对销售收入、销售成本、营业成本和相关费用等财务指标进行的预测和估计。可以将定量分析和定性分析结合起来评估预期成果，财务损益表是一个不错的考察工具。

（8）确认替选计划和可选组合　营销策略要有备选方案，若关键假定条件发生变化，营销策略必须更换；在确定营销方案之前，应确认是否有更为有效的营销策略。

（9）制订营销方案　营销方案是企业实施营销规划的具体时间安排和活动纲要，以及每一阶段要达到的目标的合理安排。其主要内容包括：活动安排（每一项活动都应该在特定的时期内完成）；日程（对每项活动应有一个明确的时间表）；责任（规定负责活动的监督和控制的部门或人员）；预算（完成这些活动所需要的资源）。

在营销方案实施过程中，企业与其内、外部那些相关人员或部门的沟通是非常重要的，它有助于营销方案的监督、控制和评估。

（10）监督、控制和评估　随着营销活动的实施，企业应及时监督、控制和评估已实施的部分，纠正偏差，以确保营销目标的实现。

一方面，企业通过建立营销信息系统，掌握监督、控制所需要的资料，按照监控程序实施监督与控制；另一方面，对能量化的指标，如销售收入、营销成本、利润、投资回报等，要进行量化评估，对难以量化的，如客户态度、广告效果、客户投诉等也要给予合理评价。

4．物流企业营销管理过程

物流企业营销管理过程，就是指物流企业识别、分析、选择和发掘市场营销机会，以实现企业的任务和目标的管理过程。企业的营销管理过程主要包括分析市场机会、选择目标市场、确定营销组合和管理营销活动。

（1）分析市场机会　企业处在动态变化的市场中，适应这种动态变化的唯一途径是迅速了解、判断市场的变化，发现、评价各种营销机会，及时捕捉有利于企业发展的机会。发现和评价营销机会是营销管理人员的主要任务，也是营销过程的第一步。那么，营销管理人员该怎样发现和评价营销机会呢？

1）建立营销信息系统，收集、研究营销信息。信息已成为物流企业管理中一项重要资源，越来越多的管理人员已认识到信息的重要性。但是在现实中，我们该如何收集信息以保证不错过重要的信息？在大量的信息中，又该如何鉴别哪些信息对我们有用，哪些没用？又该怎样保证信息及时、准确地到达有关人员的手中呢？在营销管理中，最根本的方法是建立营销信息系统。

营销信息系统通过制度化、日常化、程序化的信息工作，可避免信息工作的临时性和随意性，它通过对信息需求的评估，对营销情报、营销研究、营销分析、内部报告等系统和信息的分送工作，保证信息的全面、准确和及时。

2）发现和识别营销机会。在任何市场环境中，都经常存在一些"未满足的需要"。这些"未满足的需要"，可能是长期以来就存在的，如人们对治疗某些疾病的药物的渴求，也可能是由于市场的变化而产生的。在通过营销信息系统掌握信息的基础上，营销管理人员要善于发现和识别"未满足的需要"和各种营销机会。

3）评价营销机会。市场上出现的机会，未必就是企业的机会，即未必适合企业。营销管理人员要对发现的营销机会进行评价，从物流成本与客户能接受的价格、从企业的任务和目标与要求的一致性、从企业利用此机会与竞争者利用此机会的优劣势对比等方面进行综合评价。

（2）选择目标市场　发现营销机会后，营销管理人员就要对企业面对的市场进行研究和分析，营销管理人员要了解不同类型客户的特点，并对市场中客户的行为、心理、决策过程等加以研究。只有这样，才能保证对市场有真实、客观、准确的认识。

物流企业的目标市场选择包括对物流市场的需求预测、细分化、目标化及定位等步骤。

1）物流市场的需求预测。物流市场的需求预测主要着眼于预测特定市场的规模和发展前景，以及测定特定市场中需求种类及客户的不同偏好。

2）物流市场的细分化、目标化和定位。物流市场的细分化是指按不同的需求特征把客户分成若干部分，也就是把物流市场分成若干部分。而那些被物流企业选中的细分市场称为该物流企业的目标市场。物流企业对选择的目标市场进行经营，叫作市场目标化。物流企业的市场定位就是确定自己提供的物流产品（服务）在目标市场上的竞争地位。定位表明物流企业要在目标市场上为自己的产品或服务树立一个明确的、与众不同的和有吸引力的形象，向特定的客户群传达服务的信息。

例如，中远海运物流公司凭借国际化的网络优势，在细分市场的基础上，重点开拓了项目物流、工程物流、综合货运、仓储物流、船舶代理、供应链管理等，为客户提供高附加值服务。

（3）确定营销组合　物流企业的营销组合就是将产品、价格、分销、促销、人员、有形展示和服务过程策略加以最佳组合和应用，以满足目标市场的需要，实现企业的任务和目标。

物流服务产品应综合考虑提供服务的范围、服务质量、服务水平、品牌、保证以及售后服务等。

在物流服务价格方面要考虑价格水平、折让和佣金、付款方式和信用等，客户可以从一项服务的价格感受其价值的高低，是客户是否接受服务的一个非常重要因素。

服务提供者的所在地以及其地缘的便利性影响物流市场营销效益，地缘的便利性不仅是指实体意义上的便利，还包括传导和接触的其他方式（如利用互联网建立的电子商务平台）。因此，渠道是重要的，渠道的类型及其覆盖的地区范围与服务的便利性密切相关。

促销是指物流企业为了激发客户的购买欲望、影响他们的购买行为、扩大市场而进行的一系列联系、报道、说服、公关等促进工作。促销包括广告、人员推销、营业推广、公共关系等各种市场营销沟通方式。

物流企业从事生产或操作性角色的人员，往往会是物流服务产品的一部分，他们具有承担服务表现和服务销售的双重任务，除物流企业员工外，"人"的要素还包括客户。为使营销活动顺利开展，客户之间的关系不可忽视。一方面，客户对某项服务质量的评价，很可能受到其他客户的影响；另一方面，当一群客户接受同一服务时，对服务的满足感往往是由其他客户的行为间接决定的。

有形展示会影响客户对物流企业的评价。有形展示包含的因素有实体环境（如装潢、颜色、陈列、声音等）、服务提供时所需用的装备实体以及其他实体性信息标志，如物流企业所使用的运输工具、设施设备、形象标识等。

过程，即服务传递过程。服务过程方面需考虑的因素有服务人员态度、整个过程运作政策、过程所分解的程序方法的采用、服务供应中器械化程度、服务操作过程中客户的参与程度、咨询服务的提供、活动流程等。

（4）管理营销活动　管理营销活动是营销过程中关键的、极其重要的一步。在营销中，是否按计划要求进行，时间、费用如何，环境是否发生变化，应该怎样应对，这些问题要通过组织控制来解决。管理营销活动主要包括：做好思想舆论宣传，组织调整工作；按照计划，把决策方案具体化；推行目标管理，按各职能部门的工作要求，将总目标层层分解，协调上下关系，创造条件，制订实施的具体措施和细则；建立健全的反馈系统，进行控制和协调，保证决策的全面实施。

本章小结

市场营销既是一种组织职能，也是为了组织自身及利益相关者的利益而创造、传播、传递客户价值，管理客户关系的一系列过程。

市场营销观念不断演变，包括生产观念、产品观念、推销观念、市场营销观念、社会营销观念、战略营销观念。在新的市场环境下，绿色营销、整合营销、网络营销、关系营销等理念正深入人心。

市场营销组合由产品、价格、渠道和促销因素构成，服务营销组合则由产品、定价、渠道、促销、人员、有形展示、服务过程七个因素组成。

物流服务的方式有签订长期合作伙伴协议、系统接管、合资、签订管理型合同。物流服务的内容包括订单履行、信息管理、客户交互、相关服务。

物流市场营销是指物流企业以市场需求为核心，通过采取整体营销行为，以提供物流服务来满足客户的需要和欲望，从而实现物流企业利益目标的活动过程。

物流市场营销规划包括：明确企业目标、制订任务书、进行营销评审、开展 SWOT 分析、辨别营销成功要素的关键假定条件、设立营销目标和营销策略、评估预期成果、确认替选计划和可选组合、制订营销方案、监督控制和评估。

物流企业营销管理过程主要包括分析市场机会、选择目标市场、确定营销组合和管理营销活动。

【关键术语】

市场营销　物流市场营销　营销组合　需要　欲望　需求　交换　交易　关系

【知识检测】

1．填空题

1）营销组合的"4Ps"是_____、_____、_____、_____。

2）服务营销组合是由_____、_____、_____、_____、_____、_____、_____七个因素组成的。

3）从基于过程视角看，服务可以分为_____、_____、_____、_____。

4）物流服务的方式包括_____、_____、_____、_____。

5) 物流服务的内容包括_____、_____、_____、_____。

2. 判断题（判断下列各题是否正确。正确的打"T"，错误的打"F"）

1）市场包含三个主要因素：人口、购买力和购买欲望。　　　　　　（　　）

2）产品观念是一种以客户需要和愿望为导向的哲学，是消费者主权论在企业市场营销管理中的体现。　　　　　　（　　）

3）市场营销组合是现代市场营销理论中一个重要概念。概括为四大基本变量，即产品、价格、地点、促销。　　　　　　（　　）

4）市场营销者可以是卖主，也可以是买主。　　　　　　（　　）

5）消费者对其购买的产品是否满意，将不会影响到以后的购买行为。　（　　）

6）"大市场营销"这一概念的最先提出者是科特勒。　　　　　　（　　）

7）营销学上说的需求是指具有支付能力购买并且愿意购买的某个具体产品的欲望。
　　　　　　（　　）

8）"以消费者为中心"的营销观念是社会营销观念。　　　　　　（　　）

9）市场营销的中心任务是顺利完成交换，市场营销的技巧是营销组合策略。
　　　　　　（　　）

10）物流服务质量水平并不完全由物流企业所决定，还同客户的感受有很大的关系。
　　　　　　（　　）

3. 单项选择题（在下列每小题中，选择一个最合适的答案）

1）市场营销学最早产生于（　　　）。
　　A．美国　　　　B．日本　　　　　C．德国　　　　　D．英国

2）在美国，最早开设与市场营销有关的课程的大学是（　　　）。
　　A．宾夕法尼亚大学　　　　　　　B．密歇根大学
　　C．哈佛大学　　　　　　　　　　D．西北大学

3）在市场产品供不应求"卖方市场"形势下产生的市场营销观念是（　　　）。
　　A．生产观念　　B．营销观念　　C．推销观念　　D．社会营销观念

4）生产观念强调的是（　　　）。
　　A．以量取胜　　B．以质取胜　　C．以廉取胜　　D．以形象取胜

5）"酒香不怕巷子深"是一种（　　　）。
　　A．生产观念　　B．产品观念　　C．推销观念　　　D．市场营销观念

6）认为企业不必讲究销售技巧，只要产品质量高、功能多、产品有特色，就会客户盈门，这种营销观念是（　　　）。
　　A．生产观念　　B．产品观念　　　C．推销观念　　　D．市场营销观念

7）社会营销观念强调的是（　　　）。
　　A．企业利益　　　　　　　　　　B．消费者利益
　　C．社会利益　　　　　　　　　　D．企业利益、消费者利益、社会利益

8）关系市场营销观念强调的是（　　　）。
　　A．客户的忠诚度　　　　　　　　B．积极参与市场竞争
　　C．潜在需求变成现实需求　　　　D．经济、社会和环境的协调发展

9）推销观念与营销观念在营销目标上的区别，属于推销观念的营销目标是（　　　）。

　　A．通过扩大产量增加利润　　　　　　B．通过扩大销售增加利润

　　C．通过满足客户需求增加利润　　　　D．通过提高质量增加利润

10）企业围绕满足消费者需要，获得最大利润开展的总体经营活动，是指（　　　）。

　　A．营销　　　　B．营销者　　　　　C．营销管理　　　　D．交换

11）没有得到某些基本满足的感受状态，是指（　　　）。

　　A．需要　　　　B．需求　　　　　C．欲望　　　　　　D．交易

12）市场营销学所研究的企业市场营销活动，其中心是（　　　）。

　　A．实现企业利润　　　　　　　　B．满足供应商需要

　　C．满足生产者需求　　　　　　　D．满足消费者需求

13）想得到某些基本需要的具体满足物时的愿望指的是（　　　）。

　　A．需要　　　　B．需求　　　　　C．欲望　　　　　　D．动机

14）希望从他人那里得到资源并以某种有价之物交换的所有人是（　　　）。

　　A．交换者　　　B．营销者　　　　C．营销　　　　　　D．营销管理

15）（　　　）是在卖方市场条件下产生的。

　　A．推销观念　　B．社会营销观念　　C．营销观念　　　　D．生产观念

4．思考题

1）简述市场营销的产生和发展。

2）简述市场营销指导思想的演变。

3）物流企业市场营销有何特点？

4）物流企业营销管理的基本内容是什么？

【职场体验】

了解一个物流企业，分析其物流服务内容和方式以及营销理念。

第二章

物流营销市场分析

知识目标

熟悉物流市场营销调研步骤和基本方法。

理解营销环境分析与物流企业对策。

掌握宏微观环境分析、客户分析和竞争者分析的基本内容。

能力目标

能初步写出物流市场营销市场分析报告,学会在复杂多变的环境中对物流企业进行市场综合分析。

案例导入

白云物流有限公司适应环境变化,调整发展战略

为了适应快速多变的外界环境,白云物流有限公司适时做出战略调整,应对市场竞争:①积极跟踪物流行业的发展趋势和国家发展物流业的政策措施;②充分运用信息技术作支撑,利用互联网进行信息发布,实现"信息服务全天候,客户查询零距离",提高了服务质量和服务速度;③加强联盟与合作,建立先进的物流信息平台,与有着丰富物流运营经验的新加坡某物流商结成了商务合作伙伴,与有关高校、研究机构合作,联手研发物流市场、策划物流方案、培训物流人才,提升了竞争力;④以客户需求为导向,建立了更具有物流服务特征的业务模式——"一站式"全程服务;⑤从供应链管理角度将货运业融入整个物流系统之中,实现一体化的营销管理,强化客户价值最大化与企业价值最大化的统一。

公司正全力以赴,调整经营发展战略,实施从单一货运站场向物流服务商的转变。

思考 1)技术变化对企业营销的影响?

2)物流信息平台建设重要吗?

3)企业如何适应客户需求?

4)企业营销如何做到服务客户价值最大化与企业价值最大化的统一?

2.1 物流市场营销调研

2.1.1 物流市场营销调研概述

1. 物流市场营销调研的意义和特征

物流市场营销调研是物流企业运用科学的方法，系统地、客观地辨别、收集、分析和传递有关物流市场营销活动各方面信息的工作。通过物流市场营销调研，物流企业可以掌握市场发展的现状和趋势，为市场预测提供科学依据，它是物流企业营销活动的起点，贯穿于整个营销活动的始终，是对物流市场营销活动全过程的分析和研究。

物流市场营销调研的作用是通过信息把营销者和消费者、客户及公众联系起来，利用这些信息辨别和界定营销机会，产生、改善和评估市场营销方案，监控市场营销行为，改进对市场营销过程的认识，帮助物流企业营销管理者制订有效的市场营销决策。

物流市场营销调研具有以下几个方面的特征：

1）市场营销调研是个人或组织的一种有目的的活动，主要是各类物流企业以解决市场营销问题、进行营销决策提供信息支持为目的而开展的活动。

2）市场营销调研是一个系统过程。市场营销调研不是单个的资料记录、整理或分析活动，而是一个经过周密策划、精心组织、科学实施，且由一系列工作环节、步骤、活动和成果组成的过程。

3）市场营销调研包含对信息的判断、收集、记录、整理、分析、研究和传播等活动，它们互相联系、互相依存，共同组成市场营销调研的完整过程。

4）从本质上讲，市场营销调研是一项提供专业市场信息的工作，是运用一定的技术、方法、手段，遵循一定的程序，收集加工市场信息，为决策提供依据。它应包含信息工作中确定信息需求、信息处理、信息管理和信息提供的全部职能。

2. 物流市场营销调研内容

物流市场营销调研的基本内容从识别市场机会和问题、制订营销决策到评估营销活动的效果，涉及物流企业市场营销活动的各个方面。主要包括市场需求和变化趋势调研、产品和价格调研、分销和促销调研、流量和流向调研、市场竞争调研以及宏观环境调研等。

1）市场需求调研。市场需求调研包括现有客户需求调研、现有客户对本企业物流服务产品满意程度调研、现有客户对本企业物流服务产品信赖程度调研、对影响客户需求的各种因素变化情况调研、对客户的购买动机和行为调研、对潜在客户需求情况调研等。

市场需求是一个产品在一定的地理区域和一定的时期内，在一定的营销环境和一定的营销方案下，由特定的客户群体愿意购买的总数量构成。与此相关的概念有市场底量、市场潜量、市场预测。在没有任何需求促进费用时发生的需求称为市场底量。而市场潜量就是在一个既定的市场环境下，当行业营销努力达到无穷大时，市场需求所趋向的极限。市场预测则是指与预期的努力相对应的市场需求。而公司需求则是指公司在营销努力基础上估计的市场需求份额。市场底量和市场潜量之间的差距，表示了全部的营销需求敏感性。市场底量（Q_1）、市场潜量（Q_2）、市场预测（Q_F）之间关系见图 2-1。

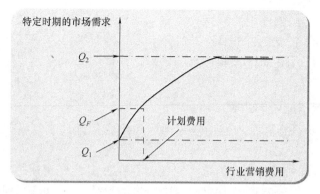

图 2-1　市场需求作为行业营销费用的函数

2）产品和价格调研。产品和价格调研包括物流服务产品设计调研、产品系列和产品组合调研、产品品牌调研、产品价格调研、影响产品价格变化因素调研、替代产品价格调研等。

3）分销和促销调研。分销和促销调研包括代理商经营状况、影响代理商变化因素调研、广告、宣传、推广以及其他各种促销形式运用调研等。

4）流量和流向调研。流量和流向调研包括物品的流量和其所覆盖的区域调研、品种和结构调研等。

5）市场竞争调研。市场竞争调研包括竞争对手现有物流资源和现有客户资源、竞争对手的营销计划等情况的调研。

6）宏观环境调研。宏观环境调研包括政治、经济、文化、社会、科技、法律以及自然等因素的调研。

3．物流市场营销调研的类型

根据调查的性质和调查的目的不同，物流市场营销调研可分为探测性调研、描述性调研、因果性调研和预测性调研四种形式。

1）探测性调研。探测性调研是指物流企业对发生的问题缺少认识和了解，为弄清问题的性质、范围、原因而进行的初始调研。这种调研，往往是通过查阅和依据现有的历史资料和类似案例，或是通过向熟悉调查对象的有关业务人员、专家进行请教，或是召开有关客户代表的座谈会。例如，某物流企业近一段时间的运量一直在下降。但为何下降？是运输质量出现问题？或是市场上出现更新的运输线路？或是竞争对手抢占了市场？对这些问题，物流企业可以通过探测性的调研来查找产生问题的原因。探测性调研一般是比较粗略的调研，往往通过二手资料获得。

2）描述性调研。描述性调研是在市场调研中用来如实反映、收集和记录有关市场资料的一种调研方式。例如，调研物流企业产品（如航线）的市场占有率，调研竞争对手的市场营销策略等。由于这种调研注重事实资料记录，所以大多采用询问法和观察法来收集资料。

3）因果性调研。因果性调研是物流企业为了弄清楚市场经营活动中出现的有关现象之间存在的因果关系而进行的一种调研活动。例如，物流企业不仅要了解市场占有率的实际情况，而且还要了解市场占有率上升或下降的原因。

4）预测性调研。预测性调研是指物流企业通过收集、分析研究过去和现在的各种市场情报资料，运用科学的方法和手段，估计未来一段时期内市场变化趋势的一种调研活动。预测性调研是在因果调研的基础上进行的，其目的在于掌握市场机会，制订有效的营销计划。

4．物流市场营销调研的步骤

有效的营销调研包括四个步骤：确定问题和研究目标、制订调研计划、收集和分析信息、撰写调研报告。

1）确定问题和研究目标。由于每个问题都存在许多可以调研的方面，必须找出实质问题，否则收集信息的成本可能会超过调研结果的价值。所以确定问题是市场营销研究中最困难的一步，它要求营销调研人员必须对所研究的问题及其涉及的领域十分熟悉。

例如，如果航空公司研究的问题是"去探求凡是你能够发现的空中旅客所需要的一切"。显然提出的问题过于宽泛；如果问题是"探求是否有足够多的乘客在从广州到哈尔滨的飞行中，愿意付足电话费，从而使航空公司能够保本以继续提供这种服务"。这样的问题就太狭窄了。如果将问题确定为"提供飞行电话服务会给航空公司创造日益增加的偏好和利润，这项费用与公司可能做出的其他投资相比是合算的吗"，可能会是一个恰当的问题，因为下面的有关内容就可以作为特定的研究目标：

◎　航空公司的乘客在航行期间打电话，而不等到飞机着陆后打电话的主要原因是什么？

◎　哪些类型的乘客最喜欢在航行中打电话？

◎　在一次典型的长距离飞行中，有多少乘客可能会打电话？价格对它有何影响？收取的最好价格是多少？

◎　这一新服务会为航空公司增加多少乘客？

◎　这一服务对航空公司的形象将会产生多少具有长期意义的影响。

◎　其他因素诸如航班次数、食物和行李处理等影响乘客对航空公司做出选择的相对重要性排名是什么？电话服务与这些其他因素相比，其重要性又将怎样？

2）制订调研计划。调研的第二步就是要求制订一个收集所需信息的最有效的计划。调研计划的内容包括信息来源、调研方法、调研工具、调研方式、调研对象等。信息来源可通过第一手资料和第二手资料取得。调研方法可采用询问法、观察法、实验法、问卷调查法等。调研工具可使用调查表、机械设备等。调研方式可运用全面调查、典型调查、重点调查、个案调查、抽样调查等。调研对象可面向物流市场环境、行业竞争、宏观政策等方面。经费预算涉及调研方案设计费、问卷设计费、抽样费用和其他费用等。人员培训主要面向调研组织者、调研员等。

3）收集和分析信息。获取第一手资料的方法有询问法、观察法和实验法等。每种方法都有自己的优缺点和适用范围，物流企业可以根据自己的情况进行选择。而第二手资料来源于内部资料和外部资料。内部资料是物流企业内部的会计系统所经常收集和记录的资料，如客户订单、销售资料、库存情况、产品成本、销售损益等；外部资料是从统计机构、行业组织、市场调研机构、科研情报机构、金融机构、文献报刊等获得的资料。

分析信息的主要目的是：分析得到信息的渠道是否可靠；分析信息内容的准确性；分析信息间的相互关系和变化规律。分析信息的一般程序为编辑整理、分类编码、统计和分析。

4）撰写调研报告。这是物流市场营销调研的最后一个步骤，即把调研的结果形成书面报告，并送交有关部门。营销调研报告虽然没有统一格式，但一般应当由引言、正文、结论、附件等几部分组成。

报告的类型通常有专门性报告书纲要、通俗性报告纲要两类。前者包括研究结果纲要、研究目的、研究方法、资料分析、结论与建议、附录（附表、统计方式、测量方法说明等）。后者包括研究发现与结果、行动建议、研究目的、研究方法、研究结果、附录。

示例

关于前往 GZ 港务局调研国际航运中心建设情况的提纲

1．调研时间、形式、对象

1）调研时间：2019 年 3 月 9 日。

2）调研形式：本次调研采用现场走访和座谈形式进行。

3）调研对象：GZ 港务局

2．调研内容和访谈提纲

1）三年行动计划中规定的发展目标达成状况。

2）集疏运体系建设情况：如港口综合通过能力、航道锚地适应能力等。

3）航运功能区建设：如 NS 国际航运要素集聚核心区、T—H 航运综合服务区等。

4）现代航运物流发展情况：如保税物流、集装箱物流、冷链物流、商品汽车物流、粮食物流、大宗生产资料物流、第三方或第四方物流以及跨境电子商务等方面的发展。

5）航运服务业：如航运代理业、船舶管理业的发展，船舶供应市场的培育，华南国际船舶保税油供应基地以及航运服务示范区的建设，保税船舶注册业务、航运经纪业务、船员劳务市场以及邮轮游艇旅游产业等方面的发展。

6）航运金融保险：如航运金融服务政策试点，航运金融服务产品创新，航运融资渠道、船舶融资租赁业务以及航运保险业务等方面的发展。

7）培育各类企业：航运总部经济的培育以及远洋集装箱运输公司的组建情况。

8）智慧航运建设：航运大数据的建立情况，基础通信网络的完善情况，智能感知体系的建设情况，"单一窗口"建设的推进情况，航运物流信息平台、航运交易信息平台的建设情况以及航运电子商务发展情况等。

9）航运法律服务：航运司法服务、国际航运仲裁服务以及律师、会计审计、咨询等服务的完善情况。

10）国际港口间交流合作：与国际港口城市间交流合作，与国际港口的交流合作等方面发展。

11）保障措施：机制与制度等方面的创新与改革情况。

12）未来 3～5 年内行业环境会发生哪些重大变化？这些变化对 GZ 国际航运中心的发展带来哪些重大影响？今后的发展思路和发展蓝图？

围绕以上内容，分析取得的成绩、存在的问题和原因，提出有针对性的建议和要求。

2.1.2 物流市场营销调研方法和技术

营销调研方法与技术的选择是否合理，会直接影响调研结果。因此，合理选用调研方法与技术是营销工作的重要环节。

1. 营销调研方法

营销调研方法很多，归纳起来主要有询问法、观察法、实验法和问卷调查法四种。

1）询问法。询问法又称直接调查法，以询问的方式了解情况、搜集材料以获得所需的各种情况和资料。其内容包括三个方面：①事实询问，要求被调查人用事实来回答问题。例如，"请问您现在使用哪一个全球物流服务商从事国际贸易的货物运输？"②意见询问，要求被调查人提出自己对所询问的事项的意见或评论性的见解。例如，"您认为从事太平洋航线集装箱运输的哪一个物流服务商的服务最佳？"这类询问适宜于了解客户的愿望与行为，以便满足需求时采用。③阐述询问，要求被调查人阐述购买愿望与行为的理由。例如，"您为什么使用××物流公司从事贵企业的货物运输？"

按调查者与被调查者的接触方式和询问表的传递方式不同，询问法又可分为人员调查、电话调查、邮寄调查和网上调查等。人员调查是指调查者与被调查者直接面对面交谈，向被调查者询问有关问题，当场记录调查情况，从而获取所需信息的一种方法。这种方法是询问法中最常见的一种形式。人员调查可以采取个人面谈、小组面谈和集体面谈等形式。电话调查是调查者借助电话向被调查者询问问题、获取信息的一种方法。邮寄调查是调查者将设计好的调查问卷通过邮局寄给被调查者，请被调查者自行填好后寄回的一种调查方法。网上调查主要是调查者通过互联网收集资料的一种方法。询问法各种具体方法的优缺点如表 2-1 所示。

表 2-1 询问法的优缺点比较表

评价标准	邮寄调查	电话调查	人员调查	网上调查
灵活性	差	好	很好	较好
所收集数据的质量	好	较好	很好	好
调查者影响的控制	很好	较好	差	很好
对象的控制	较好	很好	较好	较好
数据收集速度	慢	快	快	较快
回答速度	较慢	快	快	较快
成本	小	较小	大	较大

2）观察法。观察法是调查者在收集资料时，不直接向被调查者询问问题，而是调查人员直接观察或采用各种仪器（如使用录音机、照相机、摄影机或某些特定的仪器）间接观察被调查者的行为或现场事实的一种收集资料的调查方法。观察法通常有直接观察法、亲身经历法、测量观察法。直接观察法是指物流企业的调查人员直接到现场进行观察。物流企业的调查人员扮成客户去购买东西，以此来了解服务人员的服务态度，就是一种亲身经历法。测量观察法是指物流企业的调查人员运用机械工具或电子仪器进行观察记录和测量。例如，调查人员运用运输负荷的测试工具来测量观察运输车辆及专用车辆的状况；利用衡量与记录装置来测量观察物流搬运与存储状况。观察法能客观地获得准确性较高的第一手资料，但调查面较窄，花费时间较长。

3）实验法。实验法是指先在较小范围内进行实验，取得数据资料后再研究决定是否大规模推广的一种市场调查方法。这种调查方法主要用于新产品的试销和新方案实施前的调查。如某新产品在大批量使用之前，先生产一小批，向市场投入销售试验。实验的目的一是看该新产品的质量、品种、规格等是否受欢迎，二是了解产品的价格是否被用户所接受。实验法是比较科学的调查方法，取得的资料比较准确，但所花费用较高，时间也较长。例如，某物流企业为了了解某航线的情况，可以对该航线进行试运营，以取得挂靠港口、运价、客户等方面的信息。

4）问卷调查法。采用问卷调查可以了解客户的认识、看法和喜好程度等，并可以分析处理这些数据，得出结论。问卷调查关键在于问卷设计的技巧。

一般而言，问卷调查法用于描述性调研；观察法与询问法适用于探索性调研；而实验法适用于因果性调研。

2．营销调研的主要技术

（1）抽样调查技术　在许多调研对象中，如何以最少的时间、费用与手续获得正确的调研结果，这就有赖于抽样调查。所谓抽样调查，是从调查对象的总体中，抽取若干样本进行调查，并根据调查的情况推断总体特征的一种调查方法。采用抽样调查要注意抽样对象的确定，样本大小的选择，抽样方法的确定。

抽样调查可分为两大类：随机抽样、非随机抽样。

随机抽样就是按随机的原则抽取样本，在调查对象中，每一个个体被抽取的机会都是均等的。由于随机抽样能够排除人们有意识的选择，所以，抽出来的样本具有很好的代表性。随机抽样的方式很多，常用的有简单随机抽样、分层随机抽样、分群随机抽样等。

非随机抽样是根据调查目的与要求，按照一定的标准来选取样本。因而，在整体中不是每一个体都有机会被选作样本。非随机抽样常用的方法有任意抽样、判断抽样、配额抽样等。

（2）调查问卷设计技术　调查问卷（又称调查表）是调查者根据一定的调查目的精心设计的一份调查表格，是现代社会用于收集资料的一种最为普遍的工具。

1）问卷的基本要求。从内容上看，一份好的问卷调查表至少应该满足以下几方面的要求：问题具体、表述清楚、重点突出、整体结构好；确保问卷能完成调查任务与目的；调查问卷应该明确正确的政治方向，把握正确的舆论导向，注意对群众可能造成的影响；便于统计整理。

2）问卷的基本结构。问卷的基本结构一般包括四个部分，即说明信、调查内容、编码和结束语。其中调查内容是问卷的核心部分，而其他部分则根据设计者需要可取可舍。

说明信是调查者向被调查者写的一封简短信，主要说明调查的目的、意义、选择方法以及填答说明等，一般放在问卷的开头。

问卷的调查内容主要包括各类问题、问题的回答方式及其指导语。问卷中的问答题，从形式上看，可分为开放式、封闭式和混合型三大类。开放式问答题只提问题，不给具体答案，要求被调查者根据自己的实际情况自由作答。封闭式问答题则既提问题，又给出若干答案，被调查中只需在选中的答案中打"√"即可。混合型问答题，又称半封闭型问答题，是在采用封闭型问答题的同时附上一项开放式问题。

指导语，也就是填答说明，用来指导被调查者填答问题的各种解释和说明。

编码一般应用于大规模的问卷调查中。因为在大规模问卷调查中，调查资料的统计汇总工作十分繁重，借助编码技术和计算机，则可大大简化这一工作。编码是将调查问卷中的调查项目以及备选答案给予统一设计的代码。编码既可以在问卷设计的同时就设计好，也可以等调查工作完成以后再进行。前者称为预编码，后者称为后编码。在实际调查中，常采用预编码。

结束语一般放在问卷的最后，用来简短地对被调查者的合作表示感谢，也可征询一下被调查者对问卷设计和问卷调查本身的看法和感受。

3）问卷设计的过程。问卷设计的过程一般包括十大步骤，即确定所需信息、确定问卷的类型、确定问题的内容、研究问题的类型、确定问题的提法、确定问题的顺序、问卷的排版和布局、问卷的测试、问卷的定稿、问卷的评价。

确定所需信息是问卷设计的前提工作。调查者必须在问卷设计之前就把握所有满足研究目的和验证研究假设所需要的信息。

确定问卷的类型，必须先综合考虑这些制约因素：调研费用、时效性要求、被调查对象、调查内容。

确定问题的内容，最好与被调查对象联系起来。

问题的类型归结起来分为：自由问答题、单项选择题、多项选择题和顺位式问答题，其中后三类均可以称为封闭式问题。

确定问题的提法应该注意：问题的陈述应尽量简洁；避免提带有双重或多重含义的问题；最好不用反义疑问句，避免否定句；避免问题的从众效应和权威效应。

问卷中的问题应遵循一定的排列次序，问题的排列次序会影响被调查者的兴趣、情绪，进而影响其合作积极性。

问卷的设计工作基本完成之后，便要着手问卷的排版和布局。问卷排版布局的总的要求是整齐、美观，便于阅读、作答和统计。

问卷的初稿设计工作完毕之后，不要急于投入使用，特别是对于一些大规模的问卷调查，最好的办法是先组织问卷的测试，发现问题，及时修改。如果第一次测试后有很大的改动，可以考虑是否有必要组织第二次测试。

当问卷的测试工作完成，确定没有必要再进一步修改后，可以考虑定稿。问卷定稿后就可以交付打印，正式投入使用。

问卷的评价实际上是对问卷的设计质量进行一次总体性评估。对问卷进行评价的方法很多，如专家评价、上级评价、被调查者评价和自我评价等。

示 例

快递服务与客户满意度调查

为了给您提供更好的服务，希望您能抽出几分钟时间，将您的感受和建议告诉我们，我们非常重视每位客户的宝贵意见。此调查问卷的所有信息将严格保密，绝不泄露，期待您的参与！

1. 您经常使用的物流有哪些？[多选题]

顺丰速运（   ），韵达快递（   ），圆通快递（   ），申通快递（   ），中通快递（   ），京东快递（   ），百世汇通（   ），天天快递（   ），邮政 EMS（   ），优速快递（   ），

其他_____

2．快递价格，您满意的有哪些？[多选题]

顺丰速运（ ），韵达快递（ ），圆通快递（ ），申通快递（ ），中通快递（ ），京东快递（ ），百世汇通（ ），天天快递（ ），邮政 EMS（ ），优速快递（ ），其他_____

3．快递的货运速度及配送速度，您满意的有哪些？[多选题]

顺丰速运（ ），韵达快递（ ），圆通快递（ ），申通快递（ ），中通快递（ ），京东快递（ ），百世汇通（ ），天天快递（ ），邮政 EMS（ ），优速快递（ ），其他_____

4．收寄快递的便利度，您满意的有哪些？[多选题]

顺丰速运（ ），韵达快递（ ），圆通快递（ ），申通快递（ ），中通快递（ ），京东快递（ ），百世汇通（ ），天天快递（ ），邮政 EMS（ ），优速快递（ ），其他_____

5．快递货物的完好性（有无破损），您满意的有哪些？[多选题]

顺丰速运（ ），韵达快递（ ），圆通快递（ ），申通快递（ ），中通快递（ ），京东快递（ ），百世汇通（ ），天天快递（ ），邮政 EMS（ ），优速快递（ ），其他_____

6．快递的物流查询，您满意的有哪些？[多选题]

顺丰速运（ ），韵达快递（ ），圆通快递（ ），申通快递（ ），中通快递（ ），京东快递（ ），百世汇通（ ），天天快递（ ），邮政 EMS（ ），优速快递（ ），其他_____

7．快递的到达提醒，您满意的有哪些？[多选题]

顺丰速运（ ），韵达快递（ ），圆通快递（ ），申通快递（ ），中通快递（ ），京东快递（ ），百世汇通（ ），天天快递（ ），邮政 EMS（ ），优速快递（ ），其他_____

8．您希望快递到达以哪种方式提醒您？[单选题]

短信（ ），电话（ ），其他_____

9．您选择某家快递公司的原因是_____ [多选题]

只知道这家快递公司（ ），收寄快递方便（ ），服务人员态度好（ ），快递的包装及配送速度快，（ ），售后服务好（ ），价格便宜（ ），其他_____

访问到此结束，再次感谢您的支持与合作！

2.1.3 物流市场营销预测

1．物流市场营销预测概述

（1）物流市场营销预测的意义 预测，就是根据过去和现在的已知因素，运用人们的知识、经验和科学方法，对未来进行预计，并推测事物未来的发展趋势。

物流市场营销预测就是物流企业根据历史统计资料和市场调查获得的市场信息，对市场供求变化等因素进行细致的分析研究，运用科学的方法或技术，对市场营销活动及其影响因素的未来发展状况和变化趋势进行预测。

市场营销预测是市场调查的继续和发展，是市场营销决策的基础和前提，也是计划和决策的重要组成部分。

（2）物流市场预测的分类　市场预测的种类很多，可以按各种标准加以分类。

1）按市场预测时间长短的不同分类，市场预测可分为短期市场预测、近期市场预测、中期市场预测、长期市场预测。

短期市场预测，一般是以日、周、旬为预测的时间单位，根据市场变化的观测资料，结合市场当前和未来变化的实际情况，对未来一个季度内的发展变化情况做出估计。为物流企业确定短期内的生产经营任务和落实实施方案及措施提供依据。

近期市场预测，一般是以月或季为时间单位，根据市场变化的实际观测资料，结合当前市场变化的情况，对市场未来一年内的发展变化情况做出的预测。为物流制订季度计划、年度计划、组织货源、合理安排市场提供依据。

中期市场预测，一般是以年为单位，对一年以上、五年以内进行的市场预测。目的是为物流企业制订中期经营发展战略决策提供依据。

长期市场预测，一般是指五年以上的市场预测。

2）按市场预测采用的方法进行分类有定性市场预测和定量市场预测。

定性市场预测是预测者或有关专家根据已有的历史资料和现实资料，依靠他们的经验、判断能力和综合分析能力，对市场情况和对市场未来发展变化的估计和预测。

定量市场预测是对未来市场变动的规模、水平、速度、比例等数量方面所做的预测。它的主要特点是根据历史数据找出其内在规律，运用连贯性原则和类推性原则，通过数学模型对事物未来状况进行数量预测。定量预测的表现形式有点预测和区间预测。

在实际工作中，定量预测与定性预测是预测同一事物的两个立足点，不能将二者截然割裂开来，有时要有所偏重，彼此互为补充。通常，定性预测是定量预测的前提与基础，定量预测是定性预测的完善与补充。

（3）物流市场营销预测的原则　长期以来，人们从市场变化的规律中总结出了市场预测的基本原理，以此作为指导预测工作的重要准则。

1）连续性原则。连续性原则要求预测对象的发展变化具有连续性。市场营销预测就是用市场调查得来的市场过去和现在的资料，去找出物流市场未来情况的信息。

2）系统性原则。预测对象的发展变化往往受许多因素的影响，所以物流企业在对某个预测对象进行预测时，必须对企业内、外部因素做系统分析，这样才能克服预测的片面性，使预测结果较为准确。

3）类推性原则。当人们还未掌握预测对象在某种条件下的发展规律时，可借助它在其他场合下的已知规律，来推测它在不同条件下发展的规律。

4）近似性原则。人们对有些预测对象的过去和现在的情况都不了解，无法掌握其发展的规律，这时可依据相近事物的发展变化情况和状态，来估计预测对象的未来趋势。

（4）物流市场营销预测的步骤

1）确定预测目的，制订预测计划。这是物流市场营销预测首先要解决的问题。确定预测目的，就是从决策与管理的需要出发，紧密联系实际需要与可能，确定预测要解决的问题。预测计划是根据预测目的制订的预测方案，包括预测的内容与项目、预测所需要的资料、准备选用的预测方法、预测的进程与完成时间、编制预测的预算、调配力量、组织实施等。

2）搜集、审核和整理资料。数据资料是进行物流市场营销预测的重要依据，因此要根据预测目标的要求，调查、收集与预测对象有关的历史的和当前的数据资料，掌握事物发展的过去和现状。只有根据调查提供的资料数据，才能对市场、技术等发展趋势做出科学预测。一般而言，反映本企业历年经济活动情况的统计资料、市场调查资料和分析研究资料属于内部资料。而从本企业外部搜集到的统计资料和经济信息，如政府统计部门公开发表和未公开发表的统计资料、兄弟单位之间定期交换的经济活动资料、报刊上发表的资料、科学研究人员的调查研究报告以及国外有关的经济信息和市场商情资料等属于外部资料。在搜集资料时，所收集的资料尽可能地以数据形式出现。既要重视原始资料的收集，又要学会利用二手资料；既要收集与预测对象相关的直接因素的资料，还要注意收集会对预测对象未来产生重大影响的间接因素的资料，如政治、法律、科学技术和社会文化等方面的资料。

为了保证资料的准确性，要对资料进行必要的审核和整理。资料的审核主要是审核来源是否可靠、准确和齐备，资料是否可比。资料的可比性包括资料在时间间隔、内容范围、计算方法、计量单位和计算价格上是否保持前后一致。如有不同，应进行调整，使其前后一致，这样才是可比的。资料的整理主要包括：对不准确的资料进行查证核实或删除；把不可比的资料调整为可比；对短缺的资料进行估计推算；对总体的资料进行必要的分类组合。

整理资料的统计方法主要有统计分组、统计表和统计图等。

统计分组是用一定的组织形式和方法，对原始资料进行科学的分组，是统计整理的前提和基础。

统计表是以表格的形式表达统计资料数量关系的方法或工具。统计表可以简化资料，省去冗长的文字叙述，同时也便于分析、对比和计算。可根据研究的目的编制各种统计表。

统计图是利用点、线、面、体等绘制成几何图形，以表示各种数量间的关系及其变动情况的工具，如条形统计图、扇形统计图、折线统计图、象形图等。

3）选择预测方法。市场营销预测方法很多，有定量的，有定性的；有的适用于短期预测，有的适合于中长期预测；有的需要以大量的数据为基础，有的则依赖个人的经验和知识。预测方法的选择是否恰当、正确，对于预测的准确性有很大影响。因此，应根据预测项目的不同，选择不同的、适用的预测模型。物流企业常常同时采用定量和定性的方法进行预测，或以多种方法相互比较印证，这样可以提高预测结果的准确性。

4）进行预测。在选择预测方法之后，即可进行预测。如果是定性预测，就要把相关的资料和问题交给预测人员进行分析和预测；若采用定量预测方法，就要将收集到的数据输入模型，进行运算并求出结果。由于存在随机性，还要对预测结果设置一定的置信区间。

5）分析、评价预测结果。对于得出的初步预测结果要进行分析和评价。评价中经常采用的方法是将定量预测结果与定性预测的一般性结论进行对照，检查其合理性和可信度，估计预测值的误差。如果误差较大，还要考虑采用别的预测方法或数学模型。

6）编写预测报告。预测报告要准确记载预测目的、预测方法和参数、资料分析过程、最后结果以及建议等内容。要做到数据充分、论证可靠、建议可行。预测报告也是对每一次预测工作的总结，在总结中认真分析不足，总结经验，以便于提高预测者的预测水平。

相关知识

常用统计分析软件

1）SPSS（IBM）。SPSS 是世界上最早的统计分析软件，SPSS 采用类似 EXCEL 表格的方式输入与管理数据，SPSS 与 Office 或 WPS 不直接兼容，只能采用拷贝、粘贴的方式。

2）Clementine（IBM）。是 ISL（Integral Solutions Limited）公司开发的数据挖掘工具平台，被誉为第一数据挖掘工具。Clementine 与 SPSS 统计功能有了更多的整合，数据处理也更加灵活和好用。

3）SAS。全称为 Statistics Analysis System，在数据处理和统计分析领域，SAS 系统被誉为国际上的标准软件系统，堪称统计软件界的巨无霸。

4）BMDP。BMDP 是 Bio Medical Data Processing 的缩写，是最早的综合专业统计分析软件。目前在国际上与 SAS、SPSS 被并称为世界级的三大统计工具软件。

5）Minitab。Minitab 是国际上流行的一个统计软件包，其特点是简单易懂。具有多种功能，包括基本统计分析、回归分析、方差分析、多元分析、非参数分析、时间序列分析、试验设计、质量控制、模拟、绘制高质量三维图形等。

6）Excel。主要是以表格的方式来完成数据的输入、计算、分析、制表、统计，并能生成各种统计图形，即 Excel 是一个强大的电子表格应用软件。

7）EViews。是 Econometrics Views（直译：计量经济学观察，俗称计量经济学软件包）的缩写。是 Windows 下专门从事数据分析、回归分析和预测的工具。EViews 的应用范围包括科学试验数据分析与评估、金融分析、宏观经济预测、仿真、销售预测和成本分析。

2. 物流市场营销预测方法

预测方法很多，但不同的方法有不同的适用范围，有时也可以同时使用多种方法来对同一个预测对象进行预测。按方法本身的性质划分，可以将预测方法分为定性方法和定量方法两大类，而这两类方法并不是孤立的，在进行物流市场营销预测时，经常要综合运用。

经常采用的定性预测方法有：销售人员意见法、管理人员预测法、群众评议法、专家会议法、德尔菲法。应用比较广泛的定量预测的方法有：时间序列预测法（包括算术平均法、加权平均法、移动平均法、指数平滑法、最小二乘法等）、回归预测法（包括一元线性回归法、多元线性回归法等）等。

（1）销售人员意见法　销售人员意见法即预测者召集有经验的销售人员对客户的购买量、市场供求变化的趋势、竞争对手动向等问题进行预测，然后对预测结果进行综合的预测方法。由于销售人员经常与客户打交道，因此他们对市场需求以及竞争情况往往有比较清楚的了解，尤其对自己负责的销售范围内的情况更熟悉，利用他们的经验对市场未来的发展趋势进行预测，可能会有更准确的结果。这种方法的优点是简便易行、节省时间和费用、效率较高。但销售人员对市场走向的预测容易受个人对市场的偏见以及主观因素的影响：①往往受近期销售成败的影响而过于乐观或悲观；②对企业营销整体情况以及经济社会发展大环境的把握不够而使其显得片面；③为了使上级制订较低的任务定额，还可能有隐瞒实情的情况。由于受以上不利因素的影响，预测结果往往会出现偏差，因此必须给予一定的修正。

尽管销售人员意见法有许多不足，但仍被物流企业使用。在产品价格、需求量、市场需求变化趋势以及竞争对手动向等方面进行预测时，配合其他方法一起使用，可使预测结果更准确。

（2）管理人员预测法 管理人员预测法有两种形式：①管理人员根据自己的知识、经验和已掌握的信息，凭借逻辑推理或直觉进行预测；②高级管理者召集下级有关管理人员举行会议，听取他们对预测问题的看法。在此基础上，高级管理人员对大家的意见进行综合、分析，然后依据自己的判断得出预测结果。

管理人员预测法在物流企业管理工作中的应用非常广泛。此法简单易行，对时间和费用的要求较少，若能发挥管理人员的集体智慧，预测结果也有一定的可靠性。日常性的预测大都可以采用这种方法进行。但由于此方法过于依赖管理人员的主观判断，易受管理人员的知识、经验和主观因素的影响，若使用不当，易造成重大决策失误。

（3）群众评议法 由于知识、经验、岗位等的不同，不同的人对问题的认识千差万别，也各有千秋。群众评议法就是将要预测的问题告知有关的人员、部门，甚至间接相关的人员、部门，或者客户，请他们根据自己所掌握的资料和经验发表意见。然后将大家的意见综合起来，采用平均法（或加权平均法）进行处理，得到预测结果。他们虽然不能说是专家，但因所预测的问题往往与他们息息相关，所以更能激发他们的积极性和创造性，并经常能从他们那里得到一些真知灼见。群众评议法的最大优点就是做到最大程度的集思广益。

（4）专家会议法 专家会议法（又称头脑风暴法）的特点是采用开调查会的方式，将有关专家召集在一起，向他们提出要预测的题目，让他们通过讨论做出判断。专家小组规模以 10～15 人为宜，会议时间一般以 20～60 分钟效果最佳。这种方法的优点是效率高，费用较低，一般能很快取得一定的结论。其不足就是由于大家面对面的讨论，使一些与会者常常因迷信权威而不能讲出自己的观点，这很可能会使一些更好的想法被遗漏或被忽视。此外，若每一位专家都固执己见，不肯放弃自己的观点，难以统一意见，也会导致效率降低。

（5）德尔菲法 鉴于传统的专家会议法的局限性，20 世纪 40 年代，美国的兰德公司（RAND）采用了一种新型的专家预测方法，即德尔菲法（Delphi Method）。

德尔菲法的特点是通过寄发调查表的形式征求专家的意见。专家在提出意见后以不记名的方式反馈回来；组织者将得到的初步结果进行综合整理，然后随表格反馈给各位专家，请他们重新考虑后再次提出建议。经过几轮的匿名反馈过程，专家意见基本趋向一致，并依此得出预测结果。具体步骤如下：

1）根据预测目标选择专家，选好专家是德尔菲法成功的基础。选择专家时应注意：①专家对预测目标必须非常熟悉，对预测项目有兴趣并能够自始至终地参与下去；②专家来源可以实行"三三制"，即来自本企业的人员占 1/3，来自与本企业有业务联系的行业专家占 1/3，来自政府、院校、研究机构等方面的社会知名人士占 1/3；③专家人数要适当，一般以 20～30 人为宜。

2）以调查表的形式将需要预测的问题寄发给专家，并附以相应的资料。

3）各位专家根据自己的知识、经验以及所掌握的资料提出自己的观点，并以不记名的方式反馈回来。

4）组织者将返回的第一轮意见进行分析、整理，归纳出若干代表性意见并列成表，然后将意见表再反馈给各位专家，请他们重新考虑后再次提出看法，这样新一轮的意见征询开始了。

5）将各位专家修改后的意见收集上来，再分析、整理，归纳出新的意见表，然后再分发下去，让各位专家进行第二次修改。经过几次这样的反复征询修改，大多数专家的意见最终将趋向一致。

（6）时间序列预测法

时间序列预测法是根据历史统计资料的时间序列，预测事物发展趋势的方法。该方法常用的工具有算术平均法、移动平均法、指数平滑法等。

（7）回归预测法

回归预测法就是对具有相关关系的变量之间数量变化的一般关系进行测定，配合一个相关的数学方程式，以便进行估计或预测的统计方法。根据回归分析方法得出的数学方程式称为回归方程。根据具体资料的性质不同，回归方程有直线方程和曲线方程。通过回归方程的建立，就可以根据自变量的数值来估计或推测因变量的理论值。主要方法有一元回归预测法（直线回归预测法、曲线回归预测法）、多元回归预测法等。

相关知识

"回归"一词的由来

回归分析的基本思想和方法以及回归名称的由来应归功于英国统计学家高尔顿和他的学生皮尔逊（现代统计学的奠基人之一）在研究父母与其子女身高的遗传问题时，观察了 1078 对夫妇，从而得出：高个子的父母的子女平均身高在同龄人中也属高个子，但要低于父母身高，相反，特别低父母的子女平均身高属低个子，但平均身高高于父母，即子代的平均身高向中心回归了（类似于物极必反），正是由于子代的身高有回到同龄人平均身高的这种趋势，才使人类的身高在一定时间内相对稳定。正是为了描述这种有趣的现象，高尔顿引进了"回归"这个名词来描述父辈身高与子女身高的关系，以后推广到许多领域。

示 例

直线回归预测

进行直线回归预测，要根据自变量和因变量的数值资料，配合一条回归直线来表示变量间的一般数量变化关系。直线回归方程的一般形式是 $y_c = a + bx$

根据最小平方法的要求，可得出直线回归方程中的参数 a、b 的求解方程组：

$$\sum y = na + b\sum x$$

$$\sum xy = a\sum x + b\sum x^2$$

例：某物流企业所属 8 个分公司运送某种产品的货运量和运输费用资料见表 2-2 中第一、第二、第三栏。

表2-2　货运量和运输费用资料表

公司编号	货运量 x （千吨）	运输费用 y （万元）	x^2	y^2	xy	y_c
（1）	（2）	（3）	（4）	（5）	（6）	（7）
1	1.2	62	1.44	3844	74.4	66.8
2	2.0	86	4.00	7396	172.0	77.13
3	3.1	80	9.16	6400	248.0	91.30
4	3.8	110	14.44	12200	418.0	100.00
5	5.1	115	25.00	13225	575.0	115.80
6	6.1	132	37.21	17424	805.2	129.99
7	7.2	135	51.84	18225	972.0	144.17
8	8.0	160	64.00	25600	1280.0	154.49
合计	36.4	880	207.54	104214	4544.6	880.00

将表中的有关计算数据（第四、第五、第六栏）代入求解方程得

$$a=51.323 \qquad b=12.896$$

则回归方程为　　$y_c = 51.323 + 12.896x$

若预测货运量为10千吨，运输费用为多少时，只要将 $x=10$ 代入回归方程即可求得，即

$$y_c = 51.323 + 12.896 \times 10 = 180.283（万元）。$$

2.2　物流市场营销环境分析

2.2.1　物流市场营销环境概述

任何物流企业都是在一定环境中从事营销活动的，环境的特点及其变化必然会影响物流企业活动的方向、内容等。环境分析的目的，主要是为了识别环境中影响物流市场营销的各种因素及其变化趋势，认识这些因素对物流营销活动的影响机理，发现环境带给企业的机会与威胁，揭示物流企业与竞争者相比较所具有的优势与劣势，进而为建立营销战略服务。

1．物流市场营销环境的含义

物流市场营销环境则是指与物流企业市场营销活动有关的各种外界条件和因素的综合。任何物流企业从事营销活动，都会受到来自企业内部与企业外部的各种因素的影响。这些因素归纳起来有微观环境和宏观环境两大类。微观环境是指与企业紧密相连，直接影响其营销能力的各种参与者，如企业的供应商、营销中介、客户、竞争者以及社会公众和影响营销管理决策的企业内部的各个部门。宏观环境是指影响企业微观环境的巨大社会力量，包括人口、经济、政治、法律、科学技术、社会文化及自然地理等多方面的因素。微观环境直接影响和制约物流企业的市场营销活动，而宏观环境主要以微观营销环境为媒介间接影响和制约企业的市场营销活动。宏观环境的变化非物流企业所能控制，

它常常给企业带来机遇与挑战。宏观环境因素与微观环境因素共同构成多因素、多层次、多变的企业市场营销环境综合体，见图 2-2。

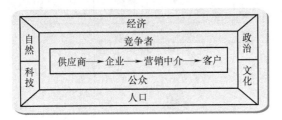

图 2-2　营销环境

分析环境，必须了解环境，掌握环境的性质、特征和变化趋势。物流市场营销环境具有以下几个方面的特征。

1）客观性。物流企业市场营销环境不以营销者意志为转移而客观存在着，有着自己的运行规律及发展趋势。环境的客观性表明，任何主观臆断营销环境及发展趋势的做法，必然会导致营销决策的盲目与失误，造成营销活动的失败。客观性要求物流企业的管理者能积极地适应环境，寻求和把握企业生存和发展的机会，避开环境可能给企业造成的威胁。

2）多变性。多变性主要是指构成物流企业市场营销的各种外界环境因素，由于种种原因，总是处于一种动态的变化过程中。经济波动、能源危机、技术革命等环境因素的变化都会给物流企业带来巨大影响，这要求物流企业能建立面向市场环境变化的快速反应机制，及时调整营销策略。

3）相互关联性与相对分离性。相互关联性是指物流企业的营销环境不是任何一个单一因素作用的结果，而是由一系列相关因素所组成的综合体共同影响的结果。如一个国家的体制、政策与法律总是影响着该国的科技、经济的发展速度和方向，从而改变社会习惯；同样，科技、经济的发展，又会引起政治、经济体制的相应变革。环境因素间的关联性，给企业营销带来了复杂性。同时，在某一特定时期，环境中某些因素又彼此相对分离，各因素对企业营销活动影响大小不一样。如在和平时期，经济、科技、自然因素对企业营销影响的作用大；而在战争时期，军事、政治因素的影响强烈。此外，不同的环境因素对不同的营销活动内容影响不同，影响环境因素的相对分离性为企业分清主次环境提供了可能。

4）不可控性与企业的能动性。不可控性是指外部环境因素的变化，对物流企业来讲是不可能控制的。如国家关于物流产业的政策、客户对各种运输方式的选择、其他物流企业开辟新的运输方式等。对于复杂多变的整体市场营销环境，物流企业不能控制它，只能适应它；对于物流市场营销环境因素中的绝大部分单个因素，物流企业也不能控制。但是物流企业可以通过本身能动性的发挥，如调整运输线路、调整渠道策略、调整促销策略、进行科学预测或组成企业联盟等，可以冲破环境的制约或改变某些环境因素，从而实现物流企业的经营目标。

2. 营销环境与物流企业营销的关系

研究营销环境同物流企业市场营销的关系，对于指导物流企业的市场营销活动具有重大意义。在当今经济全球化、市场一体化、信息网络化的时代，物流企业外部环境的变化之迅速，已经大大超过了企业内部变化的平均速度，物流企业若不提高环境的适应能力和应变能力，将面临较大的市场风险。这就要求物流企业在进行市场营销活动时，不仅要加强企业内部影响因素的研究，而且更应重视外部环境的分析，同外部环境保持协调，只有那些主动适应外部环境变化的物流企业，才能在竞争激烈的市场中生存下来，并得到不断的发展壮大，而那些有开拓创新精神的物流企业甚至在一定条件下还可能会影响外部环境的变化。

2.2.2 物流市场营销宏观环境分析

物流市场营销宏观环境包括人口、经济、自然物质、科学技术、政治法律、社会文化等。这些因素的存在和变化会对物流企业营销活动产生各种影响，需要密切关注。

1. PEST 分析模型

PEST 分析法是一个常用的分析工具，是指宏观环境的分析，P 是政治（Political），E 是经济（Economic），S 是社会（Social），T 是技术（Technological）。它通过四个方面的因素分析从总体上把握宏观环境，并评价这些因素对企业活动的影响。表 2-3 给出了 PEST 分析模型的框架内容。

表 2-3　典型的 PEST 分析模型表

P 政治（包括法律）	E 经济	S 社会	T 技术
环保制度	经济增长	收入分布	政府研究开支
税收政策	利率与货币政策	人口统计、人口增长率与年龄分布	产业技术关注
国际贸易章程与限制	政府开支	劳动力与社会流动性	新型发明与技术发展
合同执行法、消费者保护法	失业政策	生活方式变革	技术转让率
法律	征税	职业与休闲态度、企业家精神	技术更新速度与生命周期
政府组织/态度	汇率	教育	能源利用与成本
竞争规则	通货膨胀率	潮流与风尚	信息技术变革
政治稳定性	商业周期的所处阶段	健康意识、社会福利及安全感	互联网的变革
安全规定	消费者信心	生活条件	移动技术变革

2. 宏观环境分析

（1）政治法律环境　政治和法律环境泛指一个国家的社会制度，政府的方针、政策，以及国家制定的有关法律法规等。市场经济也是法制经济，国家对经济的干预主要通过法律手段和各种经济政策来进行，这些往往是物流企业从事市场营销必须遵循的准则。同时国际惯例、行业惯例也对物流企业的营销活动有巨大影响。因此，物流企业的市场营销人员必须注意国家的每一项政策、法律和国际规则及其变化对市场营销活动的影响。

1）国家经济体制。它是一个国家组织整体经济运行的模式，是该国基本经济制度的具体表现形式，也是本国宏观政策制定和调整的依据。它由所有制形式、管理体制、经济方式组成。

2）政局和政治事件。此项内容包括政治稳定性、社会治安、政府衔接、政府机构作风、政治透明度等。如果一国政局稳定性较差，国内各类政治冲突（如政局动荡、政府更迭等）、骚乱、内战和暴力等时有发生，就会对经济贸易活动的发展带来恶劣影响，进而对为贸易服务的物流业造成不利的后果。

3）国家经济政策。国家的方针政策是根据政治经济形势及其变化的需要而制定的，往往带有扶持或者抑制、提倡或禁止等倾向性特点，直接或间接地影响着物流企业的营销活动。对物流企业来说，国家经济政策主要表现为产业政策、能源政策、价格政策、环保政策以及财政与货币政策等。

4）法律和法规。世界各国都颁布了相应的经济法律和法规来制约、维护、调整企业的活动。我国目前已经基本建立了满足社会主义市场经济要求的法律体系。作为 WTO 的成员方，我国的物流企业还必须遵循相关的国际规则和行业惯例，如与服务贸易有关的 GATS（服务贸易总协定）、ISO 9000（国际标准化组织发布的系列质量管理保证国际标准）以及 ISM CODE（国际安全管理规则）等。物流企业要奉公守法，既要学会用法律来保护自己的合法权益，同时也要有社会责任感，注重全社会的整体利益和长远利益，防止对环境的污染和破坏。

5）政治团体和公众团体。政治团体如工会、共青团、妇联组织，公众团体如中国消费者协会、行业协会等，这些团体通过影响国家立法、方针、政策、社会舆论等，对物流企业营销活动施加影响。

（2）经济环境　这里的经济环境是指与物流企业市场营销活动有关的经济发展趋势及其性质。政治法律环境中的许多因素实际上是通过经济环境作用于物流企业的，因此经济环境是对物流企业营销活动的影响最直接，也是最主要的环境因素。对经济环境，可以从宏观经济环境和微观经济环境两个方面加以分析。

宏观经济环境通常指一国的国内生产总值及其发展变化情况、社会总供给与社会总需求的状况及变化趋势、产业结构、物价水平、就业以及国际经济等方面的内容。国民经济持续稳定增长与繁荣肯定会为物流企业的生存和发展提供有利机会；反之则会带来困难和威胁。另外，世界经济和国际贸易的发展变化对物流企业特别是从事国际经营活动的物流企业也会产生巨大影响。一般说来，世界经济的高速增长会导致国际贸易的相应增长，从而使得物流交易频繁，物流市场繁荣；反之则会使物流业出现萧条和不景气。

微观经济环境主要是指物流企业所在地区或所需服务地区客户的社会购买力、收支结构以及经济的迂回程度等造成物品的流量与流向的情况。这些因素直接决定着物流企业目前及未来的市场规模。

（3）社会文化环境　社会文化环境是由价值观念、宗教信仰、伦理道德、风俗习惯、审美观念等构成的，它影响着人们的欲望与行为。物流企业不能忽视社会文化环境影响的分析，这对开辟新的目标市场非常重要。例如，价值观念不仅影响社会成员对物流企业存在理由和目标的认识，而且会影响客户的兴趣与偏好，导致需求差异的形成，从而产生特色物流服务。又如，宗教信仰和风俗习惯则会禁止或抵制某些行为和活动的进行，从而对物流营销活动产生影响。

物的流动归根到底是基于人的需要而产生的。人口是构成市场的第一位因素。人口的多少直接决定市场的潜在容量，人口越多，市场规模就越大。而人口的数量、人口的结构（年龄结构、性别结构、家庭结构、社会结构以及民族结构）、人口的地理分布和流动等会对物流市场格局产生巨大影响，人口环境也时刻影响着物流企业的营销活动。

（4）科技与自然环境　随着科学技术的发展，各种现代化交通工具和高科技产品层出不穷，它们既为物流企业提高服务水平和质量提供了技术支撑，也为物流企业进行市场营销活动的创新提供了更为先进的物质技术基础。如 GIS（地理信息系统）、GPS（全球卫星定位系统）、BAR CODE（条码技术）、RF（射频技术）、物联网、大数据等已广泛运用到物流企业营销活动中。实际工作中，以电子技术、信息技术、网络技术为一体的电子商务平台，实现了数据的快速、准确传递，提高了仓库管理、装卸运输、采购、订货、配送发运、订单处理的自动化水平，使包装、保管、运输、流通、加工实现一体化，同时提高了进行结算、需求预测、物流系统设计咨询、物流教育与培训方面的服务能力。在海运方面，船舶的大型化、装卸机械的高速化自动化、运输方式的集装箱化、大宗货物的散装化前所未有地提高了远洋运输能力。信息技术的应用已成为航运公司降低管理成本、提高服务水平、增强竞争优势的一项关键性措施。总之，科学技术为物流企业从事市场营销活动提供了强力支持，也大大提高了物流企业面向客户提供全面、准确、高效、经济的综合物流服务能力。

自然环境因素包括国家或地区的自然地理位置、气候条件、资源分布、海岸带及其资源开发利用等。地理位置是制约物流企业营销活动的一个重要因素。如我国的长江三角洲、珠江三角洲、环渤海地区就是凭借其优越的地理位置，即广阔的经济腹地、良好的交通设施、便捷的海陆空联系，成为我国物流业发达的地区。气候条件及其变化也会影响物流企业的营销活动，如很多物品季节性强、对气候的变化非常敏感，这都会影响物流企业的营销组合（如运输工具、运输线路等）。以中远海运集团中标某工程运输项目为例，为了确保万无一失，中远海运集团收集了上千份的长江水文、气象、航道等资料，在此基础上分析了各环节的难点、重点，运用自编的计算机决策系统进行反复仿真模拟，使客户能够 24 小时主动掌握设备动态。由此可见，自然环境及其发展变化会影响物流企业资源获取的难易和交通运输成本的大小，影响到市场营销组合的设计等，所以物流企业从事市场营销活动万万不可忽视自然环境的影响。

相关知识

中国智慧物流市场发展趋势分析

政府、物流企业与其客户均致力于提高物流效率，降低物流成本。物流企业及其客户对智慧物流的需求主要包括物流数据、物流云、物流设备三大领域。到 2025 年，智慧物流市场的规模将超过万亿元。

智慧物流集多种技术和服务功能于一体，体现了现代经济运作的要求，即强调信息流与实物流快速、高效、通畅的运转，从而实现降低社会成本、提高生产效率、整合社会资源的目的。国家各级政府机构自 2015 年开始陆续出台多项政策鼓励物流行业向智能化、智慧化发展，并积极鼓励企业进行"互联网+""物流信息化与数据化"等物流模式的创新。与此同时，在电商快速发展、新零售兴起以及 C2M（客户到工厂）兴起的大背景下，消费者需求也从单一化、标准化，逐渐转向差异化、个性化发展,这些变化对物流服务提出了更高的要求。互联网时代下,物流行业与互联网结合,改变了物流行业原有的市场环境与业务流程,推动出现了一批新的物流商业模式和运营模式,如车货匹配、众包运力、多式联运等。基础运输条件的完善及信息化的进一步提升,激发了多式联运模式和综合供应链服务的快速发展。

行业内电商平台与领先物流企业纷纷积极布局智慧物流,抢占先机。作为智能物流的基础,对相关新兴技术的运用尤为重要。在众多新兴技术中,无人机、机器人与自动化、大数据等已相对成熟。可穿戴设备、3D 打印、无人卡车和人工智能等技术也将广泛应用于仓储、运输、配送、末端等各物流环节。无人机技术的发展已经相当成熟,主要应用在人口密度相对较小的区域,未来,无人机的载重、航时将会不断突破,感知、规避和防撞能力的进一步提升也将使软件系统、数据收集与分析处理能力不断提高,应用范围也会更加广泛。大数据和人工智能是物流向下一代升级、真正实现智慧物流的关键。

2.2.3 物流市场营销微观环境分析

物流市场营销微观环境包括物流企业、供应者、营销中介、客户、竞争者、社会公众等。

1. 物流企业

每一个物流企业都有其发展目标和具体明确的经营任务。为了实现其目标或完成其工作任务,必须依据自身条件(如人才资源、信息技术、运输设备、装卸搬运机械及工具、储存条件、集装箱、托盘等)和市场要求开展某些业务活动。物流企业的营销部门在制订和实施营销计划、开展营销活动时必须考虑与企业其他部门的协调,包括与最高管理层、财务部门、供应部门、仓储部门、研发部门、维修部门等的协调,使营销活动得到内部高层和相关部门的大力支持。

物流企业的最高管理层由董事会、总经理组成,负责确定企业的使命、目标、战略及政策。营销部门要在其领导下,制订营销方案并付诸实施。同时,营销部门还须与其他相关部门密切配合,如与财务部门配合以便确定资金的运作和利润目标,与供应部门配合确定运输工具、设备等的使用。

2. 供应者

供应者是指物流企业从事物流活动所需各类资源和服务的供应者,包括为物流企业提供设备、工具、能源及土地和房产的各类供应商,提供信贷资金的各类金融机构以及在各类人才市场上为企业提供人力资源的中介机构等。另外,为物流企业生产经营过程提供各种劳务和服务的机构,如货物运输、设备修理、员工培训、环卫清洁及保安等服务机构,也都构成企业的供应商。供应商对物流企业营销活动的影响主要表现在三个方面:①供应的可靠性,即资源供应的保障程度,这将直接影响物流企业的服务能力和交货期;②资源供应的价格及其变动趋势,这将影响物流企业服务的成本;③供应资源的质量水平,这将直接影响物流企业提供的服务质量。因此,物流企业必须与供应商互惠互利(如物流企业必须与相关的运输工具制造商、燃料供应商建立良好的合作关系),建立彼此间的信任关系，做到降低营销成本，实现营销目标。若供应商选择不当或出现问题，将给企业的生产经营带来不可估量的损失。

物流企业在寻找和选择供应商时，应特别注意：①企业必须充分考虑供应商的资信状况。要选择那些能够提供品质优良、价格合理的资源，交货及时，有良好信用，在质量和效率方面都信得过的供应商，并且要与主要供应商建立长期稳定的合作关系，保证企业生产资源的稳定供应。一方面只有建立稳固的长期交易关系，才能保证质量上的一致性；另一方面只有强化、指导对供应商作业系统的管理，才能逐步降低采购成本。②企业必须使自己的供应商多样化。企业过分依赖一家或少数几家供应商，受到供应变化的影响和打击的可能性就大。为了减少对企业的影响和制约，企业就要尽可能多地联系供应商，向多个供应商采购，尽量注意避免过于依靠单一的供应商，以免当与供应商的关系发生变化时，使企业陷入困境。③企业应了解供应商与企业竞争者之间的关系，如果供应商与竞争者关系密切，那么将对本企业不利。

3．营销中介

营销中介是指协助物流企业把物品从供应地运送到接收地的所有中介机构，包括各类中间商和营销服务机构。对于物流企业而言，其中间商就是众多的货运代理机构。营销服务机构主要包括营销研究机构、广告代理商、CI 设计公司、媒体机构及营销咨询公司等。营销中介机构凭借自己的各种网络、经验、专业知识以及活动规模，在为物流企业提供货源，拓宽营销渠道，提供市场调研、咨询、广告宣传、塑造企业形象等方面，发挥着重要作用。

4．客户

客户是物流企业服务的对象，是物流企业一切营销活动的出发点和最终归属。对物流企业而言，客户可以按服务的地域分为国内客户与国外客户；按供需链上的顺序分为供应商、中间商、最终消费者；按运送的物品分为与生产资料有关的客户和与生活资料有关的客户；按忠诚度分为忠诚客户与游动客户；按重要性分为高回报客户与低回报客户；按时间关系分为老客户与新客户。从服务的数量和忠诚程度结合考虑，客户可分为四类：数量小且对企业不忠诚的客户；数量大但对企业不忠诚的客户；数量小但对企业忠诚的客户，这是可以培养的明日之星。对此类客户，物流企业要多扶持、培养，努力使其成为一个好客户；数量大且对企业忠诚的客户，这是物流企业最宝贵的财富，一个物流企业拥有的这类客户越多，市场就越稳定、越有发展潜力。

相关知识

关于客户的观点

客户是本公司最重要的人。

不是客户依靠我们，是我们依靠客户。

客户不是我们工作的障碍，而是我们工作的目标。我们不是通过为他们提供服务而给他们恩惠，而是客户因给了我们为其服务的机会而给了我们恩惠。

客户不是我们要争辩和斗智的人。从未有人会取得同客户争辩的胜利。

客户是把他们的愿望带给我们的人，我们的工作是为其服务，使他们和我们都得益。

5．竞争者

竞争者是指与本企业争夺物流市场和资源的对手，包括现有的物流企业、从事同类产品及服务的所有企业及潜在的进入者。物流企业的营销活动是在一群竞争者的包围和制约下进行的。在狭义上，一个物流企业把以大体相同的价格向同类客户出售相同产品的企业看作是自己的竞争者，即品牌竞争者；在广义上，一个物流企业可以把凡是生产相似或同类产品的企业都看作是自己的竞争者，即行业竞争者；在更广泛的意义上，还可把所有提供类似功能和服务的产品的企业都看作是自己的竞争者，即形式竞争者；甚至范围再拓宽一些，把所有与本企业争夺客户购买力的企业都纳入竞争者的范畴之内，即一般竞争者。例如，中远集装箱运输公司可以将马士基等国际集装箱班轮公司视为品牌竞争者，将经营干散货和油轮业务的航运公司归入到行业竞争者，将所有从事运输服务的企业如铁路运输企业、公路运输企业、航空运输企业等视为自己的形式竞争者。

一般来说，品牌竞争者和行业竞争者为现实竞争者，而形式竞争者和一般竞争者为潜在竞争者。因此，对竞争者进行调查和分析，及时掌握其动向，是企业做出正确营销决策的重要条件和前提。

6．社会公众

社会公众是指对实现物流企业的营销目标的能力具有实际的或潜在的影响力的群体。它包括：

1）金融公众。如银行、投资公司、证券经纪商和股东等。

2）媒介公众。如电视、电台、报纸、杂志等大众媒体。

3）政府公众。如负责管理物流企业经营的各有关政府机构。

4）企业内部公众。包括公司董事会、经理、职工等。

5）一般公众。物流企业必须关注一般公众对其服务的态度和活动，要采取积极措施开展公共关系工作，努力维持和发展与公众的良好关系，塑造良好的企业形象，以利于物流营销活动的开展。

2.2.4 营销环境分析与物流企业对策

物流市场营销环境分析是一个动态过程，包括环境因素调查、评价和预测三个循序渐进的阶段。物流营销环境因素调查、评价、预测过程，也就是物流企业对营销环境由浅入深、由表及里、逐步深化的认识过程，物流企业制订有效对策的过程。

1．环境因素调查

环境因素调查是了解物流市场营销环境的宏观和微观因素过去与现实状况，它是物流市场营销环境分析的起点。营销环境调查的目的在于发现外部环境的机会和威胁，以及本企业是否具备把握机会克服威胁的能力。

市场机会就是做生意赚钱的机会，即市场上有未满足的需要。西方企业界有一句名言："哪里有未满足的需要，哪里就有做生意的机会。"物流企业市场营销人员在对市场进行调查、分析、评估后，可能发现有些机会只是环境机会，有些机会才是物流企业的营销机会。营销机会是指对这个企业的市场营销活动具有吸引力、企业拥有竞争优势和获得差别利益的环境机会。市场上未满足的需要是客观存在的环境机会，但能否成为某一个物流企业的营销机会，则取决于它是否适合物流企业的目标和现有的资源（包括人才、资金、设备、信息、技术等），是否能使物流企业扬长避短、发挥优势，获得差别利益。例如，随着生活节奏的加快，市场上快餐业前景看好，这是一个环境机会，但它不会成为物流企业的营销机会。

环境威胁是指环境中一种不利的发展趋势对物流企业形成的挑战。如果物流企业不及时采取果断的市场营销行动，这种不利趋势将会影响企业的市场地位。物流企业的市场营销部门应善于识别所面临的威胁，并按其严重性和出现的可能性进行分类，为那些严重性大而且可能性大的威胁制订应变计划，以避免遭受损失。

能力调查主要是通过内部调查检查企业的优势和劣势，通过评估企业的营销、财务、设计、采购、制造和组织能力等方面进行。

2．环境因素评价

环境因素评价是对所收集的有关环境因素资料进行归纳、整理和分析，以判断哪些因素对物流营销具有影响作用以及影响作用的程度如何，这是物流市场营销环境分析的关键。

① 要明确环境因素评价的基本要求，就是系统性、可比性和可操作性。

② 要明确环境因素评价的基本标准，就是获利机会、风险性和营销条件。

③ 要明确评价营销环境的方法，通常用四象限法进行。

物流企业面临的客观环境，纯粹的威胁环境和市场机会是少有的。通常情况下，营销环境都是机会与威胁并存，利益与风险结合在一起的综合环境。根据威胁水平和机会水平的不同，形成图 2-3 的矩阵图。

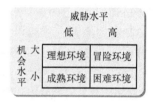

图 2-3　威胁和机会分析矩阵图

物流企业的营销管理者一定要认真研究环境，针对不同的环境采取不同的策略。

1）面临理想环境应采取的策略。理想环境是企业难得遇上的好环境，因这时机会水平高，威胁水平低，利益大于风险。这时企业必须抓住机遇，开拓经营，创造营销佳绩，千万不可错失良机。

2）面临冒险环境应采取的策略。冒险环境是机会和威胁同在、利益与风险并存的环境，在有很高利益的同时，存在很大的风险。面临这样的环境，物流企业必须加强调查研究，进行全面分析，发挥专家优势，审慎决策，以降低风险，争取利益。

3）面临成熟环境应采取的策略。由于机会和威胁水平都比较低，成熟环境是一种较平稳的环境，物流企业一方面要按常规经营，规范管理，以维持正常运转，取得平均利润；另一方面，企业要积蓄力量，为进入理想环境或冒险环境做准备。

4）面临困难环境应采取的策略。困难环境是风险大于机会的环境，此时物流企业处境已十分困难，必须想方设法扭转局面。如果大势已去，无法扭转，则必须采取果断决策，退出在该环境中的经营，另谋发展。

3．环境因素预测

环境因素预测是对物流市场营销方略实施期间营销环境因素可能发生的变化和发展

趋势做出的估计，它是物流企业制订营销方略的主要依据之一。其内容主要包括分析营销环境机会和威胁。

分析和评价市场机会主要有两方面：①考虑机会给物流企业带来的潜在利益的大小。②考虑机会出现概率的大小。分析和评价市场机会方法如图 2-4 所示。

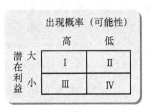

图 2-4　机会分析矩阵图

在图 2-4 中的 4 个象限中，第 I 象限物流企业必须重视，因为它的潜在利益和出现概率都很大；第 II 象限和第 III 象限物流企业也不容忽视，因为第 II 象限虽然出现的概率低，但一旦出现会给企业带来很大的潜在利益，第 III 象限虽然潜在利益不大，但出现的概率则很大，因此，需要企业引起注意，制订相应对策；对第 IV 象限，主要是观察其发展变化，并依据变化情况及时采取措施。

应对营销环境机会的策略有：

1）抢先策略。通过环境分析，物流企业认为营销机会有较大发展潜力，应及时抓住机遇开发新产品，抢先进入市场，在竞争中取得领先地位。此策略不足之处在于投资大、风险高。

2）紧跟策略。通过环境分析，物流企业认为营销机会和风险都较大，而且市场上已有企业进入，这时可采用紧跟策略，好处在于既可较早进入市场取得竞争优势，又可避免因抢占市场所承担的风险。

3）观望策略。通过环境分析，物流企业认为时机还不太成熟，需要观望，等待有好机会再加以利用。这种策略的好处在于企业回旋余地较大。

市场营销者对环境威胁的分析主要从两方面考虑：①分析环境威胁对企业的影响程度。②分析环境威胁出现的概率大小，并将这两个方面结合在一起，如图 2-5 所示。

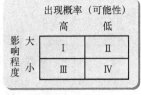

图 2-5　环境威胁矩阵图

在图 2-5 中的 4 个象限中，第 I 象限是物流企业必须高度重视的，因为它的影响程度高，出现的概率大，企业必须严密监视和预测其发展变化趋势，及早制订应变策略；第 II 和第 III 象限也是物流企业所不能忽视的，因为第 II 象限虽然出现概率低，但一旦出现给企业营销带来的危害就特别大，第 III 象限虽然对企业的影响不大，但出现的概率大，对此企业也应该予以注意，准备应有的对策措施；对第 IV 象限主要是注意观察其发展变化，是否有向其他象限发展变化的可能。

市场营销者对环境威胁分析，目的在于采取对策，避免不利的环境因素带来危害。物流企业对环境威胁，通常采取三种对策：

1）反抗对策。即物流企业利用各种手段，限制不利环境对企业的威胁，或促使不利环境向有利的方向转化。

2）减轻对策。即物流企业调整市场策略来适应或改善环境，以减轻环境威胁的影响程度。

3）转移对策。即对于长远的、无法反抗和减轻的威胁，物流企业采取转移到其他的可以占领并且效益较高的经营领域和区域。

2.3 客户分析

客户分析的基本步骤是：客户需求分析、客户行为分析、影响客户行为因素分析以及客户购买决策过程分析。

2.3.1 客户需求分析

1．消费品市场客户需求特点

消费品市场又称最终消费者市场或生活资料市场，它是人们为了满足个人或家庭生活的需要购买产品或服务的市场。消费品市场需求有以下特点：

1）需求具有多样性、差异性、发展性和层次性。

2）需求具有关联性和替代性，需求富有弹性（即价格变动对需求量的影响较大）。

3）需求具有可诱导性。可诱导性是指需求因受多种因素的影响和制约，随时都可能发生变化，所以需求可以引导和培养，亦可以被调节和控制。如企业通过请明星来做形象代言人，就有可能引导大众的消费，创造新的需求。正所谓赶时髦就是诱导的结果。

4）消费品市场客户众多，市场分散，成交次数频繁，但交易数量零星。由于客户需求复杂，供求矛盾复杂。并且随着人口流动性越来越大，购买力的流动性也随之加强。

2．产业市场客户需求特点

与消费品市场相对应的是组织市场。组织市场通常由产业市场、转卖者市场和政府市场构成。产业市场又叫生产者市场或企业市场，是指一切购买产品或服务并将其用于生产其他产品或劳务，以供销售、出租或供应给他人的个人和组织。产业市场客户需求特点表现为以下几个方面：

1）客户数量少、购买规模较大。

2）客户在地理区域上往往比较集中。

3）需求的价格弹性小。

4）需求波动大。

5）购买人员专业化。

6）参与决策的人员多，决策程序复杂。

7）直接采购、相互采购。

2.3.2 客户行为分析

1．客户购买行为分析框架

客户购买行为是指人们为满足需要和欲望而寻找、选择、购买、使用、评价及处置产品或服务时介入的过程活动，包括客户的主观心理活动和客观物质活动两个方面。购买行为是客户购买产品或服务的决策和行动。

客户购买动机和购买行为概括为 7W 和 7O，7W 和 7O 形成客户购买行为研究的基本框架，如表 2-4 所示。

表 2-4　购买行为的 7W70 分析表

消费者市场由谁构成？（Who）	购买者（Occupants）
消费者市场购买什么？（What）	购买对象（Objects）
消费者市场为何购买？（Why）	购买目的（Objectives）
消费者市场的购买活动有谁参与？（Who）	购买组织（Organizations）
消费者市场怎样购买？（How）	购买方式（Operations）
消费者市场何时购买？（When）	购买时间（Occasions）
消费者市场何地购买？（Where）	购买地点（Outlets）

市场由谁构成（Who）——购买者（Occupants）是什么。通过广泛深入的调查，分析目标消费者的需求，准确定位，大胆预测，把握商机。

市场需要什么（What）——有关产品（Objects）是什么。通过分析购买者希望购买什么，为什么需要这种商品而不是需要那种商品，研究企业应如何提供适销对路的产品去满足客户的需求。

为何购买（Why）——购买目的（Objectives）是什么。通过分析购买动机的形成（生理的、自然的、经济的、社会的、心理因素的共同作用），了解客户的购买目的，采取相应的市场策略。

购买活动参与者是谁（Who）——购买组织（Organizations）是什么。分析参与购买活动的是个人、家庭还是集团，谁是购买的决策者、执行者、影响者，购买的产品供谁使用。

如何购买（How）——购买组织的作业行为（Operations）是什么。分析购买者对购买方式的不同要求，有针对性地提供不同的营销服务。

何时购买（When）——购买时机（Occasions）是什么。分析购买者对特定产品的购买时间的要求，把握时机，适时推出产品。

何处购买（Where）——购买场合（Outlets）是什么。分析购买者对不同产品的购买地点的要求。

2．客户购买行为一般模型（刺激-反应模型）

刺激反应模型（Stimulus-response model，简称 S-R 模型）研究企业的营销刺激与其他刺激进入客户的意识后，客户所表现出来的购买特征及其决策过程的变化。通常，客户需要的心理过程是：正常的均衡—缺乏—不均衡—紧张—需要—动机—行为。由于客户的购买行为是在购买动机的支配下发生的，这一过程实际上是一个"刺激-反应"过程，即客户由于受到各种刺激，就会产生购买动机，最终的反应是发生购买行为。

客户购买行为一般模型如图 2-6 所示。

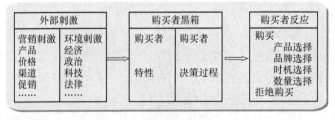

图 2-6　客户购买行为分析模型

运用这一模型分析客户购买行为的关键，在于物流企业认真调研客户对本企业策划的营销策略和手段的反应，了解各类客户对不同形式的产品服务、价格、促销方式的反应，恰当运用"市场营销刺激"诱发客户的购买行为。

物流服务购买者的内在动机主要有基础需求（对物流的基本要求）、附加需求（对物流服务有特殊要求，如更短的运输时间）、发展需求（对物流服务供给者的延伸服务的追求）。

物流企业对物流需求者的刺激可以通过提供合理的运输方案、库存方案、装卸方案、包装方案、配送方案、保管方案、信息服务方案进行，也可以通过提供物流服务一体化解决方案进行。实际上，物流服务需求者受到的刺激既有物流企业的营销刺激（通过产品、价格、渠道以及促销等策略与手段等），也有其他环境的刺激（如经济、文化、法律、科技等环境）。研究表明，物流需求者会综合考虑内在动机与外界刺激，进行需求整合思维，然后形成反应：接受物流服务方案或修改物流方案或重新选择物流服务商等。

客户需求整合思维过程，这一"自我操作"过程对外界而言，是一个可能被感受但无从知晓的过程，但物流企业一定要研究和了解"购买者黑箱"中将发生的事情，以便采取正确的和行之有效的对策。如购买者特征会影响其对外界刺激的反应。对物流企业而言，分析购买者特征除了包括一般的环境、组织、文化、社会、个人、心理等因素外，还包括购买者对服务价值的判断能力、规模的大小、所处的行业以及地理区域等形成的物流特殊性。

3. 消费品市场客户购买行为分析

根据客户在购买过程中的介入程度和品牌间的差异程度，消费品市场客户购买行为分以下几种类型：

1）复杂的购买行为。当客户初次选购价格昂贵、购买次数较少的、冒风险的和高度自我表现的产品时，属于高度介入购买。由于对这些产品的性能缺乏了解，为慎重起见，客户往往需要广泛地收集有关信息，并经过认真的学习，产生对这一产品的信念，形成对品牌的态度，并慎重地做出购买决策。对这种类型的购买行为，营销人员应设法帮助购买者了解与该产品有关的知识，并设法让他们知道和确信本产品在比较重要的性能方面的特征及优势，使他们树立对本产品的信任感。在这期间，企业要特别注意针对不同购买者做介绍本产品特性的多种形式的广告。

2）减少失调的购买行为。当客户高度介入某项产品的购买，但又看不出各品牌有何差异时，对所购产品往往产生失调感。因为客户购买一些品牌差异不大的产品时，虽然他们对购买行为持谨慎的态度，但他们的注意力更多地集中在品牌价格是否优惠、购买时间与地点是否便利上而不是花很多精力去收集不同品牌间的信息进行比较，而且从产生购买动机到决定购买之间的时间较短。因而这种购买行为容易产生购后的不协调感，即客户购买某一产品后，或因产品自身的某些方面不称心，或得到了其他产品更好的信息，从而产生不该购买这一产品的后悔心理或感到心理不平衡。为了改变这样的心理，追求心理的平衡，客户广泛地收集各种对已购产品的有利信息，以证明自己购买决定的正确性。这种情况下，企业要增加沟通，向购买者提供有利的信息，坚定其对所购产品的信心。

3）广泛选择的购买行为，又叫作寻求多样化的购买行为。如果一个客户购买的产品品牌间差异虽大，但可供选择的品牌很多时，他们并不会花太多的时间选择品牌，也不专注于某一产品，而是经常变换品种。面对这种广泛选择的购买行为，企业应注意广告的运用和社会潮流的影响。

4）习惯性的购买行为。客户有时购买某一产品，并不是因为特别偏爱某一品牌，而是出于习惯。针对这种购买行为，企业要特别注意给客户留下深刻印象，通过各种途径加深客户对产品的熟悉程度。

4．产业市场客户购买行为分析

产业市场客户购买行为是指产业市场的组织和个人为满足某种市场的需要，而购买产品或服务的决策和行动。客户购买行为可划分为以下几种类型：

1）直接重购。这是一种在供应者、购买对象、购买方式都不变的情况下而购买以前曾经购买过的产品的购买类型。这种购买类型所购买的多是低值易耗品，花费的人力较少，无须联合采购。面对这种采购类型，原有的供应者不必重复推销，而应努力使产品的质量和服务保持一定的水平，减少购买者的时间，争取稳定的关系。

2）修正重购。购买者想改变产品的规格、价格、交货条件等，需要调整或修订采购方案，包括增加或调整决策人数。对于这样的购买类型，原有的供应者要清醒认识面临的挑战，积极改进产品规格和服务质量，大力提高生产率，降低成本，以保持现有的客户；新的供应者要抓住机遇，积极开拓，争取更多的业务。

3）新购。首次购买某种产品或服务，由于是第一次购买，买方对新购产品不了解，因而在购买决策前，要收集大量的信息，因而，制定决策所花时间也就越长。首次购买的成本越大，风险就越大，参加购买决策人员就越多。"新购"是营销人员的机会，要采取措施，影响决策的中心人物；要通过实事求是的广告宣传，使购买者了解本产品和服务。为了达到这一目标，企业应将最优秀的推销人员组成一支庞大的营销队伍，以赢得采购者信任。

2.3.3 影响客户行为因素分析

1．影响消费品客户购买行为因素分析

影响消费品客户购买行为因素包括个人因素、心理因素、社会因素和文化因素。从识别性来看，前面的比后面的更易于识别；从影响的直接性看，前面的也比后面的更为直接。

1）个人因素。个人因素是客户购买决策过程最直接的影响因素，包括客户的年龄与人生阶段、职业、经济状况、生活方式、个性和自我观念。

人们在一生中购买的商品与服务是不断变化的，不同的年龄与人生的不同阶段，其需求是不一样的。一个人的职业也影响其消费模式，不同的职业其需求是不一样的。个人的经济状况不同，其需求也不一样。来自不同的亚文化、社会阶层，甚至来自相同职业的人们，也可能具有不同的生活方式。生活方式是指一个人在世界上所表现出的有关其活动、兴趣和看法的生活模式。生活方式不同，需求也不一样。个性是指决定和折射个体如何对环境做出反应的内在心理特征。内在心理特征包括使某一个体与其他个体相区别的具体品性、特质、行为方式等多个方面，一个人的个性通常可用自信、控制欲、自主、顺从、交际、保守和适应等性格特征来加以描绘。自我观念是一个人对自己的个性进行自我调节的心理系统，包括认识成分（如对自己的心理特点、个性品质、能力及自身社会价值的自我了解与自我评价）、情感成分（如自尊、自豪、自爱、自卑及自暴自弃等）、意志成分（如自我检查、自我监督、自我奋斗、自我追求等）。其结构包括现实我（我现在是什么样的人）、过去我（我过去曾经是怎样的人）、未来我（我将来会是怎样的人）、理想我（我向往成为怎样的人）、幻想我（假如有条件我想成为怎样的人）、伪

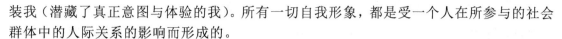

装我（潜藏了真正意图与体验的我）。所有一切自我形象，都是受一个人在所参与的社会群体中的人际关系的影响而形成的。

2）心理因素。心理因素主要包括动机、知觉、学习、信念与态度等，它对客户购买决策过程有较强烈的影响。

动机是推动人们进行各种活动的愿望与理想，激励人们以行动达到一定的目的，是引起客户为满足某种需要而采取行动的驱动力量。动机与行为有直接的因果关系，动机导致行为。动机是很复杂的，如求实动机、求安全动机、求廉动机、求新动机、求美动机、求名动机等，可以把它们概括为两部分：生理动机和心理动机。

马斯洛指出人类的需要可以由低到高排列成不同的层次，即生理需要、安全需要、社会需要、自尊需要、自我实现需要，前两个层次需要属生理的和物质方面的需要，后三个层次主要是心理和精神方面的需要。该理论可以帮助营销人员了解各种产品如何才能适应潜在客户的目标、计划与生活。

赫兹伯格的双因素理论认为影响人的需求与行为的因素分为两大类：保健因素和激励因素。使职工感到满意的都是属于工作本身或工作内容方面的，叫做激励因素，即那些能带来积极态度、满意和激励作用的因素，包括成就、赏识、挑战性的工作、增加的工作责任，以及成长和发展的机会。保健因素的满足对职工产生的效果类似于卫生保健对身体健康所起的作用，它不是治疗性的，而是预防性的，包括公司政策、管理措施、监督、人际关系、物质工作条件、工资、福利等，当这些因素恶化到人们认为可以接受的水平以下时，就会产生对工作的不满意。营销人员应尽最大努力预防各种保健因素影响购买者的满意感。假如一部手机没有附保单，也许就是一个保健因素，缺乏这种因素往往会对客户的感知价值造成巨大的负面影响从而使客户感到不满意；但如果企业花费大量的人财物致力于提高这些因素的感知水平，也不会对客户的感知价值产生正面的激励。另外，营销人员要仔细识别客户购买产品的各种主要保健因素和激励因素。

知觉是客观事物直接作用于人的感觉器官（如人的眼、耳、鼻、舌、身），人脑对客观事物整体的反映。知觉和感觉一样，都是当前的客观事物直接作用于我们的感觉器官，在头脑中形成的对客观事物的直观形象的反映。但是，知觉又和感觉不同，感觉反映的是客观事物的个别属性，而知觉反映的是客观事物的整体属性。知觉以感觉为基础，但不是感觉的简单相加，而是对大量感觉信息进行综合加工后形成的有机整体。知觉有以下 4 个特征：

① 选择性。客观事物是丰富多彩的。每时每刻，作用于人的感觉器官的刺激也是非常多的，但人不可能对同时作用于他的刺激全都清楚地感知到，也不可能对所有的刺激都做出相应的反应。在同一时刻里，他总是对少数刺激感知得格外清楚，而对其余的刺激感知得比较模糊，这种特性被称为知觉的选择性。人们对同一刺激物产生不同的知觉是因为人们经历了三种知觉过程：选择性注意、选择性扭曲、选择性保留。

选择性注意是指一个人每时每刻都面临着许多刺激物，但不可能都会引起注意，而只能有选择地注意某些刺激物。选择性扭曲是指人们即使注意到刺激物，但不一定能正确认识，并如实、客观地反映，往往按照自己的偏见或先入之见来曲解客观事物。人们有一种将外界输入的信息与自己头脑中早已形成的模式相结合的倾向，这种按个人意图曲解信息的倾向叫选择性扭曲。选择性保留是指人们对所了解的信息不可能都记住，而只记住支持自己看法和信念的信息。

② 整体性。知觉的对象是由不同的部分、不同的属性组成的。当它们对人发生作用的时候，是分别作用或者先后作用于人的感觉器官的。但人并不是孤立地反映这些部分、属性，而是把它们结合成有机的整体，这就是知觉的整体性。

③ 理解性。人在感知当前的事物时，总是借助于以往的知识经验来理解它们，并用词汇把它们标示出来。这种特性称为知觉的理解性。知觉的理解性会受到情绪、意向、价值观等的影响，知觉的理解性使人的知觉更为深刻、精确和迅速。

④ 恒常性。当知觉的对象在一定范围内变化了的时候，知觉的映像仍然保持相对不变，知觉的这种特性称为知觉的恒常性。

营销人员要掌握以上特点，充分利用企业的营销策略，使本企业的产品或服务被更多的客户感知并正确理解。

学习是指人们经过实践和经历而获得的，能够对行为产生相对永久性改变的过程。可以将学习看作是驱动力、刺激物、诱因、反应与强化的综合过程。驱动力是指促成行动的一种强烈的内在刺激。诱因是指那些决定一个人何时、何地以及如何做出反应的次要刺激物。一般地，为了加强学习效果，广告采用较长的时间周期要比采用一小段时期更好一些。

信念是人对于生活准则的某些观念抱有坚定的确信感和深刻的信任感的意识倾向。信念可能来自于知识、信任、传说、环境、经验、想象力。

态度是指一个人对某些事物或观念长期持有的好与坏的认识上的评价、情感上的感受和行动倾向。态度通常由很多族相关的信念所构成，所以它比信念更复杂、更持久。态度不仅是在后天环境中产生的，也是针对某一对象产生的。

3）社会因素。社会因素主要包括相关群体、家庭、社会阶层、角色与地位等。

相关群体指能直接或间接影响一个人的态度、行为或价值观的团体。相关群体可分为直接相关群体与间接相关群体。前者又分为主要相关群体（如家庭、朋友、同事等）和次级相关群体（如专业团体、宗教团体等）；后者又分为渴望相关群体（指希望成为其中一员的那些群体）和离异相关群体（指避免被认为是其中的一员）。

相关群体对客户购买行为的影响，主要有以下方面：向客户展示新的生活方式和消费模式，供人们选择；相关群体能够影响人们的态度，帮助客户在社会群体中认识消费方面的"自我"；相关群体的"仿效"作用，能使某群体内的人们消费行为趋于一致化；相关群体中的"意见领袖（或意见领导者）"，有时会起到难以估计的示范作用。

家庭对消费者购买行为的影响很大。通常从以下三个方面分析：要看到家庭作为一个相关群体对购买行为的影响；要研究家庭中不同的购买角色；要分析家庭生活周期阶段。

社会阶层指一个社会按照其社会准则将其成员分为相对稳定的不同层次。营销人员要针对不同的社会阶层的爱好，通过适当的信息传播方式，在适当的地点，提供适当的产品和服务。

不同的角色与地位，要求有相应的消费行为方式。角色是个体在特定社会或群体中占有的位置和被社会或群体所规定的行为模式。地位是指个体在社会经济生活和政治生活中所处的位置。

4）文化因素。广义文化是指人类创造的一切物质财富和精神财富的总和；狭义文化是指人类精神活动所创造的成果，如哲学、宗教、科学、艺术、道德等。可以认为文化是一定的社会中经过学习获得的、用以指导人们行为的信念、价值观和习惯的总和。它使人们建立起一种是非观念，从而影响客户行为。文化作为一种具有最广泛和最深远的影响的因素，有时对客户购买行为起决定性的作用，企业必须予以充分的重视。亚文化是一个不同于文化类型的概念。亚文化是指某一文化群体所属次级群体的成员共有的独特信念、价值观和生活习惯。每一亚文化都会坚持其所在的更大社会群体中大多数主要的文化信念、价值观和行为模式。同时，每一文化都包含着能为其成员提供更为具体的认同感和社会化的较小的亚文化。目前，国内外营销学者普遍接受的是按民族、宗教、种族、地理划分亚文化的分类方法。

2．影响产业市场客户购买行为因素分析

1）环境因素。指企业外部因素的影响，如采购的需求水平、科技变革等。

2）组织因素。指采购单位目标、战略、政策、程序、组织结构和内部工作制度等对购买行为的影响。

3）人际因素。通常指企业中人事关系对购买行为的影响。作为服务者，不仅要同采购方参与决策的每个人建立良好关系，还要注意处理好采购方内部的人际关系。在采购时，采购方各层次不同的部分一般会组成采购中心来决定相关事宜。

4）个人因素。所有组织的购买行为都是在有组织的相互影响的基础上产生的一种个人行为。参与购买决策的个人，在购买决策中又难免受个人情感的影响，个人情感又是由购买者个人年龄、收入、受教育程度、职位、性格及对待风险的态度所影响、决定的。

2.3.4　客户购买决策过程分析

1．消费品市场客户购买决策过程分析

人们在一项购买决策过程中可能充当以下角色：发起者、影响者、决定者、购买者、使用者。

消费品市场客户在购买中一般经过五个阶段，即认知需求、收集信息、评价选择、购买决策、购后行为。当然并不是任何购买都经历这五个阶段，对参与程度低的产品，客户会跳过某些阶段，如客户使用搬家公司进行搬家，一般就用不着进行评价选择了。

广义的消费者购买决策如图 2-7 所示。

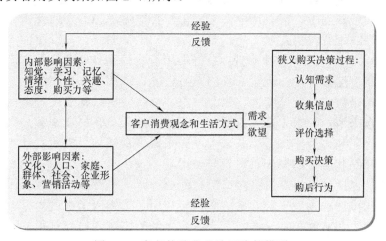

图 2-7　广义的消费者购买决策模型

1）认知需求。认知物流需求是客户购买决策过程的起点。当购买者意识到自己的实际状态与期望状态之间存在差异时，就会产生对需求的确认。这个需求可以由内部刺激引起也可以由外部引起。对物流需求来说，客户要了解自己所需物品的种类、运输的距离、时效性要求、安全性要求、对运输装卸与存储包装的要求、运输成本的要求等，如海上运输，货主的需求既包括对船型、舱位、港口、箱量、运价等方面的物质需求，也包括对运送质量、服务态度及安全性、准确性和购后的满足感等方面的精神需求。

通常，客户对物流服务的内容要求主要体现在质量与安全、时间与效率、监察与控制、节约与增值等方面，对物流服务的方式要求主要体现在整体服务上，也就是客户往往需要物流企业提供一体化物流服务解决方案。

从质量与安全看，客户通常要求物流企业对物流活动的全过程负责，对每一环节都有明确的规定，确保不出任何差错。

从时效性看，客户常会要求物流企业提供全天候的准时服务，而且服务速度要快，信息反馈要快。

从监察与控制看，客户要求能通过物流信息系统公共服务平台随时跟踪货物的运输过程、运载工具、运输线路、运输方式、在途状况、在库状况以及其他实时信息，以便确保"货物掌握在客户手中"。

从增值性看，客户一方面要求物流企业根据货物流转过程中的需要和情况变化，推出加工、再包装、防热、防冻、防潮、防腐等服务项目，另一方面，要求物流企业通过信息技术的使用，让客户直接上网查询、更新有关数据、办理日常交易，摆脱面对面式服务渠道的限制，使客户可以用最小的成本获得更加便利和灵活的服务。

一般而言，客户对物流的服务需求的关注，包括成本价值、服务能力价值、财务能力价值、复合价值。客户借助物流企业的服务能力，可以节省运输、仓储、包装、配送、信息处理等方面的费用和成本。客户也可以借助物流企业的强大服务能力，提高自身的服务水平。如加快订单处理、缩短交货时间、进行门到门的服务、代为报关、代结货款、监控在途货物等。

有些客户基于资金的原因，不愿在物流方面进行投入，物流企业可以提供包括资金在内的财务服务，满足客户对财务价值的关注。有时客户对物流服务的需求是出于多方因素考虑的，如资源问题、核心竞争力、联盟与合作等。物流企业要综合考虑多种因素提出一体化的物流服务解决方案。

2）收集信息。客户选择物流企业，首先要了解物流企业。客户对物流企业信息的收集包括运输线路、运输方式、运输工具的充足程度、班次频率、安全性、运费、时间占用、技术装备水平、信息处理能力、企业形象、员工素质、知名度等。信息来源一般分为四类：①个人来源，如来自家庭、朋友、邻居、熟人；②商业来源，如来自广告、推销员、经销商、包装、展览；③公共来源，如来自大众媒体、消费者评比机构；④经验来源，如来自产品和服务的操作、检查与使用。

一般来说，客户收集信息的主要来源是商业来源，最有效的信息来源是个人来源。商业来源起告知作用，个人来源起认定和评价作用。营销人员除利用商业来源传播信息外，还要设法利用和刺激公共来源、个人来源和经验来源，以加强信息的影响力。

3）评价选择。客户在获得全面的信息后，会根据这些信息和一定的评价方法对同类物流服务的不同品牌进行评价。一般情况下,客户会面临多种选择方案。以运输方式为例,有铁路、水路、公路、航空等可供选择;以具体的物流服务商为例,那就更多了。因此,选择哪家物流企业,客户必须依据所获取的信息和自身的特点做出评价,做出最后的选择。例如,选择承运超级工程发电机组的物流企业,肯定会考虑实力雄厚的大型综合物流服务商来提供全程服务。而运送生鲜产品可能会考虑空运或者冷链物流企业。

4)购买决策。客户根据评价的结果,选定自己认为最佳的物流企业,让物流企业承担自己外包的物流活动。通常评价选择仅仅是一种购买意图的倾向,客户在真正做出购买决定之前还会经历一个小过程,受到两种因素的影响,即他人态度和意外的环境因素。

他人态度的影响力取决于 3 个因素:他人否定态度的强度,他人与客户的关系,他人的权威性。

如果预期条件受到一些意外因素的影响而发生变化,购买意向就可能改变。

购买者反应是其决策的结果,这种结果可能表现为接受或拒绝。客户一旦决定实现购买意向,必须做出以下决策:服务产品选择、服务品牌选择、服务时机选择、服务数量选择等。

5)购后行为。客户在购买物流服务后,会通过使用过程检验自己购买决策的正确性,确认满意度,作为以后购买活动的参考。购后感受将直接影响以后客户对物流企业的选择:直接重购(这类客户行为忠诚,对物流企业而言是理想的)、修正重购(这时物流企业要注意客户关系管理)、新购(客户远去,这是物流企业最不愿意看到的)。从营销角度看,物流企业不仅在推出物流服务方案前要根据客户的需要开发"物流服务方案",同样也要根据客户的反应,进一步做出让客户满意的物流服务方案。客户购后行为模型如图 2-8 所示。

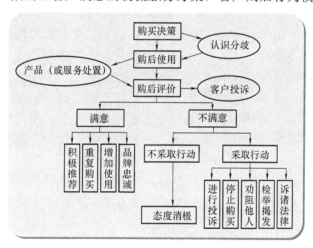

图 2-8 客户购后行为模型

2. 产业市场客户购买决策过程分析

(1)购买决策的参与者 产业购买者购买过程的阶段多少,取决于产业购买者购买情况的复杂程度。在直接重购这种最简单的购买情况下,产业购买者购买过程的阶段最少;在修正重购情况下,购买过程的阶段多一些;而在新购这种最复杂的情况下,购买过程的阶段最多。在任何一个企业中,除了专职的采购人员之外,还有一些其他人员也参与购买决策过程。所有参与购买决策过程的人员构成采购组织的决策单位，称之为采购中心。"采购中心"一般由五种人组成：使用者、影响者、采购者、决定者、信息控制者。

（2）购买决策过程分析　通常要经过以下8个阶段：

1）提出需求。提出需求是生产者购买决策过程的起点。需求的提出，既可以是由内部的刺激引起，也可以是由外部的刺激引起。如内部的刺激，或因企业决定生产新产品，需要新的设备和原材料；或因存货水平开始下降，需要购进生产资料；或因发现过去采购的原材料质量不好，需更换供应者。

2）确定需求。指确定所需产品的数量和规格。简单的采购，由采购人员直接决定，而复杂的采购，则须由企业内部的使用者和工程技术人员共同决定。包括对设备需求的确认，对原材料、标准件需求的确认。

3）分析产品规格。指由专业技术人员对所需产品的规格、型号、功能等技术指标具体分析，并做出详细的说明，供采购人员参考。

4）寻找供应商。为了选购满意的产品，采购人员要通过工商企业名录等途径，物色服务周到、产品质量高、声誉好的供应商。生产者对所需原材料、标准件及外协件的供应者，必须经过深入的调查、了解、分析和比较后才能确定。对原材料、标准件供应商，主要从产品的质量、价格、信誉及售后服务方面进行分析、比较。

5）征求供应建议书。对已物色的多个候选供应商，购买者应请他们提交供应建议书，尤其是对价值高、价格贵的产品，还应要求他们写出详细的说明，对经过筛选后留下的供应商，要他们提出正式的说明。因此，供应商的营销人员应根据市场情况，写出实事求是而又能别出心裁、打动人心的产品说明，力求全面而形象地展现所推销产品的优点和特性，力争在众多的竞争者中获胜。

6）选择供应商。在收到多个供应商的有关资料后，采购者将根据资料选择比较满意的供应商。在选择供应商时，不仅考虑其技术能力，还要考虑其能否及时供货，能否提供必要的服务。其遴选的主要条件有交货快慢、产品质量、产品价格、企业信誉、产品品种、技术能力和生产设备、服务质量、付款结算方式、财务状况、地理位置。

7）发出正式订单。企业的采购中心最后选定供应商以后，就是采购经理开订货单给选定的供应商，在订货单上列举技术说明、需要数量、期望交货期等。现在许多企业日趋采用"一揽子合同"，即与某一供应商建立长期的供货关系，这个供应商允许只要购买者需要购买时，供应商就会按原定的价格条件及时供货。这种"一揽子合同"为供求双方都带来了方便。对采购者而言，不但减少了多次签约的麻烦和由此增加的费用，也减轻了库存的压力——由于这一"合同"，实际上购买者将存货放在了供应商的库房里。如果需要进货时，只需用计算机自动打印或电传一份订单给供应商。因此"一揽子合同"又称为"无库存采购计划"。

8）绩效评价。产品购进后，采购者还会及时向使用者了解其对产品的评价，考查各个供应商的履约情况，并根据了解和考查的结果决定今后是否继续采购某供应商的产品。为此，供应商在产品销售出去以后，要加强追踪调查和售后服务，以赢得采购者的信任，保持长久的供求关系。同时，对本次购买活动进行总结：①对购买的货品的质量要验证，看是否符合明细表和设计图样的要求。②对所付出的购买金额和差旅费等进行分析，是突破还是节余，查明原因，以利于继续购买或改换供应单位。

2.4 竞争者分析

企业制订正确的营销战略和策略,不仅要分析研究客户,还必须研究竞争对手。对竞争对手进行分析,主要是要明白竞争对手在做什么、竞争对手哪些方面做得好、竞争对手哪些方面做得不好、竞争对手哪些方面没有做,以便做到知己知彼,确立竞争优势。

竞争者分析的步骤主要有识别竞争者、判定竞争者的目标与策略、评估竞争者的实力与反应、做出竞争决策。

2.4.1 识别竞争者

识别竞争者看似简单,其实是很复杂的。因为物流企业现在的和潜在的竞争者范围是很广的,一个企业在其成长的过程中很可能是被潜在竞争者击倒,而不是被当前的主要竞争者击倒。在某一航线上从事短途货物运输的某航运公司很可能不是被另一航运公司所击败,而是因为修建了跨江(或跨海)大桥,被道路运输企业所击败。因此,要注意"竞争者近视症"。所谓"竞争者近视症",是指企业只看到了现实竞争者的存在,并采取相应的竞争策略,而无视或漠视潜在竞争者的存在。

物流企业对竞争者的识别可以从市场和行业两个方面进行。

1. 从市场角度识别竞争者

首先应分析所有针对同一需求的所有现成的竞争者。其次通过区别服务产品对不同领域的客户可能具有的用途来区分竞争对手。

2. 从行业结构的竞争作用力识别竞争者

行业是指提供同类产品或可相互替代产品的企业。新进入者的威胁、现有竞争、替代品的威胁、客户讨价还价能力、供方讨价还价能力,这就是决定行业结构的 5 种基本因素。图 2-9 给出了彼此作用,形成行业运动的 5 种力量。

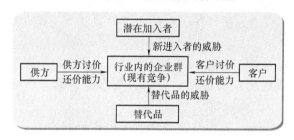

图 2-9 行业分析模型

(1)新进入者 任何一种产品或服务的生产经营,只要有利可图都可能招来新进入者。由于新进入者怀有强烈的占有市场份额的欲望,通常具备较充足的资源,以新的业务能力为进攻武器,其竞争力往往不容小觑。这些新进入的物流企业既有可能给行业经营注入新的活力,促进市场的竞争和发展,也势必给现有物流企业造成压力,威胁它们的市场地位。对于物流企业来说,新进入者威胁的大小由市场上呈现的进入障碍和新进入者想象中的原有物流企业的反击力度、规模和持久性决定。如果障碍高或新进入者认为原有物流企业会坚决地报复，则这种威胁就会较小。新进入者进入威胁的大小是由进入障碍和现存守成者的反击所决定的。进入障碍包括规模经济、整合成本、产品差异（指现有的物流企业由于过去的广告、优质服务、特色产品、公共关系等因素而获得了商标及客户忠诚方面的优势，产品差异迫使新进入者耗费很大的代价去克服客户对现有的物流企业的好感）、资本需要（如作为高风险、高投入、应用高技术的远洋运输业，一艘超巴拿马型集装箱船就造价昂贵，即使采用租赁方式，也需要大笔资金注入，一般的企业是无法进入的）、转换成本的能力、接近分销渠道的程度（如在远洋运输中，远洋运输产品的销售渠道在很大程度上已被现有的企业所控制，新进入者需要确保其产品的分销，这一需要也构成进入障碍）、与规模无关的成本（如专有的产品技术、良好的安全记录、地点优势、政府补贴、学习或经验曲线）。潜在的进入者对于现有物流企业的反击预期也将影响其入侵行动。

（2）现有竞争者之间的竞争　现有竞争者之间的竞争手段主要有价格竞争、广告战、产品的拓展、增加客户服务等。对现有竞争对手的研究主要包括以下内容：

1）行业内竞争的基本情况。竞争对手的数量有多少？分布在什么地方？它们在哪些市场上活动？各自的规模、资金、技术力量如何？其中哪些对自己的威胁特别大？对基本情况研究的目的是要在众多的同行中找出主要竞争对手。

2）主要竞争对手的实力。找出行业内现有的竞争对手后，还要研究这些竞争对手的竞争实力主要来源于哪些方面，是什么因素使其对本企业构成了威胁。只有深入地了解竞争对手的竞争实力，物流企业才能做到知己知彼，制订有效的对策。

3）竞争对手的发展方向。物流企业分析所处行业的竞争环境，不仅要研究自己与竞争对手的相对实力，同时还必须分析整个行业的竞争格局和主要竞争对手的战略动向，这样一来才可能制订相应的竞争策略。竞争对手的发展方向，包括服务产品开发动向和市场拓展或转移动向。

（3）替代品的压力　就运输方式而言，随着航空业的发展，公路货运面临着航空货运的竞争压力。使用互联网发送电子邮件取代传统的通过邮局发送邮件。在一些市场中，由于火车、汽车等地面运输方式耗费的时间较多，发货人更愿意采用航空运输方式托运货物。

替代品设置了行业中物流企业可谋取利润的定价上限，从而限制了一个行业的潜在收益。替代品所提供的价格—性能选择机会越有吸引力，行业利润的"上盖"压得就越紧。

（4）客户讨价还价能力　客户与物流企业讨价还价的手段主要是3种：压低价格、要求较高的产品质量、索取更多的服务项目。当出现以下一些情况时，客户的讨价还价能力就会增强。

1）大批量、集中购买。

2）购买产品占其成本很大（客户从物流企业购买的服务占其成本或购买额的相当大的一部分，他们会竭尽全力争取每一个优惠价格；反之，对价格就不太敏感，甚至懒于议价）。

3）购买标准服务产品。

4）买方转换成本低。

5）买方盈利低。

6）买方采取"有限整合"，有条件纵向一体化。

7）服务产品对买方产品的质量及服务无重大影响。

8）买方掌握充分信息。

（5）供方讨价还价能力 供方向物流企业施加压力的方式主要有 2 种：①提价。②维持原价。当供方的压力足够大时，可以导致物流企业因无法使其产品价格跟上成本的增长而失去利润。供方压力表现为以下几个方面：

1）当供方产业由几个企业支配，且其集中化程度比物流企业高时，供应商在向较为分散的物流企业销售产品时，往往能在价格、质量及交货期上施加相当的影响。

2）当物流企业并非供方集团的主要物流服务商时，则供方往往会自抬身价。

3）当供方产品成为物流企业的主要投入资源时，由于这种产品对物流企业提供物流服务的质量至关重要，使得供方在争价时又多了几块砝码。

4）当供方的产品已针对物流企业而差别化时，物流企业打"供应者牌"的可能性就变得非常小。

5）当供方表现出前向一体化的现实威胁时，物流企业在与供应商争价时的底气明显不足。

对于一个具体的物流企业而言，油料公司、运输工具制造商（货运汽车、远洋运输船舶等）、劳动力"组织"（如海员工会、码头工会等，若发生罢工事件，则物流企业损失巨大）、各类场站（如港口、机场、货运站）、运输工具租赁公司等都有可能成为供方。如一家航空货运公司的供方可能会涉及航空油料公司、飞机制造公司、航材公司、飞机发动机公司、工会、机场、飞机租赁公司等，而一家从事海洋运输的物流企业的供方则可能与燃料供应公司、船舶制造商、集装箱厂家、港口码头、海员工会、船舶租赁公司等有关。

示 例

中国海运货代市场五种力量的分析

1．海运货代市场的竞争情况

1）海运货代业内竞争的基本情况。海运货代之间的竞争非常激烈。船公司办事处、无船承运人、国外货代在华办事处、挂靠在一级货代的实体、个人等都在参与海运货代市场竞争，形成了共同竞争的关系。

海运货代竞争主要集中在集装箱货源。集装箱运输已经实现高度标准化，托运人与海运代理多以 CY-CY 条款成交。标准的交易条款降低了海运货代的操作难度，导致海运货代的竞争主要基于价格及客户关系等因素。

2）海运货代市场竞争主体情况。从海运货代排名可以看，海运货代市场份额分散，每家公司占据的数量都不能达到操纵市场的水平。但一些有船公司背景的海运货代，如中远国际货运有限公司等市场占有率较高。海运货代凭借船公司背景推动市场份额的增长是不争的事实。

由于集装箱运输条款已经高度标准化，运价透明度高，这使海运货代主业获利能力低。对于传统的海运货代业务，降低成本的唯一途径就是要从船公司拿到比同行业低的运价，这要求海运货代要向船公司提供与低运价相匹配的高货量。为获得足够的货量，海运货代通过合作，集中集装箱货源，共同向船公司配舱，以争取低运价，并催生了货代联盟的成立。

3）海运货代市场的入门门槛低。海运货代的入门门槛低，资产专用性差，进入、退出成本低，这吸引了货代入门者一般都从海运货代做起。

2．海运货代市场潜在的竞争对手

1）集装箱班轮船公司是海运货代市场一支最具竞争力的力量。基于公平竞争和交易成本等的要求，船公司是不允许经营国际货代业务的。但实际上目前相当一批外资船公司在口岸及内地的办事处从事揽货、销售、结算运费等货代业务，或以开展物流集运的名义，变相经营国际货代业务。

2）船舶代理公司也是一支有实力的竞争力量。船舶代理公司的经营范围比较广泛，除经营船代业务外，还可以承揽货物、签发提单。依托船公司的支持，船代公司在运价、船期、签单等方面具有较强优势，这将导致其经营海运货代业务比普通海运货代企业更具有竞争力。

3）外资货运办事处不容小视。海运货代市场上有大量的外资货运办事处。他们一般与外资公司国外总部签有委托合同，指定在华外资生产企业的货物必须委托给外资货运办事处代理，国内的海运货代几乎不能获得此类委托合同。

3．海运货代替代服务的威胁

从名义上说，无船承运人是海运货代最大的潜在替代者。据统计，在交通部备案的无船承运人65%左右是持有货运代理牌照的海运代理，其他无船承运人的身份为国外船公司、国外船公司驻华办事处或国外无船承运人驻华办事处。无船承运人制度实质上扩大了海运代理的经营主体范围。

第三方物流业务作为传统海运货代业务的替代品，它们将同传统海运货代企业展开竞争。部分海运货代企业已先行一步，向第三方物流业务转型。传统海运货代为托运人提供 CY-CY 服务，或加上拖车服务，勉强提供门到门服务。而第三方物流企业的服务在门到门的基础上，融入托运人的供应链，为托运人提供全面集成服务。

4．海运托运人讨价还价的能力

随着海运货代市场的放开，无船承运人等经营主体的增多，运费、船期等信息的透明，托运人选择货代的范围和余地更加宽泛和自由。而且，大型托运人逐步通过公开招标的方式来选择海运代理，对海运代理提供的运价、服务要求更加苛刻。托运人同海运货代讨价还价的能力越来越强。

5．船公司掌握话语权

海运代理作为船公司的代理，应与船公司是平等的委托关系。但目前能成为船公司的订舱代理和指定代理的海运代理数量不多，大多数海运货代在运价、舱位、签单等方面与没有货运代理资格牌照的其他代理几乎没有竞争优势。

我国外向型制造业的迅猛发展生成了大量的集装箱货源，海运市场呈现出运力供不应求的状况，船公司与海运货代的地位发生了倾斜，海运货代全面落入下风。

更为严峻的是，船公司基于成本、网络等优势开始直接经营货代业务，正在以综合物流为目标从水上向内陆延伸，开始前向一体化运作。船公司目前正在利用多种竞争手段挤压货代企业的生存空间。在出口货物上，船公司以远低于给货代的价格，通过向直接托运人（出口商）直接报价的手段，轻而易举地抢走海运货代多年培养的客户。对于进口货物，船公司通过海外网络，用在信用证上"指定船公司""指定货代"的方式架空海运货代。在同海运货代签订舱协议时，船公司增加苛刻的限制性条款，用取消"箱贴"和货代佣金的办法削弱海运货代的生存空间。

为增强同船公司的讨价还价能力，海运货代联盟将会越来越多，但一定要形成共同的利益关系，这样的货代联盟的胜算较大。

2.4.2 判定竞争者的目标和战略

确定了谁是企业的竞争者之后，还要进一步分析每个竞争者在市场上追求的目标与动力是什么？每个竞争者都有侧重点不同的目标，如获利能力、市场占有率、现金流量、技术领先、服务领先和社会表现等。研究竞争者经营目标的有效方法，是分析其在本行业中的经营历史、管理背景、现行战略和潜在能力。如对历史分析：与相对近期情况（历史）相比，当前竞争者的财务状况和市场占有率如何？竞争者在市场上的历史情况如何？竞争者在过去有过哪些优良成绩和出众的表现（如新产品、营销创新等）？竞争者是如何对某些战略行动和行业事件做出反应的？对背景的分析可以考虑高层领导人的职业背景、高层领导人过去采取的和不曾采取的各类战略、高层领导人曾经工作过的其他行业以及其他行业所特有的竞赛规则和战略方案以及高层领导的文化背景和价值观念。

对现行战略分析着重于竞争者采用何种战略，是实施市场领先者战略、市场挑战者战略、市场跟随者战略还是市场补缺者战略。

对潜在能力的分析主要涉及服务产品、服务网点、服务运作、研究开发、总成本、财务实力、现金流、组织结构、综合管理能力、企业业务组合等以及竞争者的核心能力、成长能力、快速反应能力、适应变化能力和持久力等方面。

2.4.3 评估竞争者的实力和反应

1. 评估竞争者的优势与劣势

（1）收集信息 收集竞争者业务上最新的关键数据，主要有销量或营业额、市场份额、心理份额、情感份额、毛利、投资报酬率、现金流量、新投资、设备能力利用、服务方案设计能力等。其中，"心理份额"是指回答"举出这个行业中你首先想到的一家公司"这个问题时提名竞争者的客户在全部客户中的比例。"情感份额"是指回答"举出你最喜欢购买其服务产品的一家公司"这一问题时提名竞争者的客户在全部客户中的比例。收集信息的方法是查找第二手资料和向客户、供应商和中间商调研得到第一手资料。

（2）分析评价 物流企业对竞争者实力进行分析时，要重点分析以下几个方面：

1）服务产品组合。要搞清产品组合的广度与深度。前者指经营范围的大小和经营的多样化，也表明一个竞争者抵御市场风险的能力；后者表明其产品线的完善程度和对市场需求的覆盖程度。

2）营销地位。营销地位是指企业在市场中的营销效率和市场号召力，通常用品牌地位和品牌知名度来确定。

3）经营规模。通过对经营规模的分析，了解竞争对手的资金实力和投资情况，进而捕捉新出现的市场机会。

4）管理能力。如决策人员的素质、职工的素质、管理水平、管理效率等。

5）生产技术。如经营成本情况、技术运用情况、设施设备、信息系统、研发能力、集成能力等。

6）资本实力。从财务状况方面进行，如资金存量和资金流量、股票现值、资产变现能力等。

2．评估竞争者的反应模式

了解竞争者的经营哲学、内在文化、主导信念和心理状态，可以预测其对各种竞争行为的反应。竞争中常见的反应类型有以下4种：

（1）从容型竞争者　指对某些特定的攻击行为没有迅速反应或没有强烈反应。可能原因是：认为客户忠诚度高，不会转移购买；认为该行为不会产生大的效果；缺乏做出反应所必需的资金条件等。

（2）选择型竞争者　指只对某些类型的攻击做出反应，而对其他类型的攻击无动于衷。例如，对降价行为做出针锋相对的回击，而对增加广告费用则不做反应。了解竞争者会在哪些方面做出反应有利于企业选择最为可行的攻击类型。

（3）凶狠型竞争者　指对所有的攻击行为都做出迅速而强烈的反应。这类竞争者意在警告其他企业最好停止任何攻击。

（4）随机型竞争者　指对竞争攻击的反应具有随机性，有无反应和反应强弱无法根据其以往的情况加以预测。

2.4.4　做出竞争决策

在了解竞争者以后，物流企业要决定自己的对策，主要是选择、区分不同的进攻对象和回避对象。物流企业要根据以下情形做出决策：

（1）强竞争者与弱竞争者　攻击弱竞争者在提高市场占有率的每个百分点方面所耗费的资金和时间较少，但能力提高和利润增加也较少。企业还应攻击强竞争者以提高自己的生产、管理和促销能力，更大幅度地扩大市场占有率和利润水平。

（2）近竞争者和远竞争者　多数企业重视同近竞争者对抗并力图摧毁对方，但是竞争胜利可能招来更难对付的竞争者。

（3）"好"竞争者与"坏"竞争者　"好"竞争者的特点是：遵守行业规则；对行业增长潜力提出切合实际的设想；按照成本合理定价；喜爱健全的行业，把自己限制在行业的某一部分或某一细分市场中；推动他人降低成本，提高差异化；接受为其市场份额和利润规定的大致界限。"坏"竞争者的特点是：违反行业规则；企图靠花钱而不是靠努力去扩大市场份额；敢于冒大风险；生产能力过剩仍然继续投资，总之，"坏"竞争者打破了行业平衡。企业应支持好的竞争者，攻击坏的竞争者。

本章小结

营销调研按其目的可分为探测性调研、描述性调研、因果关系调研、预测性调研，营销调研过程指确定问题与调研目标、拟订调研计划、收集和分析信息、提出结论。通过询问法、观察法、实验法、问卷调查法可以收集第一手和第二手资料，营销调研的技术有问卷设计技术、抽样调查技术等。

确定预测目标，制订预测计划；搜集、审核和整理资料；选择预测方法；进行预测；分析、评价预测结果和编写预测报告是进行预测的基本步骤。预测方法多种多样，定性方法主要有专家意见法、德尔菲法、销售人员意见法、管理人员预测法、群众评议法，定量方法主要有时间序列分析法、回归分析法等。

物流企业都是在一定环境中从事服务营销活动的。物流市场营销环境具有客观性、多变性、相互关联性与相对分离性、不可控性与企业的能动性。

物流市场营销环境分析是一个动态过程，包括环境因素调查、评价和预测三个循序渐进的阶段。

在供过于求的买方市场条件下，企业能否赢得成功已不再仅仅取决于产品价值本身，而关键在于能够赢得包括企业所有客户在内的客户满意。客户满意状况和程度可用客户满意度指标予以测定。其结果表现为很满意、满意、一般、不满意、很不满意。

消费品市场和产业市场有着各自的需求特点，购买行为也不同。产业市场客户购买行为可划分为直接重购、修正重购、新购。

影响消费品客户购买行为因素包括个人因素、心理因素、社会因素和文化因素。影响产业购买者行为的主要因素主要有环境因素、组织因素、人际因素和个人因素。

消费品市场客户在购买中一般经过五个阶段，即确认需求、收集信息、评价选择、购买决策、购后行为。产业购买者的购买过程要经过八个阶段，即提出需求、确定需求、产品规格、寻找供应商、征求供应建议书、选择供应商、发出正式订单、绩效评价。

识别竞争者、判定竞争者的目标与策略、评估竞争者的实力与反应、做出竞争决策是竞争者分析的基本过程。

【关键术语】

问卷调查　定量预测　营销环境　市场机会　环境威胁　供应商　竞争者
动机　相关群体　社会阶层　竞争者近视症　行业分析模型

【知识检测】

1．填空题

1）物流市场营销调研的步骤，通常包括_____、_____、_____、_____。

2）按调研目的不同，物流市场营销调研可分_____、_____、_____、_____。

3）询问法的具体方法有_____、_____、_____、_____。

4）企业对所面临的环境威胁可供选择的对策有_____、_____、_____。

5）营销环境分析是一个动态过程，包括环境因素_____、_____、_____三个循序渐进的阶段。

6）影响消费品购买行为的因素有_____、_____、_____、_____。

7）消费品客户购买决策经过的五个阶段是_____、_____、_____、_____、_____。

8）信息来源一般分为四类，即_____、_____、_____、_____。

9）产业市场客户购买行为的类型有_____、_____、_____。

10）竞争中常见的反应类型有_____、_____、_____、_____。

2．判断题（判断下列各题是否正确。正确的打"T"，错误的打"F"）

1）冒险环境指的是机会和威胁同在，利益与风险并存。（　　）

2）宏观环境通常是指企业不可控制的因素。（　　）

3）某些原料短缺、能源成本的增加、污染程度的增加、政府作用的变化是自然环境的变化趋势。（　　）

4）供应商是指物流企业从事物流活动所需各类资源和服务的供应者。（　　）

5）产业市场购买行为中新购的程序最复杂。（　　）

3．单项选择题（在下列每小题中，选择一个最合适的答案）

1）企业的微观环境包括供应者、营销中介、竞争对手、公众和（　　）。
   A．企业内部其他部门　　　　B．政治法律
   C．社会文化　　　　　　　　D．科技自然

2）环境分析中，高机会低威胁的环境属于（　　）。
   A．理想环境　　B．成熟环境　　C．冒险环境　　D．困难环境

3）运输、货代、仓储企业属于营销环境中的（　　）。
   A．供应者　　B．营销中介　　C．公众　　D．企业本身

4）广告公司属于营销环境中的（　　）。
   A．营销服务机构　　　　　　B．中间商
   C．公众　　　　　　　　　　D．金融机构

5）下列属于有限但可以更新的资源是（　　）。
   A．石油　　B．煤　　C．森林　　D．矿石

6）空调生产企业与电风扇生产厂家之间是（　　）关系。
   A．形式竞争者　　B．品牌竞争者　　C．一般竞争者　　D．行业竞争者

7）对某一特定竞争者的行动没有迅速反应或反应不强烈的企业，可能是（　　）竞争者。
   A．随机型　　B．选择型　　C．凶狠型　　D．从容型

8）一般来说，消费者收集信息的主要来源是（　　）。
   A．商业来源　　B．个人来源　　C．公共来源　　D．经验来源

9）客户购买决策过程的起点是（　　）。
   A．收集信息　　B．评价选择　　C．购买决策　　D．认知需求

10）家庭成员、朋友、邻居和同事属于（　　）。
   A．主要群体　　B．次要群体　　C．渴望群体　　D．间接群体

11）"最好的广告是满意的客户"是指在分析购买决策过程中要重视（　　）阶段。

  A．购后评价 B．收集信息 C．判断选择 D．购买决策

12）客户对某品牌优劣程度评价和选择的根据是（　　）。

  A．产品属性 B．效用大小 C．价格高低 D．评价模型

13）下列影响客户购买行为的因素中，不属于心理因素的是（　　）。

  A．需求   B．家庭   C．经验   D．态度

4．计算题

1）某物流企业销售人员销售预测意见如表2-5所示，运用销售人员预测法计算：当三个营销人员素质接近（即权重相同）时，预测值为多少？当三个销售人员素质不同（甲、乙、丙的权重分别为0.5、0.3、0.2）时，预测值又为多少？

表2-5　销售人员销售预测意见表

销 售 人 员	预 测 项 目	销售额（万元）	概　　率
甲先生	最高销售	3000	0.2
	可能销售	2000	0.5
	最低销售	1000	0.3
	期望值		
乙先生	最高销售	2500	0.3
	可能销售	2000	0.6
	最低销售	1500	0.1
	期望值		
丙先生	最高销售	2000	0.2
	可能销售	1800	0.6
	最低销售	1600	0.2
	期望值		

2）假设某物流企业2011—2017年的营业额分别为1500万元、1530万元、1540万元、1570万元、1580万元、1600万元、1630万元，运用直线趋势法预测2018年的营业额。

5．思考题

1）如何进行物流市场营销调研问卷设计？

2）简述物流市场营销环境的概念与内容。

3）简述营销环境与物流企业营销的关系。

4）简述物流市场营销环境分析过程。

5）简述客户购买决策过程。

6）简述影响行业竞争与演变的五种力量，据此对我国空运货代业进行分析。

7）简述竞争者的反应模式。

8）物流企业如何进行市场分析？

【职场体验】

参观一个物流企业，了解科技手段的运用状况。

第三章

物流营销目标选择

知识目标

理解 STP 理论的含义。

熟悉物流市场细分的标准和方法。

掌握物流企业目标市场的选择、策略以及市场定位的方法。

能力目标

能够进行市场细分，进行目标市场选择并对物流企业和提供的服务产品进行有效定位。

案例导入

中国外运华南有限公司的营销选择

中国外运华南有限公司是招商局集团旗下综合物流业务的统一运营平台——中国外运股份有限公司在华南区域的全资子公司，资产和收入均达百亿规模，经营管理覆盖 7 省的 114 家分支机构。公司在华南区域拥有内河码头、物流中心、通关平台、货运车队、驳运船队、铁路专用线等一批关键性资源，致力于通过推动智慧物流、供应链生态圈，为国内外客户提供全方位的综合物流服务以及个性化的物流解决方案。

经过综合分析，公司将市场细分为综合物流平台、水上物流平台、陆上物流平台、线上物流平台。综合物流平台又分为进出口海运、内贸海运、船务代理服务、国际铁路多式联运、合同物流、工程物流、进出口报关等，水上物流平台分为码头操作服务、驳船运输服务，陆上物流平台分为仓储物流服务、陆路运输服务、粤港澳进出口快速物流，线上物流平台有电子商务物流等。中外运华南公司布局进出口综合物流服务方面，公司根据积累的进出口货物运输的丰富经验，与国内外众多知名的航运公司建立了稳定的合作关系，服务航线覆盖全球，并通过整合中国外运长航集团在海外的分支机构及代理网络，形成了从工厂提货、陆路运输、仓库拼拆箱、码头装卸、驳船运输、报关报检、国际海运、国际铁路联运、目的地配送等完整的服务链条，可以提供"港到港""门到门"的一体化物流服务，能及时解决物流链中的问题，定制进出口综合物流解决方案。

思考 1）中国外运华南有限公司是如何进行市场进行细分的？

2）公司确定了哪些目标市场？

3.1 STP 理论

3.1.1 STP 的基本含义

在营销理论中，市场细分（Segmentation）、目标市场（Targeting）、定位（Positioning）都是构成企业营销战略的要素，被称为营销战略的 STP。STP 理论是指企业在一定的市场细分的基础上，确定自己的目标市场，最后把产品或服务定位在目标市场中的确定位置上。

STP 理论（或称市场定位理论）的根本要义在于选择确定目标消费者。在一个需求越来越多样化、个性化的时代，一个企业无论其规模有多大、实力有多强，都不可能生产出能够满足所有客户需要的产品和服务。因此，物流企业需要辨认它能为之最有效服务的细分市场，实施目标市场营销。有效地实行目标市场营销，物流企业必须搞好市场细分、选择目标市场、进行市场定位，设计营销组合策略。

3.1.2 STP 实施步骤

（1）进行市场细分 根据购买者对产品或营销组合的不同需要，将市场分为若干不同的客户群体，并勾勒出细分市场的轮廓。

（2）选择目标市场 选择要进入的一个或多个细分市场。

（3）确定市场定位 建立与在市场上传播该产品的关键特征与利益，即确定产品或服务在目标市场上的竞争地位，也叫"竞争性定位"。

3.2 物流市场细分

3.2.1 物流市场细分的意义

1. 物流市场细分的概念

市场细分，就是根据构成总体市场的不同客户的需求特点、购买行为和购买习惯，将他们细分为若干个相类似的客户群体。也就是说，根据影响客户需求特点的明显标志，把某一产品的市场细分为一个个小市场，然后对这些不同的细分市场，采取相应的整套市场营销策略，使企业生产或经营的产品更符合各种不同的需要，从而在各个细分的小市场中提高竞争能力、增加销售、占据较大的市场份额。

市场细分不是对产品进行分类，而是对客户的需求进行分类。这个概念是由美国市场营销学家史密斯在 1956 年首先提出的。这一概念的提出及其应用的客观基础在于市场需求的差异性和企业生产经营能力的局限性。即一方面，企业的市场营销活动必须以客户为中心，从客户的需求出发，而市场中客户的需求又是丰富多彩的；另一方面，企业拥有的生产经营资源总是有限的，而市场上也找不出标准的客户群。因此，企业的经营者在进行营销决策时，必须首先确定那些最有吸引力，并将有能力为之提供最有效服务的市场部分作为企业的目标市场，来提高企业营销活动的效率。

物流市场细分是指物流企业按照某种标准，将物流市场上的客户划分成若干个客户群的过程和策略。经过市场细分，就可以将客户进行归集（形成一个个小的市场或亦称子市场或细分市场），更深入地了解每个客户群的需求、购买行为、决策过程以及购后反应，物流企业就能更有针对性地设计不同的市场营销组合策略，提高产品的竞争能力。

例如，中远海运物流公司根据行业特点和物品属性进行物流市场细分，选择了项目物流中的汽车物流、家电物流、电力物流、石化物流、展品物流作为目标市场，提供物流服务。中远海运物流公司提供的家电销售物流一揽子解决方案，就是从生产工厂成品下线开始一直到各地经销商（最终客户），其中包含整个物流项目的管理和策划、厂区仓储管理、干线运输、各地中转库管理、区域配送等。下线入库：从工厂生产线下线口，中远物流接收下线的成品，搬运至厂区成品库；仓库管理：厂区成品库、全国 RDC 的仓库管理，包括入库管理、在库管理、出库管理、装卸管理、报表反馈等；过仓计划：在本部仓库（包括厂区仓库与中心成品库）之间调拨成品，以合理分布库存，提高成品发运准备期间的效率；过仓运输：在本部仓库（包括厂区仓库与中心成品库）调拨成品的运输管理。干线运输：从仓库运往商业单位或区域分拨中心（RDC）的运输管理。运输方式包括公路、铁路、海运、空运等；横向调拨：从 RDC 调往 RDC、或从 RDC 调回本部仓库的长途运输。二次配送：从 RDC 到商业单位的运输。反向物流：从商业单位到 RDC、从商业单位到本部仓库、从 RDC 到本部仓库的运输。条码管理：在成品出库时，中远物流负责扫描记录成品的条码，并将记录反馈给甲方。

2. 物流市场细分的依据

客户的需求、购买动机以及购买行为的差异性为市场细分提供了客观依据。但是，从另一方面讲，客户需求与行为存在差异，并不是每个客户各属一种类型，而是有相当数量的客户在对某种产品和服务的需求和购买行为上存在着相似性或一致性，每个具有相似性的客户群体就成为一个具有一定个性特点的细分市场。所以，客户需求的差异性使市场细分成为必要，某些客户需求的相似性或一致性使市场细分成为可能。市场细分是按照求大同存小异的原则对市场进行划分的，并且这种划分随着客户需求的差异性和相似性的变化而不断变化。

物流市场中，客户对物流服务的需求，无论是在产品的质量和数量上，还是在产品的特性和要求上都各不相同，虽然根本要求都是为了完成物品从供应地向接收地的实体流动过程，但是在物流活动或物流作业的具体运作活动中却存在着很大的差异，这就为物流市场的细分提供了客观依据。因此，物流企业也必须致力于分析确认客户的需求差别，以求得较多一致的细分市场。例如，客户在运输的方式上、存储的要求上就会产生各自的不同，①由于地域的差别，不同地区的客户可能倾向于不同的运输方式，而且也

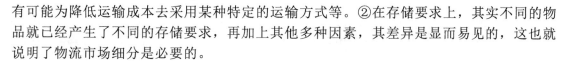

有可能为降低运输成本去采用某种特定的运输方式等。②在存储要求上，其实不同的物品就已经产生了不同的存储要求，再加上其他多种因素，其差异是显而易见的，这也就说明了物流市场细分是必要的。

3. 物流市场细分的作用

1）有利于物流企业挖掘和开拓市场机会，确定适宜的目标市场。通过市场细分，物流企业可以认识到每个细分市场的物流需求的差异，物流需求被满足的程度以及物流市场竞争状况。

2）有利于物流企业合理使用资源，与竞争对手相抗衡。任何企业的资源都是有限的，如何将有限的资源进行有效组合并为客户提供服务，这关系物流企业经营的成败。通过市场细分可以发现目标客户的需求特征，从而采取有针对性的营销策略，可以有效地与竞争对手抗衡，并在竞争中取胜。

3）有利于物流企业提高经营效益。物流企业通过市场细分选择一个或多个物流细分市场作为目标市场，就有可能深入细致地分析研究物流市场的特点，根据物流需求的变化随时调整市场营销策略和战略，这样既可以节省营销费用，又可以提高市场占有率，取得较好的经营效益。

需要说明的是，市场细分作为一种策略，蕴含着这样一种思路：物流企业并非一味追求在所有细分市场上都占有一席之地，而是追求在较小的细分市场上占有较大的市场份额。这种价值取向不仅对大中型物流企业开发市场具有重要意义，对小型物流企业的生存与发展也极为重要。特别是小型物流企业，因其整体实力弱，无法与强大的竞争对手在整个市场上展开全面较量，但如果将其全部力量集中于某些大企业未曾涉及的细分市场，则可以把自己在整体市场上的劣势转变为局部市场的优势，从而提高企业竞争力，达到预期的经营目标。

4. 物流市场细分的原则

物流企业可以依照各种标准进行物流市场细分，但并不是所有的细分市场都是有效的或有用的。要使细分后的市场对企业有用，必须遵循以下原则：

1）可衡量性。物流细分市场的规模及其购买力是可以估量的，也就是说在这个细分市场可获得足够的有关客户特性的资料。在实际物流活动中，有些市场捉摸不定，难以衡量，就不能对它进行细分。

2）可进入性。细分后的市场应该是物流企业能够进入并能占有一定份额的市场，否则，市场细分便丧失了现实意义。例如，某企业进行市场细分之后，发现市场中已有很多竞争者，自己无力与之抗衡，无机可乘或虽有未被满足的需要，但缺乏诸多先决条件，甚至货源无着落，难以揽货，这种市场细分就没有现实意义。

3）效益性。物流企业所选定的市场规模必须足以使企业生存发展。如果物流市场的规模很小（但要排除连带服务的影响），不能给企业带来足够的经济效益，一般就不值得细分了。

4）稳定性。细分市场必须在一定时期内保持相对稳定，以便使物流企业制订较长期的营销策略，从而有效地开拓并占领目标市场，获得预期的经济效益。如果细分后的市场变动过快，目标市场稍纵即逝，则企业的营销风险随之增加。

3.2.2 物流市场细分的方法和标准

1. 物流市场细分的方法

物流市场细分主要是按照市场细分标准的多少划分的，常用的方法主要有：

1）单因素细分法。细分物流市场只按照一个因素进行。例如，按照地理区域这一因素去细分则物流市场可分为区域内物流、跨区域物流和国际化物流等。

2）综合因素法。即以影响物流市场需求的两种或两种以上因素进行综合划分。因为客户的需求差别往往极为复杂，只有从多方面去分析、认识，才能更准确地把它们划分为不同特点的群体。例如，同时按照物品属性和地理区域两个因素来细分物流市场就是按综合因素法进行的，如表 3-1 所示。

表 3-1　综合因素法

内　容		地　理　区　域		
		区域物流	跨区域物流	国际物流
物品	生产资料	细分市场 1	细分市场 2	细分市场 3
属性	生活资料	细分市场 4	细分市场 5	细分市场 6

3）系列因素法。这种方法也运用两个或两个以上的因素，但它是依据一定的顺序逐次细分市场的。细分的过程是一个比较、选择分市场的过程。下一阶段的细分，在上一阶段选定的分市场中进行。图 3-1 给出了客户的选择与市场细分的关系。

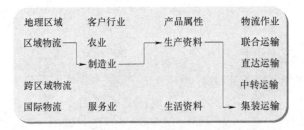

图 3-1　系列因素法示意图

4）产品—市场方格图法。此法即按产品（客户需求）和市场（客户群）这两个因素的不同组合来细分市场。例如，物流企业针对市场需求提供 5 种不同的解决方案，即供应物流解决方案、生产物流解决方案、销售物流解决方案、回收物流解决方案、废弃物物流解决方案，同时有两个不同的客户群，即国内市场需求者和国际市场需求者，这样就形成 10 个细分市场，如图 3-2 所示。

	供应物流解决方案	生产物流解决方案	销售物流解决方案	回收物流解决方案	废弃物流解决方案
国际市场客户	A11	A12	A13	A14	A15
国内市场客户	A21	A22	A23	A24	A25

图 3-2　产品—市场方格图

2．物流市场细分的标准

市场细分的标准有许多。在消费品市场上，可以按照地理因素（地区、城市、气候等）、人口因素（年龄、家庭规模、家庭生命周期、收入、职业、教育、社会阶层、宗教、国籍、种族等）、心理因素（生活方式、性格等）、行为因素（使用时机、追求利益、使用者状况、品牌忠诚度等）进行市场细分。许多用来细分消费品市场的因素，也同样适用于产业市场，如地理因素、追求的利益和使用率等。

对于物流企业而言，其市场细分的基础也是客观存在的需求的差异性，而且物流市场同其他各类市场一样，差异性很多，究竟按哪些标准进行细分，没有一个绝对正确的方法或固定不变的模式。根据物流市场的特点，可以从以下几方面对其进行细分。

1）客户所在的行业。由于客户所在行业不同，客户对物流需求存在差异，但同一行业市场内的客户对物流需求具有一定的相似性。其差异性主要体现在各个行业要根据各自的特点去组织物流活动，其相似性主要体现在每个行业实现物流功能的具体操作活动上。如客户行业细分主要可分为：服装、家电、钢铁、石化、汽车、日用品等物流细分市场。

2）客户规模的大小。以客户规模为标准细分物流市场，就是按照客户需求规模的大小来加以细分市场。由于物流需求客户的规模大小不同，需要提供的服务也存在着很大差异，一般可将客户分为三类客户群：大客户、中等客户、小客户。

3）客户追求的利益。有的客户追求服务价格的低廉，有的追求服务质量高、服务周到或服务速度快等。例如，在货运市场上，客户追求利益的复杂性还在于同一客户在不同时期或不同货种运输上追求的利益不同。按客户追求的利益还可以将货运市场上的客户进一步划分成追求运价低廉的客户类、追求服务的客户类、追求运输质量的客户类和追求运送速度的客户类。当然，也有追求两种以上利益的客户。

4）客户使用的频率。按照客户使用物流服务的频率可以将物流市场的客户分为长期型、中期型和短期型。

5）物品属性。以物品属性为标准细分物流市场，就是根据客户所需物流活动中物品的属性或特征来加以细分。由于物品属性的差异，物流企业在实施物流活动的过程中，物流作业的差别会很大，物品属性差别对物流诸功能的要求会体现在整个物流活动中，而且物流质量和经济效益也同物品属性有很大的联系。按物品属性细分物流市场主要可分为生产资料和生活资料。例如，按货物所需的运输和保管条件可以分为普通货物、特殊货物。普通货物是指在运输中对运输工具的运行没有任何特殊要求的货物。特殊货物是指在运输和保管中必须采取特别措施，以保证运输安全和货物完好无损的货物。

6）地理区域。以地理区域为标准细分物流市场，就是根据客户所需物流的地理区域的不同来加以细分。由于物流活动所处的地理区域不同，而不同区域的经济规模、地理环境、需求程度和要求等差异非常大，使物流活动中的物流成本、物流技术、物流管理、物流信息等方面会存在较大的差异，而且不同区域的客户对物质资料的需求也会各有特色，这就使得物流企业必须根据不同区域的物流需求确定不同的营销手段，以取得最佳经济效益。

7）服务方式。以服务方式为标准细分物流市场，就是根据客户所需物流服务诸功能的实施和管理的要求不同而加以细分。由于客户产生物流需求时对物流服务诸功能的要求会存在很大的不同，而物流功能需求的多少与物流成本及效益等会有很大的联系，因此，物流企业想以最佳的服务奉献给物流市场的客户，就必须以不同的服务方式服务于不同物流服务需求的客户，以取得最好的社会效益。按服务方式不同可将物流市场细分为单一方式物流服务市场和综合方式物流服务市场。

8）利润回报。按物流企业从市场获取利润的高低可以将物流市场细分为高利润回报市场和低利润回报市场。

需要注意的是：物流市场的细分还可以从多个方面、不同的角度进行，而在上述几种细分方式中，对于每个细分的子市场，物流企业还可以根据实际情况再进行细分。

3.2.3 物流市场细分的步骤

1．依据需求选定服务产品的市场范围

服务产品的市场范围应以市场的需求而不是服务产品特性来定。例如，一家住宅出租公司，打算建造一幢简朴的小公寓。从产品特性，如房间大小、简朴程度等来看，这幢小公寓可能被认为是以低收入家庭为对象的，但从市场需求的角度来分析，不难发现，许多并非低收入的家庭也是潜在客户。

2．列举潜在客户的基本需求

选定服务产品的市场范围以后，大致估算一下潜在客户有哪些需求，这一步能掌握的情况有可能不那么全面，但却为以后的深入分析提供了基本资料。例如，这家住宅出租公司可能会发现，人们希望小公寓住房满足的基本需求包括遮挡风雨，停放车辆，安全，经济，设计良好，方便工作、学习与生活，不受外来干扰，足够的起居空间，满意的内部装修、公寓管理和维护等。

3．分析潜在客户的不同需求

了解了潜在客户的基本需求之后，还应进一步分析潜在客户的不同需求，对不同的潜在客户进行调查，了解上述哪些需求对他们更为重要。例如，在校外租房住宿的大学生，可能认为最重要的是遮风挡雨、停放车辆、经济、方便上课和学习等；对新婚夫妇来讲，遮蔽风雨、停放车辆、不受外来干扰、满意的公寓管理等较为重要；较大的家庭则要求遮蔽风雨、停放车辆、经济并且有足够的儿童活动空间等。这一步至少应进行到有三个细分市场出现。

4．移去潜在客户的共同需求

在进行市场细分时，需要移去各细分市场或各客户群的共同需求。这些共同需求固然很重要，但它们不能作为市场细分的基础。例如，遮蔽风雨、停放车辆和安全等项，几乎是每一个潜在客户都希望的。公司可以把它用作产品决策时的重要依据，但在细分市场时则要排除这些因素的干扰。

5．为各细分市场暂定名称

企业对各细分市场的特有需求，要做进一步分析，并结合各细分市场的客户特点，

暂时安排一个名称。

6. 进一步认识细分市场的特点

对每一个细分市场的客户及其行为做更深入的考察。看看自己对各细分市场的特点掌握了哪些，还要了解哪些，以便进一步明确有无必要对各细分市场再做细分，或重新合并。例如，经过这一阶段，可以看出年轻人与老年人的需求差异很大，应当作为两个细分市场，对他们的广告宣传和销售方式都可能不同。

7. 测量各细分市场的大小

以上步骤基本决定了各细分市场的类型，紧接着应测量各细分市场潜在客户的数量。企业进行市场细分，是为了寻找获利的机会，但获利的大小又取决于各细分市场的销售潜力。不做这一步是很危险的，因为有的细分市场的潜在客户量几乎为零。

3.3 物流目标市场选择

3.3.1 目标市场的选择过程

1. 目标市场的含义

目标市场就是物流企业为满足现有的或潜在的客户需求而设定的细分市场。换言之，目标市场就是物流企业拟投其所好、为之服务的对象。选择和确定目标市场，明确物流企业的具体服务对象，关系到物流企业任务和目标的落实，是物流企业制订营销策略和战略的基本出发点。

2. 物流目标市场的选择过程

物流目标市场的选择过程，就是指物流企业在按各种标准将市场细分后，确定目标市场的过程。在这个过程中，要运用SWOT等分析方法，对各个细分市场的发展潜力、增长率、竞争状况以及物流企业所拥有的资源能力、竞争优势等进行评估，选择的过程就是评估的过程。一般地讲，物流企业在选择物流目标市场时需要依据以下基本条件。

1）要有一定的物流规模。这是非常重要的条件，如果没有一定的物流需求规模，物流企业就不能体现行业的优势，该市场也就构不成现实的市场和企业的目标市场。

2）要有物流发展潜力。即物流市场上有尚待满足的需求，有良好的发展前景，来保证物流企业的稳定发展。

3）要有足够的吸引力。所谓吸引力，主要指长期盈利能力的大小，一个市场可能具有适当规模和增长潜力，但从获利观点看不一定具有吸引力。决定物流市场是否具有长期吸引力的因素主要有竞争者的数量和质量、物流需求欲望的强弱和专业能力、各类辅助手段的完善程度和质量等。物流企业必须充分估计这些因素对长期获利率所造成的机会和威胁，以便做出明智的抉择。

4）要符合物流企业的目标和实力。理想的目标市场，还必须结合物流企业的目标与实力来考虑。有些细分市场虽然规模适合，也具有吸引力，如果不符合物流企业自身的发展目标，就只能考虑放弃；但如果符合物流企业目标，但企业在人力、物力、财力等条件上不具备相当的实力，无法在市场上夺得相当的市场占有率，则也不应该选其为最终市场。

示 例

中远海运物流公司目标市场选择

中远海运物流公司凭借国际性的网络优势和经营实力，在细分市场的基础上，在项目物流、工程物流、综合货运、仓储物流等业务领域为国内外客户提供全程物流解决方案。

项目物流：重点关注大客户营销，以客户需求为出发点，配合国家"一带一路"战略，聚焦电子、化工、食品、机械、能源、林业等重点行业，为客户提供全程化、专业化、信息化和集成化的物流解决方案，以及一站式、嵌入式、响应式和体验式的精品服务。

工程物流：为工业企业提供工程项目所需的设备物资从生产地到指定地点的全程物流服务，服务范围覆盖远洋运输、内河运输、公路运输、清关报检、空运代理、船务代理等全部物流环节。

综合货运：根据客户的个性化需求，提供定制的综合货运解决方案，涵盖整箱、拼箱、散杂货、大宗货等货物的海运、陆运、空运的代理业务；并在传统业务的基础上创新了业务模式，开拓了无界电商平台。

仓储物流：凭借丰富的仓储管理经验和专业化的管理队伍，配备先进的信息系统和现代化的设施，根据客户的不同需求，提供仓库管理、货物装卸分拨、物流配送、集装箱拆拼箱，以及流通加工、包装、监管等各类增值服务。

以"全程物流链与供应链服务平台"为目标，依托供应链专业公司平台，充分结合物流产品的全方位布局和全覆盖的网络优势，基于专业化采购供应与物流全过程的风险把控，围绕核心企业的采购与供应管理需求，通过采购、分销、全程物流及供应链金融等创新业务形态，提供供应链（金融）管理一体化综合服务。

3.3.2　可供物流企业选择的目标市场策略

1. 目标市场的范围策略

在物流企业选择目标市场策略前，还必须了解一下物流企业市场营销时可采用的范围策略，可归纳为5种情形（P表示产品，M表示市场），如图3-3所示。

（1）产品—市场集中化型　无论从市场角度，还是从服务产品角度，物流企业的目标市场都是集中于一个市场层面上。物流企业只提供一种形式物流服务产品，供应单一客户群。这种模式一般适合小型物流企业或初次进入市场的物流企业。

（2）产品专业化型　这是指物流企业提供一种形式的物流服务产品，满足各类客户群的需要。这种模式有利于物流企业摆脱对个别市场的依赖，降低风险，同时利于发挥生产经营技能，在某一服务领域树立较好的声誉。

（3）市场专业化型　这是指物流企业向同一客户群提供不同种类的物流服务产品。这一模式有助于发展和利用与客户之间的关系，降低交易成本，树立良好形象。

（4）选择专业化型　指物流企业决定有选择地进入几个不同的细分市场，为不同的客户提供各种不同的物流服务产品。这是一种多元化经营模式，可以较好地分散物流企业的经营风险。但是，采用这种模式应当十分慎重，必须以几个细分市场均有相当的吸引力为前提。

（5）全面进入型 指物流企业决定全方位进入各个细分市场，为所有客户群提供它们所需要的不同种类的系列物流服务产品。这是实力雄厚的大型物流企业为取得市场领导地位甚至是控制地位而通常采用的模式。

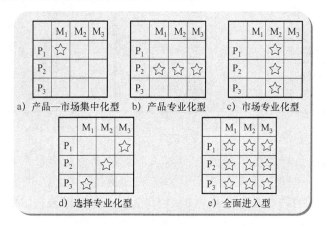

图 3-3 选择目标市场的 5 种策略图

物流企业在运用上述 5 种策略时，一般总是首先进入最有吸引力的细分市场，在条件和机会成熟时，才会逐步扩大目标市场范围，进入其他细分市场。

2. 目标市场营销策略

在了解了目标市场的范围策略之后，物流企业应当根据所选定的目标市场来采取相应的营销策略。目标市场营销策略主要有以下几种类型。

（1）无差异营销策略 无差异营销策略就是把整个物流市场看作一个同质大市场，并对市场的各部分同等看待，通过求大同、存小异求得共同发展。就采用这一种策略的物流企业来说，它是把物流服务购买者看成是具有相同需求的整体，力图吸引所有的物流需求者，其所设计的物流服务产品和营销方案是针对广大的现实和潜在的购买者。

无差异营销策略将市场看成一个整体，不做细分，把整体市场作为目标市场。采用这种策略的物流企业认为客户对物流的需求有共通性，不存在差异性；即使存在差异，也只以单一形式的物流服务产品向整个市场投放。如 UPS 在 20 世纪 60 年代以前采取的就是这种策略，以单一的服务、统一的价格、同一的广告主题面向所有客户。无差异营销策略如图 3-4 所示。这一策略的不足之处，是可能由于过分强调无差别，而不能满足不同购买者的需求，最终被市场淘汰，被新的策略所取代。

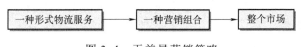

图 3-4 无差异营销策略

无差异营销策略的最大优点在于成本经济性，即有助于节约研发成本和营销费用，适用于那些适应性强、差异性小且有广泛需要的物流。

（2）差异营销策略 差异营销策略就是把整个物流市场分成若干个细分市场，选择两个或两个以上的细分市场作为目标市场,分别设计不同物流服务产品形式的营销方案。该策略建立在客户需求具有异质性的基础上,物流企业针对不同细分市场设计不同的物流服务产品,设计不同的营销组合,面向不同的目标市场。对物流企业来说,将客户按一定的标准进行细分,并从中做出选择,可以使企业所提供的物流服务产品更有针对性,更能满足不同需求群体的需要。差异营销策略如图3-5所示。

图3-5 差异营销策略

该策略能满足各类物流需求者的不同需求,对物流企业而言,有助于发挥潜力、扩大销路、增加盈利,有助于提高企业竞争力和应变能力,树立良好的企业形象。差异营销策略多为实力雄厚的物流企业采用,但会有营运成本和相关费用的增加以及物流企业资源受限等局限性。

示例

"ZWY高尔夫快递"实现差异化营销

为了轻装简行,商务繁忙的"空中飞人"不得不一次次把沉重的球具留在家中,饱受"相思"之苦。人在旅途,如何在异乡与心爱的高尔夫轻松"约会"?ZWY公司在上海地区率先推出了创新的"ZWY高尔夫快递"服务,快捷、稳妥地帮助用户递送高尔夫球具。同时,这一举措也再次凸显了ZWY公司敏锐的市场触觉和对完美服务品质的不懈追求。公司高层表示:"ZWY公司高尔夫快递无疑可以帮助热衷高尔夫的商界人士轻松享受高尔夫之旅。公司将凭借发达的全球网络,以门对门的方式,为用户将高尔夫球具从上海递往国内及国外目的地。公司将继续以对市场需求的敏锐把握以及对创新的不断追求,保持产品及服务的差异化优势,为不同类型的客户提供贴心服务,从而巩固我们在快递和物流市场的领先地位。"

(3)集中营销策略 集中营销策略就是把整个物流市场划分为若干个细分市场后,物流企业只选择一个或极少几个细分市场作为自己将要为之服务的目标市场,集中精力提供物流服务。它所追求的不是在较大的市场上占有较小的市场份额,而是力争在较小的市场上占有较大的市场份额。对一些资源有限、实力不够雄厚、新进入市场的物流企业来说,采用这一策略是为了更深入地了解细分市场的需要,集中力量提供专业化物流服务,在局部市场创造出独一无二的优势。

一般地讲,资源有限、规模较小的中小物流企业常用这种策略,把有限的资源用在最有利的地方,经营对象相对比较集中,并能对所提供的物流服务实行专业化经营,从而争取较高的投资收益率。但是,由于物流企业的全部资源与力量均集中在一个或极少的几个子市场上,一旦目标市场风云突变,就可能出现经营危机,使物流企业陷入困境。

集中营销策略着眼于在较小的市场中取得较大的市场份额，采取该策略的物流企业针对一个或极少几个目标设计细分市场的营销组合，如图 3-6 所示。例如，物流企业只以极少几种物品配送作为其目标市场，试图以局部市场为目标，满足客户在该市场的需要。

图 3-6　集中营销策略

（4）一对一营销　目标市场策略的最后一个层次是"细分到个人（或单个服务对象）"和"定制营销"，即一对一营销。实施一对一营销，目标较为单一，易于弄清客户的真正需求，做到量体裁衣，服务专业化。物流业作为一个服务行业，追求服务的差异化、个性化是必然趋势，一对一营销能提高客户满意度。宝供物流公司的发展历程就是最好的典范。其服务网络建设一开始就是根据宝洁公司的市场营销战略来配置的。简单来说就是宝洁公司的货销往哪里，宝供物流的服务网点就设到那里。因为在当前以客户关系为中心的社会，标准化服务虽然成本低、运作快，但已逐渐失去市场。物流企业采用这种策略，有利于更好地走向市场，贴近客户。

3.3.3　物流企业目标市场营销策略选择的因素

究竟采用哪种策略比较有利，必须根据具体情况通盘考虑。一般地讲，物流企业在选择目标市场营销策略时，必须综合考虑以下几个方面因素：

1. 企业资源

这是选择目标市场营销策略时应考虑的首要因素。物流企业的资源主要包括营运规模、技术力量、财务能力、经营管理能力等。如果物流企业实力较强，有可能占有较大的市场，就可采用差异营销策略或无差异营销策略；如果物流企业资源有限，无法覆盖整个市场，则以采用集中营销策略为宜。

2. 物流服务产品生命周期

物流服务与其他产品一样，也有生命周期。物流企业根据服务处于投入期、成长期、成熟期、衰退期的各阶段特点，可采用不同的目标市场营销策略。处于投入期，同类服务产品竞争者不多，竞争不激烈，物流企业可采用无差异营销策略；处于在成长期或成熟期，同类物流服务产品增多，竞争日益激烈，为确立竞争优势，物流企业可考虑采用差异营销策略；当某类服务产品步入衰退期，为保持市场地位，延长服务产品生命周期，全力对付竞争者，物流企业可考虑采用集中营销策略。

3. 物流服务产品的同质性

这是指在物流服务需求者眼里，不同物流企业提供物流服务产品的相似程度。相似程度高，则同质性高；反之，同质性就低。同质性高，可采用无差异营销策略；同质性低，可采用差异营销策略或集中营销策略。

4. 市场的同质性

这是指各细分市场客户需求、购买行为等方面的相似程度。市场同质性高，表明各细分市场相似程度高，不同的客户对同一物流服务产品的反应也大致相同，则宜实行无差异营销策略；反之，如果客户的需求偏好、态度、购买行为等差异较大，则宜采用差异营销策略或集中营销策略。

5. 竞争状况

竞争者的数量和资源是物流企业确定目标市场营销策略时考虑的重要因素。当竞争者较少或竞争对手较弱时，可采用无差异营销策略；反之，则应选择差异营销策略或集中营销策略。另外，还要考虑竞争对手采取的策略。例如，当强大的竞争对手采取的是无差异营销策略时，相对较弱的企业则应采用集中营销策略或差异营销策略。当然，如果竞争对手实力较弱，也可以与之采取相同的策略，凭借实力击败对手。

以上所述，只是一般原则，物流企业应在实践中根据竞争形势和市场具体情况，灵活运用各种策略。

3.4 物流市场定位

3.4.1 物流市场定位的含义

企业在进行市场细分和选择目标市场后，不管采取何种目标市场营销策略都必须进一步考虑在拟进入一个或多个细分市场中推出具有何种特色的服务产品，并且要努力做到使服务产品与营销组合在客户心目中占据一个与众不同的位置，体现独特性，这就需要制订和实施市场定位策略。

示 例

（美国）西南航空公司定位

（美国）西南航空公司（以下简称西南航空）在中型城市和大都市的次要机场之间提供短程、低价和"点对点"的服务。西南航空避开了大机场及长距离的飞行，其客户包括商务旅客、家庭、学生等群体。西南航空以频繁的班次与低价来吸引那些对价格敏感的客户，如果价格没有足够的吸引力，这些客户就会以巴士或汽车代步。

那些提供全套服务的航空公司的构想是尽可能让乘客舒舒服服地从某一地抵达另一地。要到达目的地并满足旅客的转机需求，提供全套服务的航空公司就必须以大机场为中心来建立轮幅状营运系统。为吸引追求舒适的乘客，这类航空公司还必须提供头等舱和商务舱的服务。对于讲究便利而必须转机的旅客，航空公司还必须为他们协调班机和行李转运的时间。对于长途飞行的旅客，航空公司还要为他们供应餐点。

西南航空正好相反，它的所有活动都朝特定航线、低成本、便捷服务的方向设

计。西南航空的登机时间通常不超过 15 分钟，以更少的飞机执行更频繁的班次。西南航空并不供应餐点，也不受理指定座位、跨航线行李转运或高级舱位的服务。它在登机门前设置自动售票机，让旅客可以不必通过旅行社来购买机票，也为西南航空节约了中介费。其标准化的波音 737 机队也使其维修效率很高。在西南航空所经营的航线上，其他提供全套服务的航空公司根本无法提供如此便利或低成本的服务。

市场定位由美国学者艾·里斯提出，认为市场定位（又称产品定位）是指企业根据客户对某种产品的某些特征或属性的重视程度，给本企业的产品规定一定的市场地位。市场定位与产品差异化有密切关系，市场定位是以产品为出发点，通过为自己的产品创立鲜明的个性，从而塑造出独特的市场形象来实现的。产品差异化乃是实现市场定位的手段，但产品差异化并不是市场定位的全部内容，市场定位不仅强调产品差异，而且要通过产品差异建立独特的市场形象，赢得客户的认同。

物流市场定位是指物流企业通过自身的物流服务创立鲜明个性，塑造与众不同的市场形象，使之在客户心目中占据一定的位置，从而更好地抓住客户和赢得客户。

例如，宅急送快运有限公司的市场定位为做社会零散货物的全国门到门快运。宅急送的快运产品则定位在 5～50 千克的高附加值小件产品，如手机、电脑等消费类电子产品。根据这个定位，宅急送放弃了康师傅、正大集团、科龙空调和雀巢等客户。

在市场定位上，物流企业应该遵循"不熟不做"原则、"集中一点"即专业化服务原则、"重点客户，重点服务"原则、"延伸服务"即服务品种创新原则、"精益求精"即服务技术创新原则。要体现以"客户为中心"的物流服务精神，以"降低客户的经营成本"为根本的物流服务目标，以"伙伴式、双赢策略"为标准的物流服务模式，以"服务社会、服务国家"为价值取向的物流服务宗旨。

在具体进行物流市场定位时要符合以下要求：

1）明晰性和优越性。能以一种突出、明晰的方式表现出其他物流企业所没有的差异性，且具有优越性。

2）可沟通性和可接近性。差异性是可以沟通的，是客户能理解和感受的，而且客户有能力购买这种差异性。

3）不易模仿性和赢利性。与众不同的差异是其他竞争者难以模仿的，而且物流企业将通过差异性获得利益。

3.4.2 物流市场定位的步骤

物流市场定位是一个认识比较的过程，其步骤为：①分析目标市场客户所重视的服务特征，对所进入目标市场有一个大致的认识。②明确潜在的竞争优势，并选择相对的竞争优势。③显示独特的竞争优势。④进行市场定位。

1. 以产品的特征为变量勾画出目标市场的结构图

物流服务产品的特征有价格（高与低）、质量（优与劣）、功能（多与少）等。运用这些变量，两两不同的变量指标组合便可以画出多个平面图。假定有 4 个竞争者（A、B、

C、D），按照价格与质量进行组合，就可形成一个结构图，如图3-7所示。

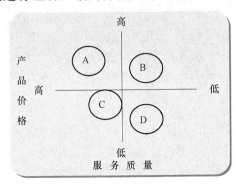

图3-7　按价格和质量指标确定的目标市场定位图

相关知识

> **质量与质量管理**
>
> 　　质量是指一组固有特性满足要求的程度。服务质量就是服务的一组固有特性满足要求的程度。可以认为是客户对实际所得到服务的感知与客户对服务的期望之间的差距。因此，服务质量是一个主观范畴，它取决于客户对服务的预期质量和实际体验质量（即客户实际感知的服务质量）之间的对比。在客户体验质量达到或超过预期质量时，客户就全满意，从而认为对客户的服务质量较高；反之，则会认为企业的服务质量较低。

2．明确潜在的竞争优势，并选择相对的竞争优势

在上述结构分析基础之上，物流企业要明确潜在的竞争优势。为此要弄清楚以下三个方面的问题：

1）目标市场上竞争对手的产品定位如何？包括对竞争者的成本和经营情况分析。

2）目标市场上足够数量的客户确实需要什么，他们的欲望满足程度如何？必须认定目标客户认为能够满足其需要的最重要的特征。

3）本企业能够为此做些什么？

相对的竞争优势，是一个企业能够胜过竞争对手的能力。这种能力既可以是现有的，也可以是潜在的。准确地选择相对竞争优势是一个企业各方面实力与竞争对手的实力相比较的过程，通常从经营管理、技术开发、设施、服务功能、人力资源以及财务指标等方面进行衡量比较。

3．显示独特的竞争优势

选定的竞争优势不会自动地在市场上显示出来，物流企业要进行一系列的宣传促销活动，将其独特的竞争优势准确地传达给潜在客户，并在客户心目中留下深刻印象。要避免因传播不当在客户中造成误解，如定位过低，不能显示物流企业的服务特色；定位过高，不符合企业的能力状况，造成客户的期望值过高；定位过于模糊，则难以在客户的心目中留下明晰的印象。

（1）建立与市场定位相一致的形象

1）让目标客户知道、了解和熟悉本企业的市场定位。

2）使目标客户对本企业的市场定位产生认同、喜欢和偏爱。

（2）巩固与市场定位相一致的形象

1）强化目标客户的印象。

2）保持目标客户的了解。

3）稳定目标客户的态度。

4）加深目标客户的感情。

（3）矫正与物流市场定位不一致的形象

目标客户对物流企业及其市场定位的理解往往会出现偏差，如定位过低或过高，定位模糊与混乱，易造成误会。物流企业在显示其独特的竞争优势过程中，必须及时纠正与市场定位不一致的形象。

4．进行物流市场定位

物流市场定位有初步定位和正式定位两个过程。初步定位是经过详细论证后，由最高领导层决定。而正式定位是经过调研、试销、校正偏差之后的最终工作。需要强调的是，随着目标市场供求状况的不断变化，企业在目标市场上的定位将不断得到修正。

3.4.3 物流市场定位的方法

物流企业推出的每种服务产品都需要选定其特色和形象。当现有产品的原有定位已经不再具有生命力时，需要重新做出定位决定。对物流服务产品的市场定位，可以应用多种方法，主要有以下几种。

1．根据具体的物流服务产品特色定位

产品特色定位是根据其本身特征，确定它在市场上的位置。这时广告宣传应侧重介绍物流服务产品的特色或优于其他产品的性能，使之与竞争产品区别开来。在具体定位时，可以把构成物流服务产品内在特色的许多因素作为定位的依据，如质量、价格、特色等。例如，中海北方物流有限公司组建的同时拥有普货、冷藏货班列，冠名为"中国海运一号"的五定班列，服务产品特色鲜明。

2．根据所提供的利益和解决问题的方法定位

物流服务产品本身的属性及由此衍生的利益、解决问题的方法以及重点需求的满足程度也能使客户感受到它的定位。例如，物流行业中的人性化专业物流服务的定位，"满足客户需求、做到客户想要的、发现客户将要的"服务理念。中远物流公司的市场定位是聚焦家电、汽车、电力、石化、会展、零售业等细分市场，为客户提供科学、高效、一体化的物流供应链管理服务。

3．根据物流服务产品功能定位

物流服务产品的定位是单一功能，还是多功能？这也是值得物流服务提供商仔细考虑的问题。定位于单一功能，可能不适应客户对物流服务一体化的需要；定位于多功能，管理的难度会加大，但能够满足客户很多方面的需求。

4．根据物流服务产品价格定位

物流服务产品的价格定位，其中最重要的是要根据物流服务的过程情况定位，同时

兼顾不同地区、不同行业等，其根本目的在于物流行业的整体效益最佳，不能过分地拘泥于某一功能，最大限度地挖掘市场的有效需求并进行定价；其次，由于市场的可变性较强，应当根据市场总体趋势做好价格定位。应特别重视对购买者群体目标各种不同需求的心理价位进行研究，所推出的价格定位需具备相应的竞争能力。具体可采用高价制胜定位、低价渗透定位、中价定位。

5. 根据使用者的类型定位

这是指把产品指引给适当的潜在使用者，根据使用者的心理与行为特征，及特定消费模式塑造出恰当的形象。例如，中海北方物流有限公司把物流同农业生产联系到一起，为物流产业获得了适宜的形象：中海人以先进的现代物流理念，率先在国内物流界推出了以"现代化物流产业服务于现代农业"的经营方针。在海南和大连采用"公司＋农户"的方式建成投产了数万亩现代化水果蔬菜种植基地，并通过集团强大的海上实力开通了国内精品航线——海上绿色通道，反季节果菜汇集到物流配送基地，精加工后配送给超市，使物流产业同大众贴近。

6. 根据竞争定位

这是指根据竞争者的特色与市场位置，结合企业自身发展需要，将本企业的产品定位于与其相似的另一类竞争产品的档次；或定位于与竞争直接有关的不同属性或利益。具体有避强定位方式、迎头定位方式、重新定位方式。

以上定位方法往往是相互关联的，物流企业在进行市场定位时可在综合考虑各方面因素的基础上，将各种方法结合起来使用。

本章小结

市场细分、目标市场、定位构成企业营销战略要素，被称为营销战略的 STP。STP 理论是指企业在一定的市场细分的基础上，确定自己的目标市场，最后把产品或服务定位在目标市场中的确定位置上。

市场细分是把由不同性质市场组成的整体市场划分为若干个具有某种相似特征的市场细分的过程。物流市场的市场细分可以按照客户所在的行业、客户规模的大小、客户追求的利益、客户使用的频率、物品属性、地理区域、服务方式、利润回报高低等进行划分。

物流企业在选择目标市场时，综合考虑市场规模、发展潜力、市场吸引力以及企业自身的目标和实力等因素。物流企业可选择的目标市场营销策略主要有无差异营销策略、差异营销策略、集中营销策略和一对一营销策略。

市场定位的实质是建立和发展差异化竞争优势，为物流企业及其产品在客户心目中确立独特位置。物流企业要正确选择市场定位方法，实施有效定位策略。

【关键术语】

市场细分　目标市场　市场定位　无差异营销策略　差异营销策略　集中营销策略一对一营销策略

【知识检测】

1．填空题

1）市场细分是在 20 世纪 50 年代由美国市场营销学家_____首先提出的。

2）市场细分的依据是客户需求的两重性，即_____。

3）市场分类可以有不同的行为主体，而市场细分的营销主体是指_____。

4）无差异营销策略就是把_____看作一个毫无差别的同质性大市场。

5）在选择目标市场营销策略时，对于多品种经营的实力雄厚的大、中型物流企业宜选取_____营销策略。

6）集中营销策略着眼于在较小的市场中取得较大的_____。

2．判断题（判断下列各题是否正确。正确的打"T"，错误的打"F"）

1）在同类产品市场上，同一细分市场的客户需求具有较多的共同性。　　（　　）

2）物流服务市场细分只是一个理论抽象，不具有实践性。　　　　　　　（　　）

3）市场细分和市场分类虽然是两个不同的概念，但其内涵大体上是一致的。

（　　）

4）物流服务市场细分本质上就是企业有选择的专业化服务细分。　　　　（　　）

5）通过市场细分，每一个细分市场对企业市场营销都具有重要的意义。　（　　）

6）同质性产品适合于采用集中市场营销战略。　　　　　　　　　　　　（　　）

7）无差异营销策略完全不符合现代市场营销理论。　　　　　　　　　　（　　）

8）如果竞争对手已采用差异营销策略，企业则应以无差异营销策略与其竞争。

（　　）

3．单项选择题（在下列每小题中，选择一个最合适的答案）

1）市场细分是 20 世纪 50 年代中期美国市场营销学家（　　）提出的。

A．凯洛西尔　　　B．鲍敦　　　　　C．史密斯　　　　　D．科特勒

2）同一细分市场的客户需求具有（　　）。

A．绝对的共同性　　　　　　　　B．较多的共同性

C．较少的共同性　　　　　　　　D．较多的差异性

3）下列（　　）不属于消费品市场细分的标准。

A．地理细分　　　B．人口细分　　　C．行为细分　　　D．最终用户

4）下列（　　）不是市场细分的原则。

A．可衡量性　　　B．可进入性　　　C．效益性　　　D．可对比性

5）对于资源有限的中小物流企业或是初次进入新市场的大企业，一般采用（　　）。

A．无差异营销策略　　　　　　　B．差异营销策略

C．集中营销策略　　　　　　　　D．大量营销策略

6）如果物流企业实力雄厚，可以考虑采用（　　）。

A．无差异营销策略　　　　　　　B．差异营销策略

C．大量营销策略　　　　　　　　D．集中营销策略

7）采用无差异性营销策略的最大优点是（　　）。

A．市场占有率高　　　　　　　　B．成本的经济性

  C．市场适应性强   D．需求满足程度高

8）集中性市场策略尤其适合于（ ）。

  A．跨国公司 B．大型企业 C．中型企业   D．小型企业

9）同质性较高的服务产品，宜采用（ ）。

  A．产品专业化   B．市场专业化

  C．无差异营销   D．差异营销

10）市场定位是（ ）在细分市场中确定合适的位置。

  A．塑造一家企业   B．塑造一种产品

  C．确定目标市场   D．分析竞争对手

4．思考题

1）什么是物流市场细分？

2）物流市场细分有什么标准和方法？

3）目标市场营销策略有哪些？区别怎样？

4）什么是市场定位？物流企业应当如何进行市场定位？

【职场体验】

  上网收集若干著名物流公司的有关资料，比较其市场细分、目标市场选择和市场定位。

第四章

物流营销 4Ps 制订

知识目标

了解营销组合 4Ps 构成；营销策略基本模式和分销渠道变化的趋势。

理解物流服务产品的概念及特性、新产品开发过程、促销信息沟通过程、分销渠道设计决策以及促销组合的意义。

熟悉产品生命周期各阶段的营销策略，渠道管理过程，促销计划制订以及网络促销方法，熟悉人员推销、广告、公共关系、营业推广的实施过程。

掌握物流服务产品组合策略、品牌策略，物流服务产品定价方法和技巧以及分销渠道策略和促销组合策略。

能力目标

能初步运用 4Ps 策略开展企业营销活动。

案例导入

东方物流公司运用营销组合策略，应对国际航运市场竞争

东方物流公司是一家以海上运输为主的综合物流服务商，为了应对国际航运市场的激烈竞争，在进行准确的市场细分后，公司根据自身条件和市场需求，把目标客户定位为直接客户和大客户，重点是跨国公司。根据市场细分的结果，公司对目标客户进行了营销组合策略设计。

在产品策略上，公司为了有效地满足客户的需要，将核心产品（为客户提供符合其需要的位移）、有形产品（舱位体积、位置、货物定位等）、附加产品（如咨询、报关、报价等）综合考虑，提供整体产品服务。在运用整体产品理念的基础上，不断提高产品质量和调整产品组合策略，为客户提供多条航线服务，包括美洲航线、欧洲航线、大西洋航线、澳新航线、南非南美航线、波斯湾航线、东南亚航线、日本航线和韩国航线，并在三大东西主干航线（太平洋航线、欧洲航线、大西洋航线）上不断挖掘产品线深度。

在价格策略上，基本采用随行就市定价的方法，客户不同、季节不同导致运价不同，强势航线运价高，弱势航线运价稳定。

分销渠道采取在全球设立自己的办事处，公司在全球的各级代理分散在船舶挂靠的各个港口，营销网络强大。通过大力拓展直销渠道，达到了更好地服务于客户的目的。

根据航运特点、竞争状况、市场定位及产品与渠道要求，公司对目标客户实行了以人员推销和公共关系为主的促销策略。公司向全球客户推出了具有网上订舱、中转查询和信息公告等多项功能的国际货运网上营销服务系统，使客户可直接在网上与公司开展商务活动。其中，订舱系统可使每一位网上客户在任何地区和时间内，通过互联网与公司开展委托订舱业务；查询系统能使客户对货物实行动态跟踪，随时查询单证流转、海关申报状况、进出口及中转货物的走向等相关信息，做到让"货物始终掌握在客户自己手中"；信息公告系统可以在最短的时间内将公司有关船期调整、运价变化等情况反映在互联网上。为方便客户，公司推出了"一站式服务"，让客户在一个窗口办理一切手续，简化客户作业流程。通过参加各种活动宣传展示人员素质和企业形象，提升客户对企业的认知。

公司实施营销组合策略的结果是在行业内赢得竞争优势，一些主要航线上的市场份额全面提升，市场地位加强，总体经济效益明显好转。

思考 1）东方物流公司如何实施物流营销组合策略？
2）其产品策略、价格策略、渠道策略、促销策略是什么？

4.1 营销组合基本理论

物流企业通过对宏观、微观环境的分析，借助营销信息系统和营销调研，进行了市场细分，选择了目标市场，就需要综合利用各种营销手段实施营销组合策略，使物流服务营销活动有效地开展起来。

4.1.1 营销组合基本理论概述

1. 4Ps 理论及其发展

4Ps 理论主要是从供方出发来研究市场的需求及变化，如何在竞争中取胜。1960 年，美国的麦卡锡教授指出，企业营销整体策略是由相互联系的产品（Product）策略、定价（Price）策略、销售渠道（Place）策略以及促销（Promotion）策略所组成的，这 4 个因素组合起来通常被称为"4Ps"理论。事实上，"4Ps"中的每一个"P"又分别含有若干次一级的因素，从而使得营销组合千变万化。1984 年，科特勒教授提出了在大营销中应增加两个"P"，即政治权力（Political Power）与公共关系（Public Relations），将市场营销组合的范围扩展到"6Ps"，并认为产品、定价、销售渠道、促销四因素是战术性 4P。1986 年他又提出了探查（Probing）、分割（Partitioning）、优先（Prioritizing）、定位（Positioning）的市场营销战略"4Ps"理论。市场营销组合理论由过去的旧"4Ps"发展到现在的新"10Ps"。其实，不论是"4Ps""6Ps"还是"10Ps"，都是企业面对市场需要所采取的营销组合策略。

2．营销组合构成

4Ps 理论中，营销组合是产品、价格、渠道、促销四大因素的大组合，而每一个因素又包括了若干个因素，形成每一个因素的次因素，这些因素又可组成各个因素的次组合。图 4-1 给出了营销组合的 4Ps。

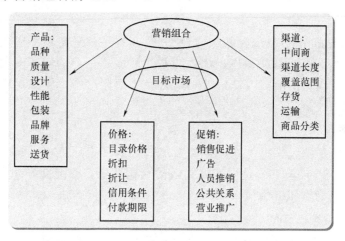

图 4-1　营销组合的 4Ps

4.1.2　物流服务营销组合

在制订服务营销组合过程中，学者们又根据外部营销环境的变化在传统的 4Ps 基础上又增加了 3Ps，即人员（People）、有形展示（Physical Evidence）、服务过程（Process）三个因素，从而形成了 7Ps 组合。

对物流企业而言，制订物流服务营销组合需要系统考虑服务产品、价格、渠道（地点）、促销、人员、有形展示、过程等多个因素，形成一体化的服务解决方案。

1．产品策略

产品策略（Product Strategy）是指与物流企业提供的服务产品有关的策划与决策。物流企业向目标市场提供什么产品，不能从企业本身的角度出发，而应站在客户的立场上考虑，充分理解在客户的心目中，本企业的产品是什么？本企业如何满足目标市场需要？物流企业提供的产品是一种服务产品，是为满足客户（货主）位移需要的服务产品，它的核心是物流企业借助运输工具和信息技术实现货物在空间上的位移。物流市场营销组合中服务产品因素包括了若干个子因素，如产品设计、产品定位、产品质量、产品品牌、产品组合的广度和深度、产品的担保、承诺等。

2．价格策略

价格策略（Pricing Strategy）是指物流企业如何估计客户的需求与成本，以便选定一种吸引客户、实现服务营销组合的价格。物流企业定价既要考虑目标市场的竞争状况及客户的可能反应，又要考虑满足企业盈利的要求。物流服务营销组合中的价格因素包括了诸如折扣、折让、支付期限、招标等子因素。由于物流企业提供的产品会随着需求的变化而变化，因此定价通常采用随行就市法进行。

3．分销渠道策略

分销渠道策略（Placing Strategy）是指物流企业如何选择产品从供应商顺利转移到客户的最佳途径。对于物流企业而言，分销渠道策略包括网点设置、运输储存及配送、区域分布、其他合作商的选择等子因素的组合运用。

4．促销策略

促销策略（Promoting Strategy）是指物流企业利用信息传播手段向客户、社会传递有利于自己的信息，进而引起客户、社会的关注，提高企业的知名度的各种措施。它包括物流企业与市场沟通的所有方法，如利用人员推销、广告、营业推广、公共关系等进行促销。

5．人员策略

物流服务产品是由人来提供的，营销人员的行为和素质直接影响产品质量的高低。人员策略（People Strategy）就是要建立高效的营销队伍，要把握好个人、企业、客户三者之间的关系，使物流服务增值。

6．有形展示策略

在物流服务中，物流企业应该向外界主要是客户实施有效的服务展示策略，从而赢得客户和社会满意。有形展示策略（Physical Evidence Strategy）要求：加强员工培训，规范员工的行为、态度、文明用语等，树立高素质员工形象；改善客户经常接触的业务部门的环境条件，为客户提供良好适时的服务环境；服务承诺要做到"一诺千金"，坚守诚信；要文明安全作业，注重环保；建立有效的客户投诉处理机制，及时处理客户投诉问题；建立界面友好的物流服务信息系统。

7．过程策略

所谓"过程"是指物流服务产生和提供的过程。过程策略（Process Strategy）就是要方便客户，简化缩短办事、作业流程，实行"一站式服务"，一单到底、一个窗口、一次性收费。不断运用新技术和创新管理，满足客户对物流服务更快捷、更便利、更经济、更安全的要求，同时实现物流服务过程的低成本、高效率和快节奏，如网上发布信息、查询、订立合同、结算、实时监控等。

4.2 物流企业产品及品牌

4.2.1 物流产品的概念及特性

1．产品的概念

产品是物流企业市场营销组合中的一个重要因素。产品策略直接影响和决定着其他市场营销组合因素策略的实施，对企业的营销成败关系重大。在现代市场经济条件下，每一家企业都应致力于产品质量的提高和组合结构的优化，以更好地满足市场需要，提高企业产品的竞争力，取得更好的经济效益。菲利普·科特勒认为，产品是指能够提供给市场并引起人们的注意、获取、使用或消费，以满足某种欲望或需要的任何东西。它包括各种有形物品、服务、地点、组织和想法。现代市场营销理论研究产品，是从整体产品的角度分析的。产品的整体结构，一般包括核心产品、有形产品和附加产品三个层次。

2. 物流产品的含义

（1）物流产品的意义　服务是将人力或机械力应用于人或物体的结果。物流企业提供的产品是一种服务。服务的一些特点不同于实体性的产品。物流服务是多样性的，涉及物品的通关、商检、采购、运输、代理、保管、存货控制、配送、包装、装卸、流通加工及相关物流信息。物流产品是物流需求与物流服务过程的集合，而这种集合一起构成了物流产品的整体性概念。

物流企业的核心产品通常是指为客户提供符合其需要的位移效用、储存场所和利益。有形产品一般是指为客户提供运输服务的车辆、船舶、飞机等工具的类型及型号、基础设施布局及环境、航班、车次、航次等状况。附加产品通常是指提供财务、金融、咨询、培训等服务。

（2）物流产品的特性　与其他服务产品类似，物流产品也具有不可感知性、不可分离性、差异性、不可贮存性、缺乏所有权等特性。

不可感知性意味着物流产品摸不着而且不容易在头脑中成形。要使不可感知的东西变得可感知，需要做到：①让客户心中的物流企业的形象具体化，可感知；②增强客户对物流企业不断追求提高服务质量的形象感觉。为此，物流企业要在形象、标识、象征等方面做出投资。

不可分离性意味着：①缺乏中介（中间商），相对实体性产品，物流产品大多是由生产者直接提供的，没有中介，即使有也只是履行一两种营销职能。例如，物流公司的货物代理可以提供运输工具的信息，要求购买者预付有关费用等，但这都只是服务的一部分而已。②客户的积极介入，因此，物流企业要善于与客户结成紧密的伙伴关系。

差异性是指物流服务不像实体性产品那样有固定的质量标准，具有较大的差异性。这主要是因为不同的物流企业在提供同一服务时由于不同员工或同一员工在提供服务时的服务技能和服务态度不尽相同，导致物流服务质量有所差异。因此，物流企业需要建立一套完善的服务质量控制体系，使物流服务质量尽量保持一致，使每位客户得到尽可能同样质量的服务。

不可贮存性是指物流产品不可能像实体性产品那样储存起来，以备未来销售，一种物流产品通常只能适应一种物流需求。不可贮存性就要求物流企业必须解决因库存缺乏所导致的物流服务供求不平衡以及如何制订营销策略来选择物流服务渠道和物流分包商，如何设计物流过程和有效灵活处理被动的物流服务需求等问题。

缺乏所有权是指物流产品生产和消费过程中不涉及所有权转移。

4.2.2 物流产品组合策略

1. 产品组合的概念

考察一家物流企业里的各种服务：采购服务、运输服务、仓储服务、包装服务、配送服务、流通加工服务、物流信息服务，如将物流企业的上述服务就可以组合成为

组合 A：运输+仓储服务+配送

组合 B：仓储+流通加工+配送服务

可见，产品组合是指一家物流企业经营的全部产品或服务的结构，即各种产品及产品项目的有机组成方式。产品组合一般包括若干产品线，每一条产品线内又包括若干产品项目。一个产品项目往往具有一个特定的名称、型号或编号。

产品线是一组相似或相近的产品项目。由于相似或相近是一个较含糊的说法，所以企业内的产品线组成方式很多。可以把能满足同一种消费需求的，或必须放在一起使用的，或经由同一销售渠道出售的，或同时属于某价格范围的一组相关产品称为一条产品线。工业企业多按产品的品种、类别、型号划分产品线；运输企业多按航线（或营运线路）来划分产品线，见表 4-1。

表 4-1　航线的基本内容

新 开 航 线	
公司名称：	**货柜航运有限公司
公司许可证编号：	MOC－ML　00021
航线名称：	东南亚航线
执行日期：	2017-12-14
航线归类：	东南亚航线
班期：	周班
挂港顺序：	HONGKONG（香港）　MANILA（马尼拉）　XIAMEN（厦门）　HONGKONG（香港）　SINGAPORE（新加坡）　HONGKONG（香港）
公告日期：	

船名	船籍	载箱量（TEU）	可使用箱位数（TEU）
TS　KAOHSIUNG	SINGAPORE	1393	1393
备注			

**货柜航运有限公司（发布）

产品组合有一定的宽度、长度、深度和关联性。宽度（或称为广度）是指一家物流企业经营的产品系列数目；长度是指一家物流企业的产品组合中包含的产品项目总数；深度是指每一个产品系列所拥有的产品项目的数目；关联性是指一家物流企业的各个产品大类在最终使用、生产条件、分销渠道等方面的密切相关程度。图 4-2 给出了产品组合中的宽度与深度的一般描述。

从图 4-2 中可以看出，产品组合为 4 个系列产品，产品系列 1、2 各有 3 个产品项目，产品系列 3、4 各有 4 个产品项目，共有产品项目 14 个，即产品组合宽度为 4 个，产品系列 1 的深度为 3 个，产品系列 2 的深度为 3 个，产品系列 3 的深度为 4 个，产品系列 4 的深度为 4 个，产品组合长度为 14 个，平均深度（产品组合长度/产品组合宽度）为 3.5 个。例如，中远海运集团的产品线有：美洲航线（产品项目数为 2），欧洲航线（产品项目数为 2），大西洋航线（产品项目数为 1），澳大利亚、新西兰航线（产品项目数为 4），南非南美航线（产品项目数为 1），波斯湾航线（产品项目数为 2），东南亚航线（产品项目数为 2），日本航线（产品项目数为 12），韩国航线（产品项目数为 8）。这表明中远集团的产品组合宽度为 9 个，产品组合长度为 34 个，平均深度为 3.8 个。

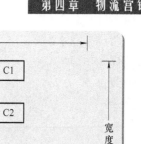

图 4-2　物流企业产品组合

2．产品组合策略

产品组合策略就是根据物流企业的目标，对产品组合的宽度、深度及关联程度进行组合决策。企业在调整产品组合时，可以针对具体情况选用以下产品组合策略。

（1）扩大产品组合策略　扩大产品组合策略是开拓产品组合的广度和加强产品组合的深度。开拓产品组合广度是指增加一条或几条产品线，扩展产品经营范围；加强产品组合深度是指在原有的产品线内增加新的产品项目。对制造业而言，扩大产品组合方式有：在维持原产品品质和价格的前提下，增加同一产品的规格、型号或款式；增加不同品质和不同价格的同一种产品；增加与原产品相类似的产品；增加与原产品毫不相关的产品。对物流企业而言，如增加一条或若干条与原产品线相似的营运线路，经营码头、仓储、堆场；在同一营运线内增加更多的停靠点等。

扩大产品组合策略的优点是：满足不同的偏好，满足客户多方面需求，提高产品的市场占有率；充分利用企业信誉和商标知名度，完善产品系列，扩大经营规模；充分利用企业资源和剩余生产能力，提高经济效益；减小市场需求变动的影响，分散市场风险，降低损失程度。

（2）缩减产品组合策略　缩减产品组合策略是削减产品线或产品项目，特别是要取消那些获利小的产品，以便集中力量经营获利最大的产品线或产品项目。对制造业而言，缩减产品组合的方式有：减少产品线数量，实现专业化经营；保留原产品线，削减产品项目；停止经营某类产品。对物流企业而言，如将两条或若干条营运线路合并，减少亏损的营运线路、码头、仓储、堆场；在同一营运线内减少停靠点等。

缩减产品组合策略有以下好处：集中资源和技术力量改进保留产品的品质，提高产品商标的知名度；生产经营专业化，提高生产效率，降低生产成本；减少资金占用，加速资金周转；有利于企业向市场的纵深发展，寻求合适的目标市场。

（3）高档产品策略　高档产品策略就是在原有的产品线内增加高档次、高价格的产品项目，如中远海运集团北方公司开辟的"五定班列"。"五定班列"集中了集装箱和铁路运输的综合优势，现在离海最远的物流只要 4 天时间便可运到天津港。

实行这种产品策略的好处是：可以提高企业现有产品的声望，提高企业的市场地位；高档产品的生产经营容易为企业带来丰厚的利润；有利于带动企业生产技术水平和管理水平的提高。

采用这一策略的企业也要承担一定程度的风险。因为，企业以往经营廉价产品的形象在客户心目中不可能立即改变，使得高档产品不容易打开销路，从而影响新产品项目开发费用的迅速收回。

相关知识

> **"五定班列"**
>
> 铁路货运"五定班列"是指按照管理规范化、运行客车化、服务承诺化、价格公开化的原则，实行"五定"即定点（装车站和卸车站）、定线（运行线）、定车次（直达班列车次）、定时（货物运到时间）、定价（全程综合运输价格）的直达快运货物列车。

（4）低档产品策略　低档产品策略则是在原有的产品线中增加低档次、低价格的产品项目。实行这种产品策略主要有以下一些益处：借高档名牌产品的声誉，吸引消费水平较低的客户慕名购买该产品线中的低档廉价产品；增加销售总额，扩大市场占有率；充分利用企业现有生产能力，补充产品项目空白，形成产品系列。

与高档产品策略一样，低档产品策略的实行能够为企业寻求新的市场机会，同时也会带来一定的风险。如果处理不当，可能会影响企业原有产品的市场声誉和名牌产品的市场形象。此外，这一策略的实施需要有一套相应的营销系统和促销手段与之配合，这些必然会加大企业营销费用的支出。

4.2.3　物流产品品牌策略

品牌策略是物流企业的整个产品战略的一个方面，企业通过给具体产品起适当的名字，正确设计品牌，向政府申请注册品牌等行为，起到增加产品价值的作用。

1. 品牌的意义

（1）品牌与商标　品牌是一个名称、术语、标记、符号、图案，或者是这些因素的组合，其目的是识别某个销售者或某个群体销售者的产品或劳务，并使之同竞争对手的产品或劳务区别开来。品牌由品牌名称和品牌标志组成，这是品牌的最基本的概念。品牌名称是品牌可读出声的部分，如中远物流等。品牌标记是指品牌可识别但读不出声的部分，像一个符号、设计，或一种别致的颜色或字母样式，均属此类。物流产品品牌的核心是物流企业的名称，其他如陪衬性的语句、标记也起着重要作用。商标是品牌中受到法律保护的品牌或品牌的一部分，凭借商标可以保证卖者对于品牌名称或品牌标记具有独家使用权。

（2）品牌化　物流企业为其产品规定品牌名称、品牌标志，并向政府有关主管部门注册登记的一切业务活动，叫作品牌化。

（3）品牌的文化内涵　一个具有丰富文化内涵的品牌才具有持久的生命力。品牌文化包括两类要素：①展现在客户面前，看得见摸得着的一些表层要素，如品牌名称、品牌标志等。②在品牌表层要素中蕴含的该品牌独特的内层要素，如品牌的利益认知、情感属性、文化传统和个性形象等。

1）利益认知。品牌的利益认知是指客户认识到某品牌产品的功能特征所带来的利

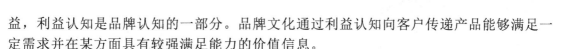

益，利益认知是品牌认知的一部分。品牌文化通过利益认知向客户传递产品能够满足一定需求并在某方面具有较强满足能力的价值信息。

2）情感属性。客户在对品牌的认知过程中，会将品牌的利益认知转化为一定的情感上的利益。客户购买物流服务的功能利益的同时，也在购买该物流服务带来的情感属性。

3）品牌也代表了一种文化传统。文化传统有时会成为品牌的强大力量源泉，品牌因此而更有持久的生命力和市场优势。

4）个性形象。品牌具有一定的个性形象，因此，对品牌的宣传不仅要说出其独特之处，树立品牌形象，还要赋予品牌鲜明的个性形象。个性形象更强调品牌与其他品牌的区别，无论客户是否看到该品牌的标志和字体，都能意识到该品牌所代表的利益和形象。品牌的个性形象越突出，客户对品牌的认知越深，该品牌在市场上将占较大优势，否则客户对品牌的认知就肤浅，就无法引起购买者的足够注意力。

（4）品牌效应 品牌效应就是指物流企业所创造的品牌所产生经济或社会等方面的影响。从社会角度讲，品牌可以提高国家在世界范围内的声誉，增强人民的民族自信心和自豪感。从经济角度讲，品牌效应是其因满足社会需要而获得的经济效果，是品牌的信誉、声望产生的影响力。品牌效应有磁场效应、扩散效应、聚合效应。

磁场效应指的是吸引客户。扩散效应指的是品牌在市场上的迁移现象，如以提高市场占有率为目标的同一市场内的扩散，从国内市场到国际市场不同市场间的扩散。而聚合效应指的是吸引其他企业。

2. 品牌管理

物流企业服务品牌管理包括三个层次：知名度管理、美誉度管理、忠诚度管理。

1）知名度管理。品牌知名度是一种使潜在客户认识并记住某一商标是某种服务产品品牌的能力，是物流企业服务品牌管理的最低层次。品牌知名度分为三个层次：

第一个层次是以提示记忆为基础，认识服务品牌名或品牌标识物。

第二个层次是记住服务品牌名或品牌标识物，在客户回忆某服务产品大类的品牌时能够说出该品牌的名称。

第三个层次是服务品牌名存在于客户的记忆深处，即在"非提示记忆"时，该品牌是客户回忆起服务产品大类的第一品牌名。

2）美誉度管理。服务品牌美誉度是指客户对该服务品牌持有好的观点与印象的程度，是物流企业服务品牌管理的中级层次。它以服务品牌知名度为基础，没有服务品牌知名度就谈不上服务品牌美誉度。品牌美誉度涉及客户对该服务品牌的态度，是物流企业服务品牌管理的较高层次。值得注意的是服务品牌美誉度与服务品牌知名度的传播方式是不同的。服务品牌知名度主要通过媒体传播，而服务品牌美誉度主要通过人际传播。但人际传播有传播面小、传播速度慢等缺点，造成服务品牌美誉度的形成周期较长。因此最好的方法是媒体传播与人际传播相互补充。图4-3表示客户对物流服务品牌忠诚所产生的重复购买过程。

3）忠诚度管理。品牌忠诚度是指由于质量、价格等诸多因素的影响，使客户对某一品牌产生感情，形成偏爱并长期重复购买该品牌产品的程度。品牌忠诚度管理是物流企业服务品牌管理的高级层次，是以品牌知名度与美誉度为基础的。物流服务品牌忠诚度的创建流程见图4-4。

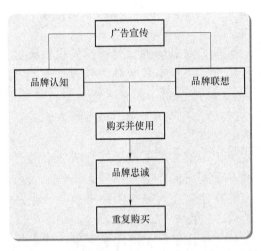

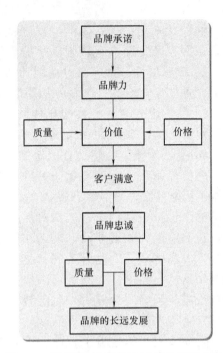

图 4-3　客户对服务品牌忠诚所产生的重复购买过程　　图 4-4　物流服务品牌忠诚度的创建流程

3. 品牌决策

品牌决策是指企业有关品牌的一切决定和策略。它包括：①品牌化决策；②品牌归属决策；③品牌质量决策；④家族品牌决策；⑤品牌拓展决策；⑥多品牌决策；⑦品牌重新定位决策。

（1）品牌化决策　品牌化决策是指企业是否给产品安排一个名称或品牌。涉及使用不使用品牌以及品牌是否注册为商标这样两个基本方面的问题。

（2）品牌归属决策　就是品牌归谁所有，由谁负责。对于实体性产品生产者有三种选择：制造商品牌；中间商品牌（生产者把产品卖给中间商，中间商用自己的品牌上市）；混合品牌（上述两种品牌并存）。对于物流企业而言，绝大多数使用自己的品牌。

（3）品牌质量决策　就是决定品牌的质量水平和其他特点以确定品牌在市场上的地位。品牌质量决策包括：

1）决定品牌的最初质量水平。低质量、一般质量、中上质量和高质量，企业决定品牌质量水平要和选择目标市场、考虑产品定位结合进行。

2）如何随着时间的推移管理品牌质量。可供选择的策略有：增加研究与开发投资，提高品牌质量；保持品牌质量；逐渐降低品牌质量。

（4）家族品牌决策　企业如果决定了其大部分或全部产品都使用自己的品牌名称，那么还要决定其产品是分别使用不同的品牌名称，还是使用同一个或几个品牌名称。这就是说，在这个问题上也有若干不同的可供选择的决策。这种家族品牌决策，至少有以下 4 种：

1）个别品牌名称。即企业决定其各种不同的产品分别使用不同的品牌名称。企业采取个别品牌名称决策的主要好处是企业的整个声誉不致受其某种服务的声誉影响。例如，如果某物流企业的某种服务失败了，不致给这家企业脸上抹黑（因为这种服务用自己的品牌名称）；某企业原来一向经营某种高档产品，后来推出较低档的产品，如果这种新产品使用自己的品牌名称，这样也不会影响这家企业的名牌产品的声誉。

2）统一品牌名称。即企业决定其所有产品都统一使用一个品牌名称。其主要好处是企业宣传介绍新产品的费用开支较低，如果企业的名声好，其产品必然畅销。

3）各大类产品单独使用不同品牌名称。采用这种策略主要是因为：①企业经营许多不同类型的产品或服务，如果都统一使用一个品牌名称，这些不同类型的产品或服务就容易互相混淆。②有些企业虽然经营同一类型产品，但是，为了区别不同质量水平的产品，往往也分别使用不同的品牌名称。

4）企业名称与个别品牌名称并用。即企业决定其各种不同的产品分别使用不同的品牌名称，而且各种产品名称前面还冠以企业名称。采取这种策略的好处是：在各种不同的新产品的品牌前冠以企业名称，可以使新产品合法化，能够享受企业的信誉；而各种不同的新产品分别使用不同的品牌名称，又可以使各种不同的新产品各有不同的特色。

（5）品牌拓展决策　品牌拓展决策是指企业利用已成功品牌名称的声誉来推出改良产品或推出新产品。企业采取这种策略，可以节省宣传新产品的费用，使新产品能迅速地、顺利地打入市场。

（6）多品牌决策　同一企业在同一产品上设立两个或多个相互竞争的品牌。

（7）品牌重新定位决策　某一个品牌在市场上的最初定位即使很好，但随着时间的推移也会出现重新定位的情况。这主要是以下情况发生了变化：

1）竞争者推出的品牌，侵占了本企业品牌的一部分市场，使本企业品牌的市场占有率下降，这要求企业进行品牌重新定位。

2）有些客户的偏好发生了变化，他们原来使用本企业的品牌，现在喜欢其他企业的品牌，因而市场对本企业品牌的需求减少，这种市场情况变化也要求企业进行品牌重新定位。

示 例

德国邮政的"STAR"计划

"STAR"计划是德国邮政全球网络的一个庞大计划，其中包括115个项目。作为"STAR"计划中最重要的一部分，德国邮政全球网络将对旗下的邮件、快递和包裹、物流以及金融几大业务板块重组。

按照计划，德国邮政全球网络将敦豪环球快递（DHL）、丹沙（Danzas）、德国邮政欧洲快递整合为统一的DHL品牌进行经营。统一后的DHL品牌将拥有四大服务支柱公司：DHL快递、DHL货运、DHL丹沙海空运以及DHL解决方案。丹沙所属的欧洲货运公司、解决方案公司将分别并入DHL货运和DHL解决方案公司，丹沙洲际运输公司则变身DHL丹沙海空运，欧洲快递并入了DHL快递。除了DHL丹沙海空运外，其他三个公司的总部将集中在DHL总部所在地布鲁赛尔。DHL、Danzas都是全球知名的国际性品牌，但为了建立全球范围的统一形象，德国邮政全球网络选择了在业内知名度更高的品牌DHL。现在DHL的新标识开始启用，新的品牌标识是传统的DHL标识置于黄色背景之上，表示德国邮政对新的DHL100%的控股。重组之后的敦豪公司将使用统一的商标（DHL），设置统一的管理机构，集国内和国际包裹、快递和物流服务于一身，为客户提供一站式服务。

品牌并不仅仅是制造商产品的专利，而为客户提供专业化、个性化服务的物流企业，同样可以创立自己的企业品牌、服务品牌。品牌是企业发展理念、企业文化、实力、社会信任度、服务品质和附加值的体现，品牌在市场资源整合和竞争中的影响越来越大。物流企业要赢得市场，赢得客户，就需要在创立企业品牌和服务品牌上做得更好。

4.2.4 物流产品生命周期策略

1. 产品生命周期概念

产品生命周期是指一种产品通过市场开发，从投入市场经营（销售）到最后被市场淘汰的全部过程。产品生命周期指的是产品的市场寿命，而不是使用寿命。

推出一种新产品后，企业会希望其产品能经历一个长期而营利的生命过程。尽管不能指望产品长盛不衰，但管理人员还是希望从它身上赚得足够的利润，以便弥补各种投入和风险损失。为了使利润最大化，产品经营策略需要反复调整。策略变化的动因往往是产品在生命周期上所遇到的市场和环境条件的变化。

产品生命周期一般有 4 个不同的阶段：

1）投入期（导入期）是产品进入市场之后营业额缓慢增长的时期。由于产品导入费用高昂，此时还没有利润。

2）成长期是产品迅速被市场所接受利润的时期。

3）成熟期是营业增长趋于和缓的时期，因为这时产品已经被大多数潜在购买者所接受。为了在竞争中保护自己的产品，营销费用增加，因此利润增长停滞，甚至开始下降。

4）衰退期是营业迅速减少、利润跌落的时期。

一个典型的产品生命周期如图 4-5 所示。

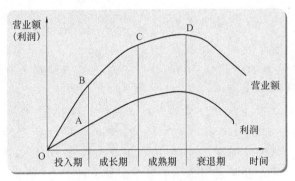

图 4-5　产品生命周期

在市场上，并非所有的产品都依据这种产品生命周期过程。有些产品一引入市场就很快消失。例如，流行的时装通常会有一条陡峭而短促的生命周期曲线。有的产品在成熟期可能延续很长一段时间。

产品生命周期的概念并不能告诉企业的管理者一个产品的生命周期及在每个阶段的停留时间有多长，它也不能指明产品战略，它只是帮助营销人员预测未来事件的一个工具，并建议他们采取适当的战略。例如，随着社会分工的深化和市场需求的日益复杂，企业生产经营活动对物流技术和物流管理的要求也越来越高，传统的物流企业所提供的局限于仓库存货代理、运输代理、托运代办、通关代理等局部业务，已越来越不适应客户需要，这一类产品所获得的利润越来越少，物流企业就必须对自己的业务进行重新整合，不断延长产品的生命周期。

2．产品生命周期阶段上的营销策略

（1）投入期　投入期始于新产品首次进入市场。产品投入需要时间，营业额的增长往往比较缓慢。有些产品在进入快速增长阶段之前，会在投入期徘徊数年。在投入期，由于营业额低，分销和促销费用高，因此利润很低，甚至亏本。为了让客户了解该产品并敦促其购买，促销费用也很高。

在投入期，竞争者很少，企业可以集中力量向那些愿意购买的客户推销。由于产出水平低、服务水平高以及很高的促销费用，产品价格往往较高。例如，宝供物流最初的客户就只有宝洁一家。在投入期，货主还不熟悉的情况下，物流企业可采取以下营销策略：

1）迅速建立完善的揽货网络和货物集散体系。

2）完善各种装备技术和信息技术，保证物流服务的正常运行。

3）建立完善的服务体系，树立良好的企业信誉。

4）加大宣传力度，向公众介绍产品特色。

（2）成长期　如果新产品满足市场的需要，它就会进入成长期，营业额会迅速攀升。因受利润机会的诱惑，竞争者也开始进入市场。竞争者的增加使营业网点数量多起来，整个市场的营业额骤然攀升。此时，价格水平可能保持不变或略有下降，公司促销费用水平维持不变或略有提高，以适应竞争的需要，并继续培育市场。由于促销费用可以分摊到大量产品上面，已经开发出更有效的运行机制，而且公司的管理费用也可以在很多单位之间分摊，所以利润会继续增长。

企业可以通过以下几种战略来尽可能长期地维持市场的快速增长：

1）提高产品质量并增加新的产品特色和式样。

2）进入新的细分市场，争取货主。

3）进入新的分销渠道，进一步完善货物集疏运系统，稳定货源。

4）将某种广告的诉求目标从建立对产品的认知转向建立对产品的信任上，并推动购买。

5）在适当的时候降低价格，以吸引更多的购买者。

在成长期，企业需要在高市场份额和高额的短期利润之间做出权衡。通过在产品改良、促销和分销方面的巨额投入，企业可以谋取一种控制地位，但这要牺牲当前利润最大化的目标，只能寄希望于在下一个阶段得到补偿。

（3）成熟期　产品的营业增长在某一点上开始转向缓慢时，该产品便进入了成熟期。这一阶段所持续的时间通常会比前两个阶段长，而且这个阶段也往往会对营销管理人员提出巨大的挑战。大多数产品都处在生命周期的成熟阶段，这样，大多数营销管理人员所面对的都是成熟期产品的问题。

营业增长趋于缓慢，这时产品供给超过需求，生产过剩使得竞争更趋激烈。竞争者开始降价，并展开更大规模的广告和促销攻势。要想增加营业额，唯一的办法显然是从竞争者那里拉拢客户。价格战和巨额广告投入通常就成了基本的手段，而二者都会使利润减少。在这种情况下，弱小的竞争者逐渐被淘汰出局，产业内最终只剩下那些有实力的竞争者盘踞着主要细分市场，一些小的竞争者则固守着某些超细分市场。

好的进攻是最佳的防御。产品的管理人员不能只是采取抵御的策略，而要考虑不断地对目标市场、产品和营销组合予以调整。

1）调整市场。在这方面，一个有进攻意识的产品管理人员要想方设法增加人们对产品的使用。管理人员寻找新的使用者，寻找新的细分市场，寻找能增加当前客户使用量的途径。产品管理人员也可以将品牌重新定位，以便吸引更大的和增长更快的细分市场。

2）调整产品。产品管理人员也可以通过改变产品的特性、产品的质量、产品的特色或产品的风格，来吸引新的使用者和刺激人们购买更多的产品。质量改进战略旨在提高产品的性能——耐用性、可靠性、及时性、经济性、准确性、完整性。当物流产品质量得以改善时，当购买者相信改善的质量所能给予他更多的东西时，当有足够的购买者要求有更好的质量时，这一战略就会很有效果。

3）调整营销组合。产品管理人员还可以改变一个或多个营销组合元素来努力增加营业额，可以通过降低价格来吸引新的使用者，拉拢竞争对手的客户。可以发动更好的广告运动，可以采取更积极主动的人员推销和其他促销手段，如暂时降价、召开物流技术研讨会等。企业还可以向购买者提供新的或更好的服务。

（4）衰退期　大多数产品和品牌的营业额最终都会下降。有些产品的衰退会迟缓一些，有些产品的衰退可能会迅速一些。营业额下降有很多原因，包括技术进步和竞争激化。随着营业额和利润的下降，有些企业便从市场上撤出。留在市场当中的那些企业也将减少产品的供给量。它们会舍弃一些较小的细分市场，缩减促销预算并进一步降低价格。

维持一种疲软产品对企业而言代价很大，而且这并非仅限于利润方面，还有很多隐藏的成本。疲软产品所需要的管理时间太多，常常要变更价格。而且，它还要分散许多广告和推销资源，而这些资源本可以用来使有竞争力的产品更具有获利能力。疲软产品败落的名声也会动摇客户对企业以及企业其他产品的信心。但是，最大的代价可能还在后面。因为维持一种疲软产品会推迟对替代品的研究，造成产品组合的不均衡，对当前的利润构成损害，并削弱企业未来的立足之本。

由于这些原因，各家企业必须对其老化产品给予格外的关注，定期检查每一种产品的经营情况、市场份额、成本和盈利趋势。对于每一种衰退产品，管理人员都要做出是否维持、收获或舍弃该产品的决策。收获策略如果成功，将使企业的利润在短期内有所增加。或者，管理人员也可以选择放弃衰退产品的策略。企业可以将该产品出售给别的企业，或按照残余价值予以简单清算。如果企业已经计划要找到一个买者，那么它就不会用收获的方式先来削弱该产品。

衰退期的营销策略主要有：

1）调整运输线路的结构和密度，减少衰退的航次、车次、航班。

2）停止已经衰退而且亏损严重的运输线路的营运。

3）维持最低数量的运力，满足市场上尚存的少部分物流服务的需要。

4）积极推出新的物流服务项目。

4.2.5 物流产品的开发策略

面对不断变化的市场、技术和竞争，物流企业必须善于开发和管理新产品。每一种产品似乎都要经历一个生命周期——从诞生起，经历几个阶段，最终随着新的更好地服务于客户的产品的出现而消亡。

产品生命周期提出了两种主要的挑战：①由于所有的产品最终都要衰退，所以企业必须开发新产品以替代老产品（此即新产品开发的问题）；②企业必须清楚其产品已老化到何种程度，并随着产品所经历的生命周期采取不同的营销策略。这里主要考察的是寻找和开发新产品的问题。

所有的物流企业都必须始终保持对发展趋势变化的敏感，并随时尝试新产品的开发。每一家企业都需要有一个产品开发计划。一个企业可以通过两种方式得到新产品：①通过收购——购买整家公司、购买专利或获得使用他人产品的许可证。②通过自己设立研发部门来开发新产品。

新产品可以分为五种：全新产品、新产品线、现有产品线的添加、现有产品的改进或修正、重新定位产品。

全新产品是指应用新原理、新技术、新材料，具有新结构、新功能的产品。该新产品在全世界首先开发，能开创全新的市场，如中远海运集团的"中日绿色快航""五定班列"可以被认为是各自公司的新产品线。公司在原上海至中东的集装箱航线上增加原油运输航线可以认为是现有产品线的添加，在原上海至中东的集装箱航线上增加挂靠广州南沙港可以认为是现有产品的改进或修正。重新定位产品是指产品曾有过定位，但由于市场竞争变化、客户需求变化，而需要改变过去的定位，采用新的定位。

新产品的开发步骤如图 4-6 所示。

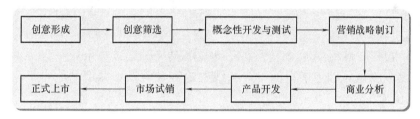

图 4-6 新产品开发的主要步骤

1. 创意形成

新产品开发始于创意形成，即系统地捕捉新的创意。寻找创意的过程应当系统化，而不应该过于随便。否则，企业就要在寻找创意的过程中冒风险，因为有些想法可能与公司的业务类型不协调。

新产品开发战略要明确所强调的产品和市场，还要明确企业要从新产品中得到什么，明确其现金流量、市场份额的大小以及其他一些目标。最后，战略当中还要明确，开发新产品、改良现有产品和仿制竞争者产品需要投入多少资源。

为了得到源源不断的新产品创意，企业必须选择几个好的创意来源。下面讨论几个主要的新产品创意来源：

（1）内部来源　相当多的新产品创意来自公司内部。企业可以通过正式的研究与开发过程来发现新的创意。企业的营销人员是另一个很好的创意来源，因为他们每天都与客户接触。

（2）客户　新产品创意也可来自对客户的观察和询问。通过客户调查，可以了解客户的需要和欲望。企业通过分析客户的问题和投诉，可以发现能更好地解决客户问题的新产品。企业的管理人员和营销人员可以通过与客户会面来听取他们的建议。客户自己经常会有新产品的创意。找到这些产品创意的话，企业就可以把它们推向市场，并从中获利。例如，宝供物流因其客户宝洁公司的要求而开发新产品，从而跨入了现代物流行列。

（3）竞争者　新产品创意还可来自对竞争对手的分析。许多企业都购买竞争对手的产品，借以了解其制造过程、销售状况，决定自己是否要开发自己的新产品。企业也可以通过观察竞争对手的广告和其他传播出来的信息来获得有关新产品的线索。

（4）分销商　分销商也是新产品的创意来源。分销商与市场联系紧密，能接触有关客户的问题和开发新产品的可能性等诸方面的最新信息。

（5）其他来源　其他创意来源包括行业杂志、展览和研讨会、政府机构、新产品咨询机构、广告代理机构、营销调研机构、大学和商业性实验室以及发明人等。

2．创意筛选

创意形成阶段的目的在于促进各种创新想法的大量涌现。以下几个阶段的目的却是要尽量减少各种想法的数量，其中第一个阶段就是创意筛选。筛选的目的是尽可能快地抓住好的创意，除掉与企业新产品战略不协调或由于某种原因明显不合适的创意。大多数企业都要求管理人员按照标准的格式书写各种新产品创意，以便新产品委员会加以审阅。管理人员要对产品、目标市场和竞争状况分别加以阐述，并对市场规模、产品价格、开发时间和成本以及回报率做一些粗略的估计。此外，他们还要回答以下问题：这个创意对企业合适吗？它与企业的既定目标和战略吻合吗？企业有无人力、技术、设备和资金来确保该创意的实现？

在新产品的开发过程中，一个经常出现的错误是引进了与企业不相协调的产品。在创意筛选阶段，应该仔细地审视一下产品线的兼容性问题，即产品能否使企业：

1）完成使命？

2）符合企业的目标？

3）保护和促进核心业务？

4）保护和取悦关键客户？

5）更好地利用现有资源？

6）支持和提高现有产品线？

3．概念性开发与测试

现在要把留下来的创意发展为具体的产品概念。产品概念是把这种想法具体化，并用客户所理解的术语加以表述。

（1）概念成型过程　客户购买的是产品而非产品创意。营销人员的任务就是将这种创意发展成为各种产品概念，判断每一种概念的吸引力，并从中选择最佳的一个。在概念成型过程中，营销人员可以使用下列指标对新产品创意进行筛选，见表4-2。

表 4-2 新产品筛选表

1. 被建议的新产品_____

2. 一般性描述_____

3. 将满足的企业目标_____

4. 将扮演的角色：新的主要品种、次要品种

5. 关键的优势或机会_____

6. 关键的劣势或威胁_____

7. 对营业额的预期影响：增加交易量、提高购买频率、提高购买价格、吸引新客户_____

8. 年营业目标_____年盈利目标_____

9. 将引起自相残杀的产品_____到何种程度_____

10. 目标客户_____

11. 对工作时间的影响_____

12. 目标价格_____

13. 关键点_____

14. 预计成本_____

15. 预期的必要生产条件_____

16. 当前必要的设备_____

17. 必要的新设备_____

18. 必要的劳动力_____

19. 需增加的雇员_____

20. 必要的特殊培训_____

21. 对当前生产的消极影响_____

22. 对员工的消极影响_____

23. 竞争对手的可能反应_____

24. 关键的效益_____

25. 主要的不利之处_____

26. 开发所需要的条件：_____

*设施_____

*预算_____

*人员_____

*特殊专家_____

*时间_____

（2）概念测试　概念测试用于对若干个目标客户群进行测试。通常，新产品概念可以通过口头或图画描述的形式加以体现。例如，可以把不同的服务配置呈现给目标客户，并让他们对这些配置加以排列，从最喜欢到最不喜欢。然后，对排列结果进行统计分析，从而决定物流产品的最佳配置方案。不过，在大多数情况下，人们往往采用更简单的客户态度调查的办法。假如，10%的客户说他们"肯定"买，另外5%的客户说"可能"买，那么，企业会按照这些数据结合目标客户群体的总体规模来估计营业总量。但由于人们并非总是履行其所表达的意图，这项估计有某种不确定性。

4. 营销战略制订

营销战略制订，就是为把产品引进市场而设计一个初步的营销战略。营销战略报告书中包含三个部分：第一部分描述目标市场，既定产品的市场定位，以及几年内要达到

的营业额、市场份额和利润额目标。营销战略报告书的第二部分概述产品第一年的计划价格、分销渠道和营销预算。可以通过利用统计软件建立起十分复杂的模型，这些模型能提高定价信息，并依据这些价格测算出预期市场份额。营销战略报告书的第三部分描述长期的预期营业额、盈利目标和相应的营销组合战略。

5．商业分析

这一阶段要对成本、需求、销售和利润率的初始数据进行统计，这也是第一次对成本和收入进行比较和估计。

在商业分析阶段通常需要回答以下问题：

1）对新产品有哪些可能的需求？

2）新产品对总销售额、总利润、市场份额和投资回报将会有什么影响？

3）推出新产品对现有产品将有什么影响？新产品会蚕食现存产品吗？

4）客户是否会从新产品中获益？

5）新产品是否能提高企业产品组合的总体形象？

6）新产品是否会对企业的雇员产生某些方面的影响？企业是会因此增加雇员人数还是会缩减劳动队伍的规模？

7）是否需要新的设施？如果需要的话，需要哪些？

8）竞争对手的反应将会如何？

9）失败的风险是什么？企业愿意承担这样的风险吗？

要回答以上及其相关问题，需要研究市场、竞争、成本和技术能力。在这个阶段的最后，管理层对新产品的市场潜力应该了解得十分清楚。

6．产品开发

经历了以上各阶段，如果认为可行，就可转交研究开发部门，将抽象的产品转化为实际的产品，确定产品设想能否转化为技术上和商业上可行的产品。

7．市场试销

如果产品通过了性能和客户测试，下一步就要进行市场测试了。市场测试是有限度地推广产品和进行营销，以确定在一种市场环境下潜在客户的反应。在市场测试阶段，产品与营销方案被置于更加真实的市场环境中加以测试。

市场测试能使营销人员在进行大笔投资全面推广之前，获得产品营销的实际经验，发现潜在的问题，了解对信息的需要。市场测试要在真实的市场环境中对产品和整个营销计划进行评估。产品、产品的定位策略、广告、分销、定价、品牌的确定、包装以及预算水平等，都要在市场测试过程中加以评估。

市场测试的规模因产品而异。市场测试的成本可能很大，耗费时日，而且在这段时间当中，竞争者还可能获得某种优势。如果产品开发和引入的成本比较低，或者，如果管理层对新阶段的成功已经胸有成竹，那么，企业就不要或少做一点市场测试。如果是对现有产品做一点小的变动，或者是仿制成功的竞争产品，这时就不需要测试。如果存在下面任何一种情况，企业可能就要做大量的市场测试：引入的新产品需要巨额投资，或管理人员对产品或营销计划心里没底。有些产品和营销计划，在最终引入服务之前，要在几年的时间当中经历测试、收回、变更和再测试的过程。因此，市场测试的成本可能是很高的，但与因为错误而造成的损失相比，这通常算不了什么。

8．正式上市

到底是否将该产品投入生产或营运？市场测试为管理人员提供了在这方面做出最后决策所需的信息。在推出一种新产品的时候，企业必须做出四项决策：何时、何地、向谁、以何种方式推出。

1）何时推出。引入新产品的时机是否合适。

2）何地推出。企业必须决定新产品的引入是局限在单一的地点，还是在一个地区、几个地区、全国市场。一般情况下，小企业通常会选择一个有吸引力的城市，采用闪击战术，迅速进入市场。而一些大企业却可能决定将产品先引入某个地区，然后再扩展到另一个地区。

3）向谁推出。在逐渐扩展的市场当中，企业必须将其分销和促销活动对准最有发展前景的群体。

4）以何种方式推出。企业必须制订把新产品引入所选定市场的行动计划，并将营销预算投入到营销组合中。

示 例

航运公司新产品开发决策程序扫描

通常，航运公司在确定新产品目标（如货运新航线、新服务项目、新产品经济效益等）后，应进行航运新产品的市场调研，包括货运需求、挂靠港口的装卸能力、港口腹地及交通状况、航道水深、港口泊位及水深、锚地、引航能力、港区自然条件等情报信息以及竞争对手现状、营销方式与特点。接下来就是提出构想、设计方案，营销部门要会同生产、技术部门提出航线的构想，确定航线起讫点、航行路线、挂靠港口以及提出新的服务项目设想。随后要进行可行性分析，包括技术可行性、经济合理性和市场可销性。如果可行，就要开始进行市场试销，若是新航线，就采取适航船舶进行试航；若是推出新的服务项目，在某航线某船舶上试行。试销的结果会收集到各种信息，并对信息加以整理分析，为正式上市做准备。正式上市需要明确：何时推出航运新产品、何地推出航运新产品、向谁推出航运新产品、怎样推出航运新产品。最后，还要注意各种信息的跟踪反馈。

4.3　物流企业产品定价

企业在制订价格时，通常按以下几个步骤进行：选择定价目标，确定需求，估计成本，分析竞争状况，选择定价方法，选定最终价格。而定价目标、需求、成本、竞争状况实际上就是影响企业定价的因素。

4.3.1　影响物流企业定价的因素

1．定价目标

定价目标是指物流企业通过制订一定水平的价格，所要达到的预期目的。定价目标一般可分为利润目标、销售额目标、市场占有率目标和稳定价格目标。

（1）利润目标 利润目标是物流企业定价目标的重要组成部分，获取利润是物流企业生存和发展的必要条件，是物流企业经营的直接动力和最终目的。由于每个物流企业的经营哲学及营销总目标的不同，这一目标在实践中有两种形式：

1）以追求最大利润为目标。

2）以获取适度利润为目标。

（2）销售额目标 这种定价目标是在保证一定利润水平的前提下，谋求销售额或者营业额（统称销售额）的最大化。某种物流服务产品在一定时期、一定市场状况下的销售额由该物流服务产品的销售量和价格共同决定，因此销售额的最大化既不等于销量最大，也不等于价格最高。

（3）市场占有率目标 市场占有率，又称市场份额，是指物流企业的销售额占整个物流行业销售额的百分比，或者是指物流企业的某种服务产品在某市场上的销量占同类物流服务产品在该市场销售总量的比重。经验数据表明：当市场占有率在 10% 以下时，投资收益率大约为 8%；市场占有率为 10%～20% 时，投资收益率在 14% 以上；市场占有率为 20%～30% 时，投资收益率约为 22%；市场占有率为 30%～40% 时，投资收益率约为 24%；市场占有率在 40% 以上时，投资收益率约为 29%。因此，以销售额为定价目标具有获取长期较好利润的可能性。

（4）稳定价格目标 稳定的价格通常是大多数物流企业获得一定目标收益的必要条件，市场价格越稳定，经营风险也就越小。稳定价格目标的实质是通过本物流企业产品的定价来左右整个物流市场价格，避免不必要的价格波动。按这种目标定价，可以使市场价格在一个较长的时期内相对稳定，减少物流企业之间因价格竞争而发生的损失。

2. 成本

成本是物流产品价值的基础部分，它决定着产品价格的最低界限。如果价格低于成本，企业便无利可图。物流产品的成本可以分两种，即固定成本和变动成本。固定成本包括物流企业软、硬件设施的建设费用和物流服务市场上公认的一些固定费用。可变成本包括与具体物流服务过程相关的劳动力成本、能耗费用、维护保养物流设施工具的费用等。

在产出水平一定的情况下，物流产品的总成本等于固定成本和变动成本之和。物流企业在制定定价战略时，必须考虑不同成本的变动趋势。经验曲线有助于市场营销人员认识物流行业的成本变动。在这里，经验意味着某些特定的技术改进，正是由于改进了操作方法，使用了先进的工艺设备，以及科学的经营管理方法，才形成规模经济，进而使企业成本逐步下降。

3. 需求

市场需求影响客户对产品价值的认识，决定着产品价格的上限；市场竞争状况调节着价格在上限和下限之间不断波动的幅度，并最终确定产品的市场价格。物流企业在制订价格策略，考虑需求因素的影响时，通常使用价格需求弹性法来分析。

价格弹性对企业的收益有着重要影响。是什么决定着需求的弹性呢？当产品很奇特，或在品质、声望或排他性上都不同寻常时，购买者就不会很在意价格。在现实生活中，不同物流产品的需求是不尽相同的，如果对物流的需求是有弹性的，那么其定价水平就特别重要。物流企业可以考虑降价策略，只要增加的生产和销售成本不超过增加的收益，这一做法就是可行的。

4．竞争状况

市场竞争状况直接影响着企业定价策略的制订。在产品差异性较小、市场竞争激烈的情况下，企业制订价格的自主空间也相应缩小。市场竞争所包含的内容很广。例如，在交通运输行业，企业之间的竞争不仅有不同品种之间的竞争，而且在不同运输工具之间、对客户的时间和金钱的利用方式之间都存在着竞争。总而言之，凡是物流产品之间区别很小而且竞争较激烈的市场，都可制订相当一致的价格。此外，在某些市场背景之下，传统和惯例可能影响到定价（如广告代理的佣金制度）。

物流企业应积极了解竞争者的价格和产品，并将这些信息作为制订自己产品价格的基点。在市场上除了从竞争对手那里获得价格信息外，还要了解它们的成本状况，这将有助于企业分析评价竞争对手在价格方面的竞争能力。无疑，向竞争对手全面学习，对于任何企业都十分重要。

值得强调的是，在研究物流产品成本、市场供求和竞争状况时，必须同物流产品的基本特征联系起来。

5．其他因素

当企业营销环境急剧变化时，物流企业制订定价策略还应考虑许多相关因素的影响，如国际国内的经济状况、通货膨胀、利率、汇率、政策法令等。对于物流企业而言，行业特征也是影响物流产品定价的重要因素。

4.3.2　物流产品定价方法

与其他企业类似，物流企业也要赚取利润以维持员工工资、培训、教育与管理等项费用的开销，保持企业的发展。物流企业在努力获取利润的同时，还要面临社会公众要求降低物流费用的压力。这就使得决定者在政府法规和公众舆论下，常常不得不放弃最佳定价，物流定价的复杂程度由此可略见一斑。

1．成本导向定价法

所谓成本导向定价法，是指企业依据提供物流服务的成本决定物流的价格。成本导向定价法的主要优点：①它比需求导向定价法更简单明了。②在考虑生产者获得合理利润的前提下，即价格显得更公道些——物流企业会维持一个适当的盈利水平，当需求旺盛时，客户购买费用可以合理地降低。成本导向定价法有以下几种具体方法：

（1）成本加成定价法　成本加成定价法是按照单位成本加上一定百分比的加成来制订产品销售价格的方法。成本加成的具体做法为：

1）按单位总成本定价。即以平均总成本加预期利润。若产品的平均总成本为100元，加成20%，售价则为120元。加成率对加成定价法极为关键，必须依据产品的性质、营销费用、竞争程度以及市场需求等情况，通过认真考虑然后确定。企业定价考虑成本因素时，往往要借助盈亏平衡点进行分析。所谓盈亏平衡点即在一定价格水平下，企业出售产品的收入刚好可以平衡企业总成本的支出，使企业处于不亏不赚的销售量，这个销量水平叫盈亏平衡点。

2）按边际成本定价。边际成本是指每增加或减少单位物流产品所引起的总成本的变化量。按照这种方法定价，价格就等于边际成本。只要边际成本小于市场价格，企业即可获得一定的边际贡献来弥补企业的固定成本，这样总比不做生意好。因为不管你做不做生意，固定成本一样要支付，如果不做损失更大。边际成本是定价的极限，边际成本定价的基本要求是：不求赢利，只求少亏。

📌 **相关知识**

边际成本的计算

假定某运输企业某月份完成的运输周转量为 5000 万吨·公里，运输总成本为 1000 万元，则单位运输成本为 0.20 元/吨·公里。当运输周转量增至 5200 万吨·公里时，总成本增加了 30 万元，达到 1030 万元，这时的边际成本为 0.15 元/吨·公里（即 30÷200=0.15）。

因此，如果按照边际成本定价，此时的每吨·公里的运输价格就为 0.15 万元。

（2）投资报酬率定价法　投资报酬率定价法，又称目标报酬率定价法，是一种以投资额为基础计算加成利润（投资报酬）后，再计算出产品价格的方法。投资报酬是投资额与投资报酬率的乘积。投资报酬率的多少，由企业或投资者裁定，具有一定的技巧，但一般不低于银行的存款利率。其单位产品定价的具体公式如下：

$$P = \frac{F_a + T_w}{Q} + V_p$$

式中，P 为单位产品价格；F_a 为固定成本；T_w 为投资报酬；V_p 为单位变动成本；Q 为产品销量。

（3）非标准产品合同定价法　非标准产品合同定价，是企业的非标准产品无市场价资料可供参考计算，只能以成本为基础协商定价，并签入合同的一种定价方法。合同定价有不同的内容。

1）固定价格合同。当买卖双方对产品的成本计算均有一定的知识和经验，经过双方协商一致同意的价格，作为明确的合同价格固定下来。这种定价能促使卖方努力降低成本。

2）成本加成合同。对买方迫切需要定购的产品，买方签订合同，同样卖方成本（指实际生产成本）在合理的和允许的范围内实报实销，并按此成本和规定的成本利润计算卖方应得的利润。此法，卖方显然会故意抬高成本，使委托方蒙受损失，一般较少采用。

3）成本加固定费用合同。成本实报实销，固定费用由合同写明具体金额，这种合同定价，不会促使卖方提高成本，减少委托方的风险，也能保证卖方取得一定的利润，但缺乏鼓励供应方降低成本的动力。

4）奖励合同。合同明确定出预算成本和固定费用额，并规定实际成本超过预算成本时可以实报实销。成本如有节约，则按合同规定的比例，由双方分成。这种定价，有利于鼓励卖方尽力降低成本。

2. 需求导向定价法

需求导向定价法就是很多企业根据市场需求强度来确定物流产品的价格，不是仅仅考虑成本，而是注意到市场需求的强度和客户的价值观，根据目标市场客户所能接受的价格水平定价。这种定价，综合考虑了成本、产品的市场生命周期、市场购买能力、客户心理、销售区域等因素。

（1）习惯定价法 又称便利定价法，是企业考虑并依照长期被客户接受和承认已成为习惯的价格来定价的一种方法。

在物价稳定的市场上有许多产品，由于人们长期购买所养成的习惯，逐渐形成一种习惯的价格或便利的价格。对这类产品，任何生产者要想打开销路，必须依照习惯价格或便利价格定价，即使生产成本降低，也不能轻易降价，降价容易引起客户对产品质量的怀疑；反之，生产成本增加，也不能轻易涨价，只能靠薄利多销以弥补低价的损失，否则将影响产品的销路。

当市场上存在着强有力的习惯价格时，如果产品未具备特殊优越条件，只能依照一般价格定价，甚至在原材料、燃料等因素涨价，原售价已无利润可言，确实需要调整价格时，也只能通过技术革新、提高劳动生产率等方法降低成本来解决，或推出改型、换代等新产品，以求获得一定的利润。

（2）理解价值定价法 理解价值定价是根据客户对产品价值的理解，即产品在客户心目中的价值观念所决定的定价法。这种定价不是以卖方的成本为基础，而是以买方对产品的需求和价值的认识为出发点。

一个企业在某个目标市场发展一种新产品，从质量、服务、价格以及广告宣传等方面，事先为产品在市场上树立一个形象，然后再去估计以这个价格出售时的市场销售量，并据此估算生产量、投资额和单位成本。

理解价值定价法的关键之一，是要求企业对客户理解的相对价值有正确的估计和决断。如果企业对客户理解的价值估计过高，定价必然过高，影响销售量。反之，定价太低，则不能实现营销目的。

（3）区分需求定价法 区分需求定价是指某种产品并不按照边际成本的差异制订不同的价格，而是根据不同的客户、产品的形式，不同的时间、地点制订不同的价格。

同一产品成本相同，但对于不同客户，亦可照价目表出售，或通过讨价还价给予一定的折扣。不同季节、日期、时间可以规定不同的价格。实行这种区分不同需求的定价，要注意一些问题，如市场要能够细分并能掌握其需求的不同；要确实了解高价细分市场的竞争者不可能以较低价格竞销；差别价格不致引起客户反感等。

（4）比较定价法 比较定价法是根据产品需求弹性的研究与市场调查来决定价格的方法。一般认为，价格高，获利则多；反之，获利就少。其实，根据市场需求情况，定价虽低，销量增加，反而可能获得较高的利润。

究竟是采取低价薄利多销，还是采取高价高利少销，可以通过对价格需求弹性的研究与市场的调查来决定。对富于需求弹性的产品，可以采取降低价格的办法；对于缺乏需求弹性的产品，则应采取提高价格的办法。通过市场调查的方法，分别按高价、低价出售，然后计算其销量和利润，比较其利润大小，从而判断哪种价格对企业有利。这种方法有较高的实用性，深受现代企业的青睐与欢迎。

3．竞争导向定价法

竞争导向定价法是根据同一市场或类似市场上竞争对手的物流产品价格来制订本企

业物流产品的价格。这种方法只需要了解竞争对手的物流项目和相应的价格即可，因而简便易行。其不足之处是当特殊市场没有参考价格时，很难对这种市场上的专门物流或特殊物流制订价格。竞争导向定价法主要有：

（1）随行就市定价法　随行就市定价法是根据本行业平均定价水平作为本企业定价标准的一种定价方法。这种方法适合企业难于对客户和竞争者的反应做出准确的估计，自己又难以另行定价时运用。随行就市是依照本行业现有的平均定价水平定价，这样就易于集中本行业的智慧，获得合理的收益。例如，中远集团远洋集装箱运输采用的就是随行就市定价法，这种定价使企业在激烈的航运市场竞争中能有效配合营销组合策略。

（2）低于竞争者产品价格定价法　所谓低于竞争者产品价格定价法，是指那些成本低于同行平均成本的企业准备推销产品，渗入其他企业已经建立牢固基础的市场，或扩大市场占有率时所用的一种方法。当企业以低于竞争者产品的价格出售其产品时，往往是服务项目较少。

（3）高于竞争者产品价格定价法　所谓高于竞争者产品价格定价法，是指能制造特种产品和高质量产品的企业，凭借其产品本身独具的特点和很高的声誉，以及能为客户提供较之别的企业有更高水平服务的保证等而与同行竞争的一种定价方法。这些按较高价格出售的产品，一般是受专利保护的产品，或是企业具有良好形象的产品。

（4）投标定价法　投标定价法是指事先不对产品规定价格，而是运用各种方式，大力宣扬产品的价值和特点，然后规定时间，采取公开招标的方式，由客户投标出价竞购，以客户愿意支付的最高价格拍板成交的定价方法。投标定价不是以本企业的成本和主观愿望为依据，而是根据买者竞争出价情况决定的。参加投标的企业，要计算期望利润，然后根据最高的期望利润递价。期望利润可以根据估计的中标率和利润计算。大型企业，经常参加投标，一般采用期望利润作为递价标准比较合适。

（5）变动成本定价法　变动成本与边际成本很相似，只是变动成本不计算边际贡献。变动成本定价是指企业以变动成本为依据，考虑市场环境，应对竞争的一种定价方法。当市场竞争少时，企业根据产品价格需求弹性的情况，定价一般略高；当市场竞争激烈，企业为了提高产品的竞争能力时，定价较低。在维持和提高市场占有率的时候，产品的定价只要能收回变动成本或稍高于变动成本即可。

在产品已进入成熟期，生产能力大，技术熟练，产品急需扩大市场占有率；产品生命周期长，固定成本的补偿期也长；产品线较多，固定成本已在其他产品中得到补偿。在上述情况下，为了应付市场的激烈竞争，提高竞争能力，企业经常采用变动成本定价法。

（6）倾销定价法　倾销定价法是企业在控制了国内市场的情况下，以低于国内市场的价格向国外抛售，借低价打击竞争对手而占领市场的方法。以低价基本控制国外目标市场后，继续实行薄利多销策略，以获取总体利润为目标，不断开拓国际市场。

（7）垄断定价法　少数垄断企业，控制了某项产品的生产与流通时，结成垄断同盟或达成垄断协议，使产品定价大大超过其价值，同时对非垄断企业的原材料或零配件，定价则低于这些产品的价值。

相关知识

班 轮 运 价

班轮运价是按照班轮运价表的规定计算，为垄断性价格。不同的班轮公司或不同的轮船公司有不同的运价表，但它都是按照各种商品的不同积载系数、不同的性质和不同的价值结合不同的航线加以确定的。班轮运费是由基本费率和附加费（如果有规定的话）两个部分构成的。所以，一些港口只查到基本费率，还不一定是实际计算运费的完整单价。

基本费率是指对每一记费单位（如一运费吨）货物收取的基本运费，即航线内基本港之间对每种货物规定的必须收取的费率，也是其他一些百分比收取附加费的计算基础。基本费率有等级费率、货种费率、从价费率、特殊费率和均一费率之分。

附加费是指为了保持在一定时期内基本费率的稳定，又能正确反映各港的各种货物的航运成本。主要有：①燃油附加费。在燃油价格突然上涨时加收。②货币贬值附加费。在货币贬值时，船方按基本运价的一定百分比加收的附加费。③港口拥挤附加费。有些港口由于船舶停泊时间增加而加收的附加费。④直航附加费。当运往非基本港的货物达到一定的货量，船公司可安排直航该港而不转船时所加收的附加费。⑤超重附加费、超长附加费和超大附加费。当一件货物的毛重或长度或体积超过或达到运价本规定的数值时加收的附加费。⑥港口附加费。有些港口由于设备条件差或装卸效率低，以及其他原因，船公司加收的附加费。⑦转船附加费。凡运往非基本港的货物，需转船运往目的港，船方收取的附加费，其中包括转船费和二程运费。⑧选港附加费。货方托运时尚不能确定具体卸港，要求在预先提出的两个或两个以上港口中选择一港卸货，船方加收的附加费。⑨变更卸货港附加费。货主要求改变货物原来规定的港，在有关部门（如海关）准许，船方又同意的情况下所加收的附加费。⑩绕航附加费。由于正常航道受阻不能通行，船舶必须绕道才能将货物运至目的港时，船方所加收的附加费。

4.3.3　物流产品的定价技巧

营销定价策略的全部奥妙，就是在一定的营销组合条件下，如何把产品价格定得既能为客户易于接受，又能为企业带来比较多的收益。企业在定价策略的制订中往往会有多种多样和灵活善变的手段和技巧。

1. 新产品定价

新产品定价是营销策略中一个十分重要的问题。最初上市产品索价多少，将决定它是否能在市场上站住脚，也将影响到可能出现的竞争者。

（1）撇脂定价策略（又称高价策略）　所谓撇脂定价策略，是将新产品价格定得较高，使尽可能在产品市场生命周期的初期，赚取最大的利润。撇脂定价的名称来自从鲜奶中撇取奶酪，含有提取精华之意。采用此策略主要是为了尽快收回成本，并料定竞争终究要使价格趋于下降之前，只要高价未引起客户的反感与抵制，即可维持一段时间，获得可观的盈利；如果影响预期销量，或招来竞争者，即可削价竞销，其着眼点是降价容易涨价难。

撤脂定价策略的优点是：

1）最初上市的产品，往往需求弹性小，竞争者尚未进入市场。在一定期间内，在预期价格范围内，利用求新心理动机，以偏高价格刺激客户，提高产品身价，配合品质较高的特性，有助于开拓市场。

2）采取此策略时，价格本身留有余地，可依据客户的购买力水平，实行市场细分。对购买力高的地区定价可稍高，对价格敏感的地区可略为降低售价。

3）倘若定价不当，不能引起市场反应，可主动降低价格。但如果定价偏低，想提高价格时，则难以获得客户的谅解。

4）高价比低价获利更多，所得资金可作为扩充市场之用。

5）初期市场境况良好，定价高一点，能使市场不致发展过于迅速，生产能力可应付需求。

撤脂定价策略的缺点是：价格远高于价值，必然损害客户利益；当新产品在客户心目中的声誉尚未建立之时，不利于开拓市场；如果高价投放且销路旺盛时，则极易诱发竞争，潜在的竞争者极力进入市场，会迫使价格惨跌，使好景不长，甚至失败。

（2）渗透定价策略（又称低价策略）　与撤脂定价相反，渗透定价系将产品定价低于预期价格，以有利于为市场接受，迅速打开销路。同时，低价低利能有效地排斥竞争者加入，因而能较长期地占领市场。

渗透定价较之撤脂定价具有积极的竞争性，适用于以下情况：

1）需求弹性大的产品，价格与市场关系密切。

2）销路扩大，生产与销售成本可因大量生产、大量销售而迅速降低。

3）潜在市场大的产品，竞争者很容易进入市场。实行低价薄利，使竞争者望而却步，再逐渐提高售价，亦不致丧失市场占有率。这时，渗透定价成败的关键，就在于初期是否已建立了品牌声誉。

4）客户购买力较为薄弱的市场，低价易为客户接受。

（3）温和定价策略（又称满意定价策略或君子定价策略）　实行高价和低价各有其利弊，都比较极端。有的企业，处于优势地位，本可定高价获得最大利润，但为了博得客户的良好印象，采取温和定价。既吸引购买，又赢得各方的尊敬，被称为介于"撤脂定价"和"渗透定价"之间的君子定价。采取这一策略的具体定价方法，一般是采用反向定价法，通过调查或征询分销渠道的意见，以拟定客户易于接受的价格。

以上三种新产品的定价策略，各有其利弊，如何选择，主要取决于以下几个方面：

1）企业服务能力的大小。服务能力大，能大量投放新产品，宜采用渗透定价策略薄利多销，兼收大量生产之利；反之，生产能力一时难以扩大，不如采取撤脂定价策略。

2）新技术是否已经公开及是否易于实施和采用。如果竞争者易于加入，宜采取渗透定价策略，以便有效地排斥竞争者，减少竞争力量；如新技术尚未公开，新产品成为"独生子产品"，不妨采用撤脂定价策略。

3）需求弹性的大小。需求弹性小，可采用撤脂定价策略；反之，宜用渗透定价策略。

4）让客户满意。此时可采用温和定价策略。

2．折扣定价法

折扣是对服务承揽支付的报酬，以此来促进物流服务的生产和消费（某些市场付给中间者的酬金）的产生；折扣也是一种促销手段，可以鼓励提早付款、大量购买或高峰期以外的消费。

（1）数量折扣　数量折扣是物流企业因货主需要服务的数量大而给予的一种折扣。数量折扣分为累计折扣和一次数量折扣，前者是规定在一定时期内，购买量达到一定数量即给予的折扣。

（2）现金折扣　现金折扣是物流企业对以现金付款或提前付款的客户给予一定比例的价格折扣优待，以促进确认成交，加快收款，防止坏账。这种折扣通常写成："2/10，全价 30。"其意思是若客户在 10 天内付清款项，可享受 2%的折扣，否则须在 30 天内按全价付清账款。

（3）季节折扣　季节折扣是物流企业在淡季给予客户一定的价格折扣，以刺激客户的需要。

（4）代理折扣　代理折扣是指物流企业给予一些中间商（如货运代理商、票运代理等）的价格折扣。

（5）回程和方向折扣　这是指物流企业在回程或运力供应富裕的运输线路与方向给予的价格折扣，以减少运能浪费。

3．以满意为基础的定价

以满意为基础的定价策略目标在于缓和、减轻客户的购买风险。物流企业可以通过以下几种方式来实施这种策略。

（1）服务保证　对一项服务进行直接保证对于客户来说可能是一个非常有力的保险。即使客户体验完物流服务后表示不满意，这个保证也将给予他们一定的补偿，通常是降低价格或者是全部偿还。当服务保证执行成功时，它会代表企业对客户满意的承诺以及对自己服务质量的自信。然而，一项服务保证是勇敢的一步，它要求企业对做出选择的原因进行彻底分析，并且还要充分考虑风险。通过服务保证来减少客户的有关服务方面的风险，同时也激励本企业员工充分理解和满足客户的需求。服务保证对于具备下列三个条件的企业是非常有意义的：①销售高风险服务。②希望充分利用本企业的高质量服务优势。③要以差异化的途径进入市场，与早已存在的竞争对手抗衡。

对于提供较差或一般水平服务的企业，在考虑使用保证之前，应大幅度改善其服务质量。

（2）利润驱动定价　利润驱动定价就是直接针对能给客户带来收益的方面进行定价。在运用驱动定价方式时，也应考虑客户所不重视的方面。

对于一个服务项目，客户重视的方面很可能由于客户群的不同而不同。如将此类信息系统收集起来，将能为成功实施利润驱动定价提供保障。一般来说，定价必须在价格和客户所重视的方面之间建立一个清晰的联系。例如，计算机信息服务以它们的复杂计价方案而受到人们的攻击。其收费是以客户使用时间为计价标准的，但客户真正重视的是他所浏览和搜查到的信息。在这种情况下，价值创造与定价并不协调。后来欧洲某信息服务公司实施新的定价方案，是以客户获取和观察的信息为计费标准。其结果是客户使用计算机信息服务的时间延长，客户对该公司的定价方案表示满意。

（3）不变价格定价　不变价格定价是通过事先在价格方面达成一致来进行的。物流行业由于其服务价格难以预测且成本难于管理，运用不变价格定价策略是有效的。

不变价格定价取得成功要具备三个条件：①不变价格必须是具有竞争力的。如果客户认为过高，那么既不能吸引新客户，反而还会失去老客户。②企业必须发展和维持一个高度有效的成本结构来为不可预测成本超支提供一些缓冲。③关系营销的潜力必须很大。即使不可预测的成本使一个物流产品项目的利润大大降低，也可用给客户提供附加服务所产生附加的利润来弥补。

4．关系定价策略

关系营销包括建立、保持并加强同客户的关系（通常是指长期关系）。由于它的获利潜力对客户的吸引力相当大，越来越被认为是一种理想的营销策略。物流企业如果较长期地为现有的客户提供更多的物流服务，那么它肯定会从中获利。同样，客户如果同物流企业建立了合作关系，也会从中获利。

物流企业营销人员要制订一个有助于同客户形成持久合作关系的具有创造性的定价策略。这种定价策略能够刺激客户多购买本企业物流服务而抵制竞争者提供的物流服务。为此，营销人员首先要理解客户同企业发展长期关系的需要和动机，其次也要分析潜在竞争者的获利动机。一般来说，关系定价策略可以采用长期合同和多购优惠两种方式。

（1）长期合同　营销人员可以运用长期合同向客户提供价格和非价格刺激，以使双方进入长期关系之中，或者加强现有关系，或者发展新的关系，使物流企业与客户形成一种长期稳定的关系。来自于长期合同的稳定收入使物流企业可以集中更多资源来拉开同竞争对手的差距。

（2）多购优惠　这个策略的目的在于促进和维持客户关系。它包括同时提供两个或两个以上的相关物流服务。价格优惠确保几种相关物流服务一次购买比单独购买要便宜。物流服务提供者将从多购优惠策略中获取三个方面的利益：①多购能降低成本。大多数服务企业的成本结构是提供一种附加服务比单独提供第二种服务要少。②吸引客户从一个物流企业购买相关的多种服务，客户可以节省时间和金钱。③多购优惠能够有效增加一个物流企业同它的服务对象之间联系点的数目。这种联系越多，企业获取客户信息途径越广，了解客户需要与偏好的潜力也会越大。这类数据信息如能充分利用，将会有助于企业同客户发展长期的关系。

5．差别定价

为了适应货主、货物、运输线路等方面的差异，物流企业可以修改基本价格，实行差别定价。差别定价主要有货主差别定价、货物差别定价和运输线路差别定价。

6．产品组合定价

如某种产品只是产品组合中的一部分时，物流企业需要制订一系列的价格，从而使产品组合取得整体的最大利润。产品组合定价主要有产品线定价和单一价格定价。

7. 高价位维持定价法

这是当客户把价格视为质量的体现时使用的一种定价技巧。在某种情况下，某些企业往往有意地造成高质量高价位的姿态。凡是已经培养出一种特殊的细分市场，或已建立起特殊专属高知名度的物流企业，不妨使用此种以价格作为质量指标的定价方法。

8. 牺牲定价法

这种定价方法是指一次订货或第一个合同的要价很低，希望借此能获得更多的生意，而在后来的生意中再提高价格的一种定价方法。当客户不满意目前的服务供应者或者买主不精通所提供的物流服务时，可以考虑此法。

这种定价方式的最大不利之处是：起初的低价位可能成为上限价位。一旦此上限价位成立，客户便会拒绝再加价。

4.3.4 价格确定与调整

1. 最终定价确定

上述定价方法与技巧有助于选定物流产品的最终价格。除此以外，物流企业在选定最终价格时还必须考虑以下的一些因素：最终定价必须与企业定价政策相符合；最终定价必须与政府政策、法令以及国际惯例、规则相符合；最终定价要考虑客户心理感受；最终定价要考虑企业品牌质量和广告宣传；最终定价还要考虑企业内部有关人员、供应链上其他伙伴以及竞争对手的反应。

2. 价格变动与调整

在定价策略形成后，物流企业还将面临价格变动的问题，如主动降价或提价以及根据竞争者价格变动做出反应。

（1）降价与提价 当物流企业服务能力过剩或者市场占有率下降或者成本费用比竞争者低时，企业可主动降价。

当物流服务供不应求或者成本膨胀时，企业就得提价。

（2）价格变化带来的反应 任何价格变化将会受到购买者、竞争者、其他利益相关者甚至政府的注意。价格变化后，客户经常提出质疑。对于降价，客户会认为：这种产品将会被新产品代替；这种产品可能存在缺点，销售不畅；企业财务困难导致经营困难；价格还会跌；这种产品质量下降了等。竞争者会认为：降价的企业正试图悄悄地夺取市场或者经营状况不佳并企图增加销售量或者试图通过减价以刺激行业的总需求。对于提价，可能会被客户或竞争者认为：这种产品畅销；这种产品很有价值；卖主想尽量取得更多利润。

（3）对竞争者发动价格变动的反应 对竞争者发动价格变动的反应，不同的企业会不一样。市场的领导者常常面临较小企业发起的降价，对降价的反应，市场领导者会有以下几种选择：①维持原价。②维持原价和增加价值。③降价。④推出廉价产品线予以反击。图 4-7 提供了一个应对竞争者降价的价格反应方案。

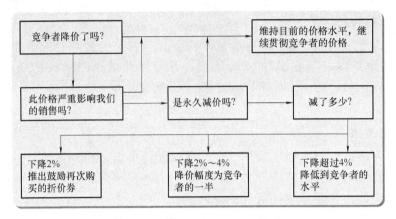

图 4-7   应对竞争者降价的价格反应方案

4.4   物流企业产品分销

4.4.1   分销渠道的意义

1．分销渠道

分销渠道是促使产品或服务顺利地被使用或消费的一整套相互依存的组织，是指某种商品或服务在从生产者向消费者转移的过程中，取得这种产品或服务的所有权或帮助所有权转移的所有企业和个人。分销渠道的始点是生产者（或制造商），终点是消费者（或用户），中间环节包括商人中间商（因为他们取得所有权）和代理中间商（因为他们帮助转移所有权）。前者又包括批发商和零售商，后者又包括代理商和经纪商。

分销渠道建立有助于：①减少市场中交易的次数。②专业化分销渠道的设置使分销成本最小化。③分销渠道为买卖双方收集市场资源提供了便利。

2．分销渠道的职能

1）调研。即收集制订计划和进行交换时所必需的信息。

2）促销。即进行关于所供应货物的说服性沟通。

3）接洽。即寻找可能的购买者并与其进行沟通。

4）匹配。即使所供应的货物符合购买者需要，包括制造、装配、包装等活动。

5）实体分配。即从事物品的运输、储存等。

6）谈判。即为了转移所供货物的所有权，而就其价格及有关条件达成最后协议。

7）财务。即为补偿渠道工作的成本费用而对资金的取得与使用。

8）风险承担。即承担与从事渠道工作有关的全部风险。

3．分销渠道的类型

（1）渠道的一般划分   分销渠道通常按渠道层次数目来进行分析。零层渠道指没有中间机构，通常叫作直接分销渠道。一层渠道含有一个中间机构。二层渠道含有两个中间机构。三层渠道含有三个中间机构。更高层次的分销渠道较少见。图 4-8 给出了不同层次的分销渠道的基本框图。

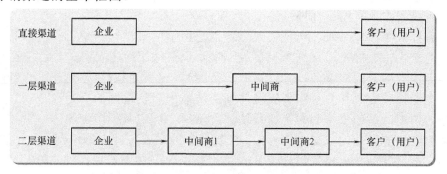

图 4-8　不同层次的分销渠道

1）直接分销渠道和间接分销渠道。直接分销渠道也叫零层分销渠道，是指企业自己直接向客户提供产品，没有任何中间商的介入。间接分销渠道是指企业通过一层或一层以上中间环节向客户提供产品。

2）长渠道和短渠道。长渠道和短渠道是相对而言的，一般说来，中间环节越少，渠道就越短，一层渠道通常称为短渠道。而中间环节越多，渠道就越长，环节越多的渠道通常被称为长渠道。

3）宽渠道和窄渠道。按分销渠道中每个层次的同类中间商数目的多少，可以将分销渠道分为宽渠道和窄渠道。

宽渠道是指企业同时选择两个以上的同类中间商向客户实现产品的分销服务。宽渠道意味着企业使用的同类中间商数量多，产品在市场上的分销面宽。

窄渠道就是企业使用的同类中间商数量少，表示产品在市场上的分销面窄。独家分销是最窄的分销渠道。

（2）物流企业的分销渠道　物流企业从事营销活动虽然比较少使用中间商，但还是会借助一些中间商力量来帮助完成营销活动。物流企业分销渠道的起点是物流企业，终点是对物流服务有需求的货主，中间商主要有车站、码头、机场等站场组织，船代、货代等有关代理机构，铁路、公路、水路、航空等联运公司。图 4-9 给出了物流企业分销渠道基本模式。

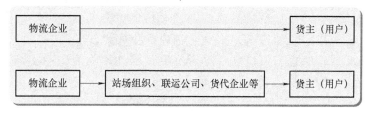

图 4-9　物流企业分销渠道基本模式

4. 分销渠道系统

20 世纪 80 年代以来，随着竞争与合作的加强，分销渠道系统突破了由生产者、批发商、零售商、代理商、消费者组成的传统模式和类型，有了新的发展，如垂直渠道系统、水平渠道系统、多渠道营销系统等。

分销渠道系统是指渠道各成员之间相互联系形成的一种体系。纵观现在物流企业的分销渠道系统，大致有以下几种系统结构：

（1）直接分销渠道系统 传统的直接营销是指上门推销。随着科学技术的发展，特别是社会信息化，直接渠道系统内容日益丰富，现在采用的主要有广告、电话直销、电视直销、邮购直销、网络直销、会议直销、会展等。互联网的商务化开发和普及，使物流企业网上销售成为一种具有广阔发展前景的被称为直复营销的直销形态。直复营销即直接回应的营销，是一个互动的营销系统，它使用一种或多种广告媒体，以实现在任何地方产生可度量的回应达成交易的目的。直复营销的主要方式有网络营销、数据库营销、直邮营销、电话营销、电视营销等。

（2）垂直分销渠道系统 垂直分销渠道系统是指由物流企业与中间商组成的统一系统，由具有相当实力的物流公司作为领导者。它们能够通过其规模、谈判实力和减少重复服务而获得效益。其主要类型有：

1）公司式垂直分销渠道系统。它是由同一家物流公司拥有和统一管理若干个分公司和中间商来控制整个分销渠道。垂直一体化因为能对渠道实现高水平的控制，所以为很多物流企业所采用。

2）管理式垂直分销渠道系统。它是由一个规模大、实力强的物流企业出面组织的，由它来管理和协调物流过程的各个环节，综合协调整个货源的组织和运输存储的渠道系统。

3）合同式垂直分销渠道系统。它是由不同层次的独立的物流企业和中间商在物流过程中组成的，以合同、契约等形式为基础建立的联合经营形式，目的在于获得比其独立行动时能得到的更大的经济和销售效果。例如，一个物流企业可以同时给予多家货代企业代理权，这种联合体的紧密程度逊于公司式。

（3）水平分销渠道系统 水平分销渠道系统是由两个或两个以上的物流企业联合，利用各自的资金、技术、运力、线路等优势共同开发和利用物流市场机会。这些公司或缺乏资本、或缺乏技能、或缺乏运力、或缺乏营运线路，无力独自进行开发和承担商业风险；或者希望与其他公司联合可以产生巨大的协同作用。如汽车运输公司与铁路运输部门、航空运输的联合形成的渠道系统。公司间的联合可以是暂时性的，也可以是永久性的，还可以创立一个专门公司。

（4）多渠道分销系统 多渠道分销系统是指一个物流企业建立两条或更多的营销渠道为一个或更多的细分市场提供物流服务。通过增加更多的渠道，物流企业可以增加市场覆盖面，降低渠道成本，实行客户定制化销售，更好地满足客户需要，从而提高经济效益。但是，多渠道营销也有可能产生渠道冲突，因此，物流企业实行多渠道分销渠道系统必须加强渠道的控制与协调，使多渠道系统健康发展并提高企业实际效益。

4.4.2 分销渠道设计决策

1. 确定渠道模式

确定渠道模式实际上就是确定渠道长度的问题。物流企业选择分销渠道，不仅要求保证将物品及时送到目的地，而且要求选择的分销渠道效率高，营销费用少，能取得最佳的经济效益。因此，企业在选择分销渠道之前，必须综合分析本企业的战略目标、营销组合策略以及其他影响分销渠道选择的因素，确定渠道模式。渠道模式的选择主要是指物流企业需不需要中间商（涉及短渠道还是长渠道）参与，如果需要，如何来选择和确定。如果不需要，就直接面对客户进行营销活动。

2．确定中间商数目

确定中间商数目实际上就是确定渠道宽度的问题。分销渠道宽度是指分销渠道中每一层次使用同类型中间商数目的多少。中间商是指介于物流企业与货主之间，专门从事物流服务产品流通活动的经济组织或个人，或者说，中间商是物流企业向客户出售物流产品时的中介机构。物流企业的中间商多为代理商，代理商专门为物流企业组织货源，或为供需双方提供中介服务。中间商具有组织货源、传递物流信息、提供咨询以及参与物流服务等多项功能。

物流企业决定采用中间商来共同完成物流服务活动，就涉及分销渠道选择的具体策略问题，即决定渠道的宽度。例如，某物流公司打算在某国选择中间商作为公司在该国的代理商，那么，究竟应指定几家中间商？多一些好还是少一些好？这种决策就是渠道宽度决策。物流企业在制订渠道宽度决策时面临着三种选择：

1）密集性分销策略，也叫广泛分销策略，是一种宽渠道分销策略，是指物流企业在同一渠道环节层次上，尽可能通过中间商来完成物流服务活动。这种策略能够与潜在客户广泛接触，广告的效果好，容易组织更多的货源，但渠道不易控制，与中间商的关系也较松散。

2）选择性分销策略，是指物流企业在某一地区有选择地确定几个具有一定规模和丰富市场经验的中间商，从事分销活动。采用这种策略有助于物流企业加强对渠道的控制，保持与中间商的良好合作关系，减少中间商之间的盲目竞争，提高渠道运转效率。但中间商也会对物流企业提出一定的条件和要求。鉴于物流企业的特点，选择性分销策略较多地被采用。

3）独家分销策略，也称为集中性分销策略，是一种窄渠道分销策略，主要是指物流企业在一定的市场区域内仅选用一家经验丰富、信誉良好的中间商为本企业推销产品和组织货源。双方一般都签订合同，规定双方的销售权限、利润分配比例、销售费用和广告宣传费用的分担比例等；规定在特定的区域内不准许物流企业再找其他中间商推销其产品，也不准许所选定的中间商再推销其他企业生产的同类竞争性产品。其优点是：易于控制市场的销售价格；可以提高分销商的积极性和销售效率；有利于产销双方较好地合作。其缺点是：物流企业在该地区过分依赖该中间商，易受其支配；在一个地区选择一个理想的中间商很困难，若选择不当或客观条件发生变化，可能会完全失去市场；一个地区只有一个中间商，可能会因为营销力量不足而失去许多潜在客户。鉴于物流企业的特点，一般不宜采用独家分销策略。

3．分析影响渠道选择的因素

（1）物流产品因素　物流企业进行渠道选择，既要考虑物流企业本身的运输线路、仓储能力等物流服务能力，又要考虑所运送物品的性质，以便制订物流服务解决方案。如对于一些特殊物品，对运输线路与运输工具有特殊的要求，就不宜使用中间商来承担物流服务。从所运物品来考虑，在选择分销渠道时要注意：

1）物品的大小和重量。体积大、量重的物品，一般应尽量选择最短的分销渠道，以保证物品按期到达，如大型机电设备的运输等。

2）物品的耐腐性。易腐、易毁的物品，应尽量缩短分销途径，迅速地把物品传递到客户手中，一般都要求渠道较短。

3）物流服务的标准化程度。一般来说，渠道的长度和宽度与物流服务的标准化程度成正比，标准化程度越高，可以使用较长的渠道。

4）服务解决方案的技术性。技术要求比较复杂、运作过程要求较高的物流服务产品，可以使用窄而短的分销渠道。

（2）市场因素

1）目标市场的分布。目标市场的分布是指市场规模的大小和潜在客户的密度。如果客户（货主）较为集中则应采用较短的渠道；若客户较为分散，则应将直接渠道和间接渠道相结合，充分利用间接渠道。如物流公司承担件杂货班轮运输，一船货可能高达几百甚至上千票，面对数量众多的货主，不利用中间商是很难做好工作的。又如中远集团所做的一批大宗货物、特殊货物的运输，由于其品种较为单一、价值大、复杂而且要求高等特点，则适合于企业直接为客户服务，不需要中间渠道的参与。

2）客户（货主）的习惯。货主往往根据自身托运物品的数量、地点等因素来选择物流企业。对于每次托运数量不大的一般件杂货，货主希望很方便地订舱，那么物流企业必须采用广泛的分销网络满足货主的需求。对此，物流企业应该利用更多的间接渠道，使用更多的代理网点；反之，就可采用直接渠道或较为固定的相对较少的代理网点。

3）销售季节。由于被运物品存在季节性，导致了物流服务也存在着淡、旺季之分。一般而言，当物流市场呈淡季时，物流企业宜尽量采用直接渠道，而在旺季时业务量往往非常大，更适于采用间接渠道。

4）市场竞争状况。由于物流企业之间在运输线路、运输工具、仓库等方面都具有一定的可替代性，因此，市场竞争必然造成物流企业对分销渠道的选择。

（3）中间商的特性因素　各类各家中间商实力、特点不同，诸如广告、运输、储存、信用、训练人员、送货频率等方面具有不同的特点，从而影响物流企业对分销渠道的选择。

（4）企业自身因素

1）企业形象和信誉、企业实力。物流企业的自身情况，如规模、信誉、财力、发展规划以及营销策略等，都会影响分销渠道的选择。企业的形象和信誉越高，资金越雄厚，越可以自由选择分销渠道。如规模大、形象信誉好的物流企业可以建立自己的货运组织网络或者有固定的代理商，采用短而窄渠道甚至直接渠道。而实力较弱、名声不大的物流企业宜采用间接渠道，借用中间商的力量。

2）对分销渠道控制的愿望。如果物流企业希望有效地控制分销渠道，就应该建立短而窄的分销渠道，基于这种愿望的实现，物流企业则需花费更高的成本，组建自己的货源组织网络等。若企业不希望控制渠道，就可选择较长的分销渠道。

3）营销能力和促销策略。若物流企业现有的营销机构和人员配备强，营销能力雄厚，则可以使用较短的营销渠道，否则就需要更多的中间商帮助开拓市场，营销渠道可以长些。如果物流企业实行"推"的策略，就应该用短渠道；如果企业实行"拉"的策略，则宜采用间接分销渠道。

（5）宏观环境 宏观环境对选择渠道也有较大的影响。国家经济发展状况、政策法规及国际惯例都可能限制某些营销渠道的运作，如对运价的调整、产品检验的规定、网点的设置甚至运输线路的选定等，都有很大影响。

4. 明确分销渠道成员的权利与责任

物流企业通过某种形式与渠道成员建立了双方合作关系，必然要规定与中间商之间彼此的权利与责任。明确分销渠道成员的权利与责任主要有价格政策、销售条件、地区划分以及双方应提供的特定服务等内容。

1）价格政策。物流企业通常根据制定的价目表和折扣明细表，对不同类型的中间商及其任务完成情况，按制订的标准给予一定的价格折扣或优惠条件。如海运企业一般给代理商代理订舱数量一定比例的订舱佣金，如 2.5%、3.75%、4.25%、5%、7.5%等。

2）销售条件。销售条件中重要的条款是付款条件。对于提早付款或按时付款的中间商，物流企业可以根据付款时间给予不同的折扣。按航运界惯例，除付款放单外，基本是以规定在船舶开航一个月内或代理商收到航运企业运费账单后若干天、一个月内支付运费。当然，物流企业须对中间商的所有服务提出一系列的要求，如制单、报关、签单、仓储、拆装箱等。

3）中间商的地区权利。物流企业应当对中间商的地区权利要求明确，中间商关心在同一地区或相邻地区物流企业有多少中间商和物流企业给予其他中间商的特许经营范围。物流企业应该给中间商一切方便，如提供各种信息（航班、船期、配舱、运输工具动态等）。

4）双方的权利与责任。物流企业和中间商应通过一定的形式，如广告宣传、业务范围、责任划分、人员培训、信息沟通等，明确双方的权利与责任。

4.4.3 分销渠道策略

分销渠道策略是为了使物流产品迅捷地转移到客户手中，物流企业应选择最佳的销售渠道，并适时对其进行调整与更新，以适应市场变化。分销渠道策略包括：

1）开拓和渗透策略。即新建分销渠道时，物流企业通过自筑营销点或寻找中间商来开拓渠道，若所向往的渠道已被对手控制，则可进行渠道渗透，不断挤占对手的渠道。

2）巩固策略。即为防止对手渗透，物流企业采用工商连营、特许经营等方式来巩固现有渠道。

3）扩展策略。从量上扩大销售服务点是密集性扩展策略；通过提高某一专业市场的占有率，并加强对其控制，称为专门性扩展策略或专营性垄断策略；综合性扩展策略就是综合以上两个方面所采用的策略。

4.4.4 分销渠道管理

渠道管理的内容包括在了解渠道冲突原因的基础上，对渠道成员进行选择、激励、评估以及必要的渠道调整。

1．分销渠道冲突

分销渠道中渠道成员之间利益的暂时性矛盾称为冲突。一般而言，渠道冲突主要有垂直渠道冲突和水平渠道冲突两种。

（1）垂直渠道冲突 这种冲突是指同一营销系统内不同渠道层次的各企业之间的利益冲突，又称为纵向冲突。它表现为中间商同时销售了竞争者的同类产品而引发的冲突。例如，同为某一个物流企业做代理的一级货代与二级货代之间的冲突。

对这类冲突，物流企业应强化系统内的职能管理，增加渠道成员间的信任，加强信息的传递、反馈和沟通。

（2）水平渠道冲突 这种冲突是指同一营销系统内同一层次的各企业之间的冲突，又称为横向冲突。如果同一层次上选择众多中间商分销则可能造成中间商之间相互抢生意的情况。例如，在同一个地区可能存在几个代理企业为了抢货源而出现恶性价格竞争的情况。

对这种冲突，物流企业一般通过各种条令、规则来消除。

2．选择渠道成员

作为一个物流企业，须明确中间商的优劣特性，通常要评估中间商经营时间的长短及其成长记录、清偿能力、合作态度、服务能力、声望等。当中间商是销售代理商时，还需评估其经销的其他产品大类的数量与性质、推销人员的素质与数量。选择中间商的条件如下：

1）中间商的市场范围。这是选择中间商最关键的因素。中间商的经营范围应该与物流企业服务内容和服务面（如运输线路的覆盖面）基本一致，能够帮助物流企业在目标市场开展营销活动。

2）中间商的资金力量、财务和信誉状况。资金力量雄厚，财务状况良好，信誉度高的中间商，有利于形成物流企业与中间商的联合。否则，中间商的财务状况不好，信誉度不高，不仅不利于物品的有效传递，甚至会给物流企业的经营带来风险。

3）中间商的营销管理水平和营销能力。中间商经营管理好，工作效率高，则营销能力就强，就能提高对用户提货的服务能力。

4）中间商对物流企业产品的熟悉程度。中间商对物流企业的产品越熟悉，就越容易把产品介绍给客户，从而提高产品的市场占有率。

5）其他方面。中间商的促销政策和技术、中间商的地理环境和位置以及中间商的预期，合作程度等都是物流企业在选择中间商时所要考虑的。

相关知识

布仁德的渠道选择标准

20世纪50年代以来，分销渠道专家就尝试设立明确而具体的选择渠道成员的标准，如布仁德的20个关键问题的标准、西普雷的12条选择标准、潘格勒姆的10项重要标准等。布仁德的选择标准是：①分销商是真的需要我们的服务还是由于目前一时的服务欠缺？②分销商目前的经营状况。③分销商在客户心目中的口碑如何？④分销商在企业中的口碑如何？⑤分销商是不是积极进取？⑥分销商还有哪些其他的服务商？⑦分销商的财务状况如何？⑧分销商有没有能力给账单贴现？⑨分销商的规模怎么样？⑩分销商是不是能保证充足的服务？⑪分销商目前主要的客户有哪些？⑫分销商目前还没有服务的客户有哪些？⑬分销商的价格是否保持稳定？⑭分销商是不是可以提供过去 5 年的服务记录？⑮分销商服务人员的实际服务领域是什么？⑯分销商的服务人员是否经过培训？⑰分销商现场服务人员有多少？⑱分销商内部员工有多少？⑲分销商对通力合作、服务培训和服务推广是否感兴趣？⑳对于上述活动，分销商有什么可以利用的设施？

3. 激励渠道成员

作为一个物流企业，不仅要选择中间商，而且还要经常激励中间商。促使中间商进入渠道的因素和条件已构成一部分激励的因素，但还需不断地监督、指导与鼓励。激励渠道成员使其具有良好表现，必须从了解各个中间商的心理状态和行为特征入手。如中间商是否重视某些特定品牌的销售；是否缺乏相关产品知识；是否认真使用物流企业提供的广告资料；是否忽略了某些客户；能否准确地保存服务记录。

激励是通过采取一定的措施提高中间商与物流企业合作的有效方式。激励方式一般可采用奖励、惩罚和分享部分管理权等方式。

要注意尽量避免激励过分或激励不足的情况。当物流企业给予中间商的优惠条件超过它所取得合作与努力水平所需条件时，就会出现激励过分的情况；当企业给予中间商的条件过于苛刻，以至于不能激励中间商时，则会出现激励不足的情况。激励通常是以交易组合为基础的。

4. 评价渠道成员

物流企业必须定期按一定标准衡量渠道成员的表现，要对渠道经济效益进行评估，要对渠道控制力进行评估。评价内容有营业配额完成情况、平均存货水平、向客户交货时间、对损坏和遗失物品的处理以及与本企业的合作情况等。

5. 调整渠道系统

物流企业设计了一个良好的渠道系统后，不能放任其自由运行而不采取任何纠正措施。事实上，为了适应市场需要的变化，整个渠道系统或部分渠道成员必须加以调整。企业分销渠道的调整可从三个层次上来考虑。从经营层次上看，其调整可能涉及增减某些渠道成员；从特定市场的规划层次上看，其改变可能涉及增减某些分销渠道；在企业系统计划阶段，其改变可能涉及在所有市场进行经营的新方法。

（1）增减某些渠道成员 在考虑渠道改进时，通常会涉及增减某些中间商的问题。要通过分析弄清这样一个问题，即增减某些渠道成员后，企业利润将如何变化。

（2）增减某些分销渠道 物流企业也会常常考虑这样一个问题，即它所使用的所有分销渠道是否仍能有效地将物品送达某一地区或某类客户。这是因为，企业分销渠道静止不变时，某一地区的购买类型、市场形势往往正处于迅速变化中。企业可针对这种情况，借助损益平衡分析与投资收益率分析，确定增减某些分销渠道。

（3）调整整个渠道 对物流企业来说，最困难的渠道变化决策是调整整个渠道，涉及整个市场营销系统。调整整个渠道往往在物流市场发生某种重大变革时，经企业高层领导决定才会出现。这些决策不仅会改变渠道系统，而且还将迫使物流企业改变其市场营销组合和市场营销政策。

6. 分销渠道变化趋势

伴随着新的商业形态的发展和渠道成员关系及营销策略的变化，分销渠道系统也在新的环境中呈现出新的发展趋势。主要表现为：

1）渠道体制由金字塔式向扁平化方向转变，管理效率提高。

2）渠道运作由过去以总经销商为中心，转变为以市场、客户需求为中心。

3）渠道建设由交易型关系向合作伙伴型关系转变，双方形成利益共同体，有利于服务质量的提高。

4）市场重心由大城市向地、县级市场下沉，而且要向客户下沉，这也是与物流企业促销策略相一致的。

5）渠道激励多样化，渠道激励由让中间商赚钱变为让中间商掌握赚钱方法。

6）营销渠道网络化，随着网络的广泛普及，电子商务的兴起，开创了营销渠道的全新方式的电子商务。

4.5 物流产品促销与沟通

在目前产品同质化日趋严重，价格渠道已拉不开差距的处境下，作为营销组合四个策略之一的促销策略，越来越受到物流企业的重视。

4.5.1 促销的意义与目标

1. 促销的意义和作用

促销是指企业通过一定的传播与沟通手段，向目标客户传递产品或劳务信息，树立企业与产品形象，促进客户购买的一系列活动。促销组合指为有效实现促销目标，对各种促销方式与策略的选择、设计与配合。

在现代营销活动中，促销的作用主要表现为以下几个方面：

1）提供情报。物流企业必须及时向客户及各种中间商提供物流产品信息，引起注意。

2）刺激需求。通过促销向客户介绍物流产品，既可以诱发需求，还可以创造新的需求，从而增加市场对该物流产品的需求量。

3）改善企业形象，提高企业的知名度和美誉度。传统的广告活动、宣传推广以及CIS活动等形式多样的促销活动有助于塑造与改善企业的形象，在公众和客户群体中提高其知名度和美誉度。

4）强化市场渗透，提高企业的市场竞争渗透能力。市场竞争是企业营销活动中无法回避的严峻现实，竞争能力的大小直接关系企业的生死存亡。有效的促销活动有利于企业在竞争中的市场渗透，提高市场占有率，增强企业的市场竞争力。

5）指导客户的消费，提高客户的消费效益。促销活动有助于客户对产品的了解，有助于客户对广告的正确识别，有助于客户消费意识的提高。

6）促销具有沟通的功能，通过与目标客户的沟通，达到促进销售的目的。

2．物流企业促销目标

（1）物流企业促销的基本目标　物流企业促销的基本目标包括：建立市场对本企业物流产品及物流企业的认知和兴趣；促销使物流企业本身和物流服务产品与竞争者产生明显差异；与潜在客户沟通并描述所提供产品的种种利益；建立并维护物流企业的整体形象和信誉；说服客户购买或使用本公司的物流产品和服务。

（2）物流企业促销的具体目标

1）客户目标。客户目标包括：增进对新的和现有物流产品的认知；鼓励试用物流服务产品；鼓励非用户参加服务展示或试用现有服务；说服现有客户继续购买物流服务而不中止使用或转向竞争者，增加客户购买物流服务的频率；促进与客户发展战略伙伴关系；加强物流产品的区别利益；加强物流服务广告的效果，吸引客户的注意；获得关于物流服务价格、技术发展趋势等市场研究信息。

2）中间商目标。中间商目标包括：说服中间商向市场宣传本企业的产品和服务，及时展示新的服务产品；说服现有中间商努力销售更多服务产品。

3）竞争目标。竞争目标主要是对一个或多个竞争者发起短期攻势或进行主动防御。

总之，任何促销努力的目标都在于通过沟通、说服和提醒等方法，以增加物流产品的销售。一个沟通宣传的过程所预期的主要有三种作用：①提供信息，使人了解。②改变一种习惯。③改变态度（说服购买物流服务）。

3．促销计划的制订

确定目标之后，就可以制订一个促销计划，图 4-10 给出了促销计划的主要内容。

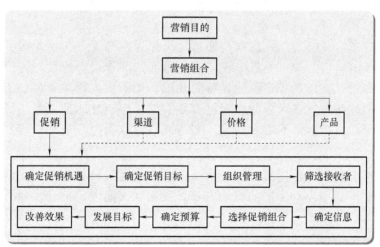

图 4-10　促销计划的主要内容

4.5.2　促销信息沟通过程

促销的过程实际就是沟通的过程。现代企业面对的营销沟通系统越来越复杂，它们要与自己的中间商、消费者以及不同的公众进行沟通；而中间商又要与它们的公众和消费者沟通；同时消费者之间以及与其他公众之间又以口头形式进行着沟通。这一切的环节和构成都要依靠企业促销沟通部门去引导、规划和控制，否则信息就会因无序、无效而影响公司整体目标的推进。

营销信息沟通的主要方式有广告、人员推销、营业推广和公共关系四种。这四种方式的组合与搭配称为营销信息沟通组合。由于这四种方式同时也是企业促进销售的主要方式，因此又称为促销组合。

要取得沟通的效果，物流企业通常要请广告代理商设计有效的广告，请促销专家来设计能刺激客户购买的活动，请公共关系公司设计企业形象。企业还要培训优秀的推销人员，使他们具有友好和乐于助人的品质和说服力。每个企业所面临的不是要不要沟通的问题，而是对于沟通要投入多少和怎样沟通的问题。

促销信息沟通过程由八个部分组成：信息源、编码、媒体（渠道）、解码、接收者、反应、反馈、噪声。图 4-11 给出了信息沟通传播过程。

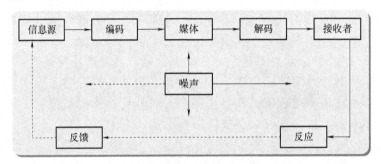

图 4-11　信息沟通传播过程

1．信息源

信息源是信息的发出者，是意欲沟通者，又称为发送者。在物流服务领域，哪些因素决定了信息源是可信的呢？一般来说，有三方面的因素：专业性、可信度和亲近感。专业性是信息源用以支持其观点所应具备的权威，如医生、科学家在他们的专业领域中声望很高。可信度是与信息来源的客观程度相关的，如朋友比推销人员更可以信赖。亲近感是信息来源对目标群体的吸引程度，来源越具有吸引力，信息就越具有说服力。

2．编码

为了使沟通奏效，需要把概念、想法翻译成接收者所熟悉的符号。编码就是发送者把信息转换成便于向接收者传播的有效符号，如文字、图像、声音、动作等。

3．媒体

要沟通就需要媒体（载体），需要通过途径来传播信息，如会展、广播、电视、报刊和互联网等。要按照标的选择媒体。一个销售者要向潜在购买者传输很多信息，而且是复杂的信息，就要选择让什么人来出面说话。会展、广播、电视、报刊和互联网都能传到公众面前。

4．解码

接收者对信息的理解过程，即接收者把得到的信息编码转换成自己的概念。解码的前提是接收者与信息来源都对编码有着同样的理解，但是也经常出现来源使用的编码与接收者的编码不同的现象。

5．接收者

接受信息的主体为接收者。信息的接收者可以是个人、团体或者是机构，他们凭借自己的经验和知识对接收的信息进行理解。

6．反应

接收者获取信息之后，可能采取的行动。

7．反馈

反馈是信息接收者向信息来源发出的信息。发送者通过从接收者了解所传递信息的效果，以便评价所采取的传播过程是否有效，它是企业最后决策调整的依据。

8．噪声

沟通过程中非计划的干扰或歪曲。与实体性产品相比，服务产品的宣传沟通的干扰更大更多。

4.5.3　促销组合策略设计

1．促销组合与促销预算

促销组合是一个物流企业的总体营销传播计划，它由广告、人员推销、营业推广和公共关系结合在一起进行综合运用。营销人员可以在两个基本的促销组合策略——推动和拉动策略中做出选择。推动策略是把物流服务产品通过营销渠道"推动"到客户手中，而拉动策略则是指物流企业将其营销活动对准客户，引导客户购买其产品。

在决定了沟通宣传的目的和标的接收者后，需要选择合适的方式或促销组合。促销有很多种方式，物流企业很少只采用一种促销方式，几乎都是同时并举的各种组合。组合的选择取决于诸多因素，包括预期的目的、服务的性质、服务对象的特点、投入的资源、服务的生命周期阶段、竞争对手等。

促销预算是指物流企业在计划期内反映有关促销费用的预算。促销支出是一种费用，也是一种投资，促销费用过低，会影响促销效果；促销费用过高又可能会影响企业的正常利润。

物流企业所面对的最困难的决定是在促销方面要投入多少。营销中有一句至理名言：我知道我有一半的广告投入是无用的，但我不知道是哪一半。我用 200 万元做广告，这笔投入是多是少我也不知道。

物流企业怎样来决定它的促销预算呢？常用的促销预算方法有：

（1）量力而行法　许多物流企业都使用量力而行法：企业为自身设定一个它们能支付得起的促销预算。一位主管人员这样解释："因为这种方法简单。首先，我到预算控制者那里去了解这一年可以支付的数量，他说是 150 万元，后来老板问我将投入多少，我说大约 150 万元。"

不幸的是，这种决定促销预算的方法完全忽略了促销对销售业绩的影响，它导致了每年不确定的促销预算，给长期计划造成困难。这种方法可能会造成广告超支，但实际上经常导致的结果是投入不足。

（2）销售百分比法　许多物流企业采用销售百分比法，把促销预算设定为目前销售额或预期销售额的一定百分比，或是将其设定为销售价格的百分比。一些企业使用这种方法的原因是因为它简便易行。销售百分比法有以下优点：

1）用这种方法意味着促销支出与企业"可支付"相比更灵活，它还能促使管理人员考虑促销支出、销售价格和单位利润的关系。

2）这种方法可能会实现竞争状态，因为竞争对手也可能将其收入的相同百分比用于促销支出。

这一方法虽然有一定的优点，但也存在不足，它不恰当地把销售视为促销的原因而不是结果。预算是可以提供的资金，而不是以营销机会为基础的，当需要增加促销投入以扭转销售颓势时，这一方法可能会成为阻碍。由于这一方法以每年的销售额变化为基础，因此增加了制订长期计划的困难。

（3）竞争均势法　一些物流企业采用竞争均势法，让自身的促销费用与竞争对手保持相当。它们观察竞争对手的广告，或是从出版物和商业协会那里得到估算的整个行业的促销支出水平，从而以行业平均的支出水平为基础来制订预算。

支持这一方法的有两种观点：①竞争者的预算可能代表了行业的集体智慧。②与竞争对手持平的投入减少了促销战的可能性。然而，这两种观点都不充分。没有理由认为竞争对手的计划就比企业自身的计划好，企业间有较大的差异，各自有不同的促销需要。更重要的是，没有证据表明这一方法能够阻止促销战的发生。

（4）目标任务法　这是最合逻辑的预算制订法，用这种方法物流企业可以通过以下方式来制订预算：

1）明确特定目标。

2）明确为实现这一目标所必须完成的任务。

3）估算完成任务的成本。这些成本的总和就是预期的促销预算。

目标任务法促使管理人员认清他们对费用和促销结果的预期。由于很难确定为实现特定目标的具体任务，因此这种方法应用起来也是最困难的，但即使很困难，管理人员也必须考虑这些问题。这一方法能够帮助企业以他们所要实现的目标为基础来制订预算。

2．人员推销策略

（1）推销人员的任务　人员推销是指企业通过派出推销人员与一个或一个以上可能成为购买者的人交谈，作口头陈述，以推销商品，促进和扩大销售。

对于物流服务业来说，人员推销有四个特别的作用：①在与潜在购买者的接触中帮助他们发现自己存在的问题（即需求）。②可以面对复杂的问题，不断提出解决它的合理方案。③有利于发展与客户的长期关系，而这在物流服务营销中是非常重要的。④通过探讨购买问题提供达成交易的机遇。

推销人员的任务主要包括寻找客户、传递信息、推销产品、提供服务、收集信息、分配产品六个方面。

（2）人员推销的策略　推销人员在推销工作中经常采取的策略主要有以下几种：

1）试探性策略。又称"刺激—反应"策略，推销人员在尚未了解客户具体要求的情况下，事先准备好几套话题，进行"渗透性"交谈。通过试探"刺激"，看客户的反应，然后进行说服、宣传，以激发客户的购买行为。

2）针对性策略。又称"配方—成交"策略，推销人员事先已大致掌握了客户的基本需求或可能需求，从而有针对性地与之交谈，投其所好，引起对方的兴趣和购买欲望，促成交易。

3）诱导性策略。又称"诱发—满足"策略，通过交谈，看对方对什么感兴趣，然后诱导他对所感兴趣的产品产生购买动机；接着，因势利导，不失时机地介绍本企业经营的产品如何能满足这些需要，使其产生购买行为。这是一种"创造性的推销"，要求推销人员有较高的推销艺术，使客户感到推销员是他的"参谋"。

（3）人员推销的过程

1）寻找和限定潜在客户。推销过程的第一步是识别潜在客户，尽管企业将提供线索，但销售代表需要具有自己寻找线索的技能。

线索可以通过以下方式找到：来自客户访问带来的信息；在合适的行业展览会上设立展台；向现有客户询问其他可能的客户；努力获得其他参考来源，如非竞争性的销售代表、商人；参加客户所属的组织；参加将引起注意的演讲和研讨会；通过检索资源的来源（互联网、名录）来寻找；使用电话和邮件来发现线索；偶尔顺道拜访各种各样的有可能成为潜在客户的企业（低调游说）。

销售代表需要识别、排除无用的线索。潜在客户的限定可以通过考察他们的财务能力、业务量、特殊需要、地点以及连续交易的可能性等来进行。

2）接触前阶段。推销员需要尽可能多地了解关于潜在客户（它需要什么，谁参与购买决定）和它的购买者（他们的个人特性和购买风格）的资料。推销员应当明确访问目的：是证明客户的资格，还是收集信息，或立即达成交易等。另一个任务是选择最好的接触方式，拜访的时机也应仔细考虑好，因为许多受访者在某一时期没有空隙时间。最后，推销员应为此次访问活动制订一个全面的推销策略。

3）接触。推销员应知道如何跟潜在客户寒暄以取得一个良好的开端。这涉及推销员的外表、开始的谈话以及后续的评论。

4）展示和证明。在物流企业促销中，介绍物流服务是一个关键阶段。推销员向潜在客户介绍一种物流服务时要做到十项注意：

① 推销介绍方式和职业能力对客户正确感受物流服务是至关重要的。

② 要使沟通奏效，就要双向。除了提供信息，推销员要刺激潜在购买者提问，并给予详尽的解答。单向沟通（卖方对买方）会使通过人员销售的好处体现不足。

③ 需要突出物流服务的每个特点能带来什么好处。

④ 信息应当简洁，细节不宜过多。潜在购买者面对过于复杂的信息必然会在头脑里进行抵制或筛选，不利于达到预期目的。

⑤ 介绍不应当针对价格，但是可以突出成本与好处的关系对比。各种调研表明，客户购买服务时对价格不如对有形产品的价格敏感。

⑥ 介绍应尽量使物流服务的不可触知部分变得可触知。说明书、视频材料都能提供比销售者本人动嘴效果更可信赖的描述。

⑦ 推销者要表现出对自己提供的物流服务的深刻了解。为此需要对销售队伍进行培训和不断的知识更新。

⑧ 推销员不应承诺企业无法做到的事情。这个原则对任何产品都有效，尤其是对以不可触知的成分为主的物流服务更是如此。做了许诺就要兑现，虽然勉强实现后可以带来短期的收入提高，但却会使企业与客户的关系进入危机。

⑨ 要尽可能让客户可以验证服务的质量，或者表现以前取得的成果，或者在可能时拿出物流服务的样板来。

⑩ 对复杂的、成本高的物流服务，提供企业形象和名声是决定性的。

5）谈判。双方需要在价格和其他交易条件上达成一致。推销员需要做到：既不做出将有损收益的大让步，又能获得订单。

尽管价格是最常见的谈判争端，但其他包括产品的质量、购买总额、融资、风险承担及促销责任等问题亦应得到重视。实际上谈判争端是数不尽的。

讨价还价或谈判具有以下特征：①至少有两方参与。②各方在某个或多个议题上存在利益冲突。③各方至少暂时以一种自愿的特别的关系在一起会面。④这一关系里的活动涉及一种或多种资源的分配或交换，以及/或者各方或出席谈判的人们之间一个或多个争端的解决。⑤谈判活动一般包括提出需要，或者一方提出某一计划方案，然后另一方对这些需求或方案进行评价，最后就是做出让步或提出其他相对的方案。

6）说服反对的意见。在展示的过程中或被要求下订单时，客户几乎总是提出反对的意见。他们可能是心理上意气用事，也可能是合乎逻辑的。心理抵抗包括客户可能偏好于其他物流企业，或不愿意放弃某些东西等。合乎逻辑抵抗可能包括对价格或某一产品或公司特性的异议。为了说服这些反对意见，推销员要保持一种积极的态度，让购买者澄清一下他们的异议，指出抵抗或反对并无根据。

7）成交。推销员应懂得如何从客户方发现可以成交的信号，如客户的动作、评论和提问等。推销员有多个成交的技巧可以选择，他们可以帮助填写订单，简明扼要地重述协议要点，帮助购买者制订方案等。

8）售后服务。如果推销员想要确保客户满意和再次购买的话，这一步是必需的。成交之后，推销员应当制订一个客户维持计划，以确保该客户不会被忘记或失去。

（4）人员推销的管理　人员推销的管理可以按照以下步骤进行：

第一步：确定推销人员数量

许多西方企业是根据"工作任务负担法"来确定推销人员的数量的：

1）根据客户的年采购量大小分组。

2）确定对每组客户的推销次数。

3）把每一组客户所需要的推销次数相加得出企业全年的推销总次数。

4）决定每个推销员一年能完成的推销次数。

5）将3）除以4）即得企业所需推销人员数量。

第二步：选择推销人员

选择推销人员应综合考察其各方面的素质和能力。

第三步：培训推销人员

培训推销人员应使推销人员着重掌握以下知识：有关物流企业的情况；有关物流企业产品的情况；客户和竞争企业的特征；推销技巧；推销工作的程序和责任。

此外，还要对销售人员进行品牌、忠诚度、企业文化等全方位的培训。

第四步：合理分配推销人员

1）按地区分配推销人员。物流企业指定每个推销人员负责一定地区的推销工作，推销企业所有产品。这种方法的优点是：推销人员职责明确，有利于调动其积极性；由于推销人员的活动范围较为稳定，有利于提高推销效率；有利于节省差旅费和路途时间。

2）按产品分配推销人员。企业的产品种类较多、各种产品的技术性较为复杂时，就可按产品分配推销人员。

3）按客户分配推销人员。当企业的客户较为复杂，各类客户之间的差异性较大时，可采取按客户分配推销人员。其优点是推销对象单一，有针对性；缺点是当客户分散时的推销成本较大。

4）按多种因素分配推销人员。当企业推销多种类型的产品，且各种类型的客户又分散在广泛的地区时，企业往往要根据多种因素来分配推销人员。

第五步：确定推销人员的报酬

推销人员的报酬形式主要有：薪金制；佣金制；薪金和佣金结合制。

1）薪金制。即企业按期支付推销人员一定的薪金和从事推销工作所必需的费用津贴。这种方法的优点是便于掌握推销费用，但缺点是不利于调动推销人员的积极性。

2）佣金制。即企业按推销额或利润的一定比例向推销人员支付报酬。其优点是：能最大限度地调动推销人员的积极性；有利于促使推销人员节省费用；企业通过对不同产品规定不同佣金提取率的方法，促使推销人员重视推销各种产品，而不仅是畅销或利大的产品。其缺点是可能使推销人员急功近利，会出现强卖强买现象。

3）薪金和佣金结合制。将两种报酬制度结合起来可做到扬长避短。

第六步：推销人员的业绩评估

1）建立评估指标。业绩评估的主要考核指标有：销售数量指标；访问客户的次数；增加新用户的数量（或市场占有率的提高）；销售完成率（实际销售额/计划销售额）；推销费用率（推销费用/总销售收入）。

2）实施评估。①根据推销人员的工作报告、客户来信等信息评价推销人员。②通过推销人员之间的比较，进行评价。③将推销人员目前的业绩与过去的业绩相比较。④对推销人员的素质进行评价。

3．广告策略

人员推销是有针对性地面向具体的个人，而广告则是针对广大公众的。

（1）广告的意义 广告是广告主通过传播媒体向公众传达商品或服务的存在、特征和购买者所能得到的利益等信息，以激起客户的注意和兴趣，促进商品销售的工具。

广告的特点是：广告必须有明确的广告主；广告的内容是产品、服务或观念等信息；广告的传播方式是非人员的大众传播方式；广告需要支付费用。

广告有一些明显的好处：因为面对的接受者很广泛，平均成本就比人员销售的促进成本更低；而且还可以反复重复；对产品特点加以介绍的广告达到的宣传目的面更宽；能提高机构的知名度，可以用人员销售和其他促进方式予以加强。

不利的因素有两点：广告不灵活，不能直接回答潜在购买者提出的问题；因为物流服务的不可触知性，使广告很难和竞争对手的信息加以区别。

（2）物流企业广告决策

1）确定广告目标。广告的最终目标是通过广告宣传提供物流服务产品或物流企业的知名度，影响客户的购买行为，从而为企业赚取更多的利润。进行广告宣传，主要的目标有创牌目标、保牌目标、竞争目标和公共宣传目标。归纳起来有三种类型：

① 告知性广告目标。即通过广告使客户了解企业及产品的有关信息。它适用于：让客户了解新产品已投放市场；向客户介绍某种新产品的新用途；介绍企业的产品价格调整情况；解释产品的使用和保养方法；介绍企业能提供的服务项目；纠正客户对企业的不正确印象；消除客户购买产品的后顾之忧，树立企业的形象和提高企业的知名度。

② 说服性广告目标。即通过广告使客户偏爱和购买企业的产品，大多数广告目标属于此类。它主要适用于以下情况：当产品竞争十分激烈时，企业通过广告使客户认识到本企业的产品特色，促使客户选购本企业产品；当市场上同类产品较多时，促使客户对本企业的产品牌号产生偏爱，鼓励竞争者的客户购买本企业的产品；转变客户对某些产品特征的感觉，使其真正了解产品的价值。

③ 提示性广告目标。即通过广告提醒客户采取某种行为。它适用于以下情况：当产品处于成熟期时，企业通过反复做广告，使客户经常想到本企业的产品；提醒客户在不久的将来需要某种产品；提示客户购买某种产品的地点；在某种产品的销售淡季使客户不忘记该产品。

2）决定广告预算。进行广告策划及编制广告策划书等都要建立在广告费用的基础上，广告费用作为生产成本的组成部分受到企业的重视，因此要合理制订广告预算。广告预算的安排方法主要有四种：

① 销售比例。预算可以按照销量的百分比确定。但这种方法有不合乎逻辑的地方，因为照此推理，广告预算应该随着销量的下降而减少，其实恰恰需要追加预算才能提高销量。

② 可能或需要。按照可支配的资源情况确定预算。但这种方法也有不合乎逻辑的方面，因为广告的预算应该是一个长期的战略选择的结果，与短期的资源状况没有关系。

③ 面对竞争。竞争对手为广告投入的资源是一个重要参照。但这显然也有不合乎逻辑的地方，如果对手按照需要花费，"照它的葫芦画瓢"就是错误的。然而事实表明这是广为采用的标准，特别是当对手提高广告费用时，更易引起同业机构的纷纷模仿。人们害怕的是自己辛辛苦苦赢得的市场份额被他人所侵吞掉。

④ 专门目的。一次广告运动可以有一个目的，是一个独立的项目，如推出一个新服务品牌，或者通过广告进行促销。在这种情况下，预算是按照投资项目的评估所采用的标准合理确定的。

3）选择广告媒体。每种媒体都有其能力和限度，媒体的选择是重要的。对媒体的选择要考虑促销的目标和服务的特点、媒体的种类、广告费用以及播出时间安排。可供选择的广告媒体主要有报纸、杂志、电视、广告牌、广播、互联网等。

4）评估广告效果。对广告效果评估就是对广告播出后的交流效果和销售效果进行评估。衡量广告的交流效果，可以通过预先调查、同期调查和事后调查进行。

衡量广告销售效果的一种方式是将过去的销售量与过去的广告开支进行对比，另一种方法是通过实验来进行。

4．营业推广策略

（1）营业推广的意义和目标　营业推广是指在短期内能够迅速刺激物流需求，吸引客户，增加物流需求量的各种促销形式。营业推广在物流服务过程的各个阶段都是有效的，可以用来引起注意，产生兴趣，诱发欲望，刺激购买。营业推广一般被看成是和广告、人员销售、公共关系一起构成促销活动的部分。在广告活动中，使用激励措施可以改变潜在购买者对服务的态度。

根据营业推广的不同对象，其目标分为三类：

1）针对客户。鼓励老客户增加使用，促使新客户试用产品，吸引竞争者客户购买本企业产品等。

2）针对中间商。促使中间商代理新产品，抵制竞争者的促销活动，积极推销本企业产品等。

3）针对推销人员。鼓励推销人员热情推销产品，或促使他们积极开拓新市场。

（2）选择营业推广方式

1）针对客户的方式包括降价、加量不加价、赠品、免费试用、使用卡、奖励等。

2）针对中间商的方式可采用现金奖励、更高的佣金、比赛或赠品、营销点设施的提供、共同的广告等。

3）针对推销人员的方式可采用有奖销售、比例分成等销售竞赛，免费提供人员培训，技术指导等。

（3）规划营业推广方案　营业推广是一个过程，分成若干步骤。做好营业推广活动要注意以下几个方面的因素：

1）研究物流服务的特点，针对这些特点确定促销的目的。如果目的是保住市场份额，促销就是针对竞争威胁较大的物流产品。

2）在哪个市场上促销？

3）从客户角度进行营业推广。一些方式能得到即刻的好处，如让客户用更少的钱买到同样的服务，或者是用同样的价格获得更高的价值或更多的服务。当然，在这些方式的选择中，要考虑的不只是客户的喜好，还有营业推广的目的以及企业的成本。

4）持续多久和频率如何？物流企业要认真评价高峰和低谷的阶段性，注意不要让人抓住规律。

5）需要制订一个与竞争对手不同的促销政策。经验说明，当其他企业采取类似促销政策时，企业这类政策的效果就会迅速消灭。

（4）评价营业推广方案　评价营业推广方案的途径是：

1）比较推广前、后和期间的销售额。

2）进行消费者调查。

3）试验法。

5．公共关系策略

（1）公共关系概述　广告的满天飞的局面降低了每一则广告的影响力而人员推销的成本正在快速上升，于是公共关系活动成了一种成本低而收益高的促销手段。

公共关系是指企业为改善与社会公众的联系状况，增加公众对企业的认识、理解和支持，树立良好的企业形象而进行的一系列活动。公共关系有三个明显的作用：①有利于美化企业形象，提高企业信誉。②有利于企业与公众相互理解，消除误会，维护企业声誉。③有利于协调企业内部关系，增强企业的凝聚力。

公共关系具有三个要素：社会组织、传播沟通、公众。其中，社会组织是公共关系活动的发起者，是公共关系活动的主体，没有社会组织就没有公共关系；传播沟通是公共关系活动的手段和媒体，没有传播也就没有公共关系；公众是公共关系的对象，公共关系是针对对象来做的，没有对象也就没有公共关系。在三要素中间，社会组织具有主导性，传播具有效能性，公众具有权威性。协调三要素之间的关系，是公共关系活动的基本规律。

开展公共关系要坚持公众利益原则、诚实信用原则、把握时机原则以及奇特性原则。

由于物流企业的活动涉及面广、环节多，如发货人、收货人、货代、订舱、报关、商检、清关和运输、存储、装卸搬运、分拣、加工、信息处理等，因此，物流企业做好公共关系尤显必要。

而且物流企业对新闻事件、出版物、社交活动、社区关系及其他公关手段的创造性运用，还能够为企业提供一条区别于其他竞争对手的途径。

（2）公共关系的活动方式　公共关系活动的方式灵活多样，但以下八种是主要活动方式：

1）宣传报道。

2）虚心听取和处理公众对本企业各方面的意见。

3）建立与政府机构、供应商、中间商等有关组织的联系。

4）建立与有关社团及社会名流的联系。

5）编发宣传材料。

6）倡导、举办或参加有关社会福利活动。

7）以实际行动向公众表明本企业不断进步，努力为社会做贡献。

8）开展同企业职工的公共关系。

（3）公关活动的主要工具

1）出版物。物流企业可以广泛地依靠传播性材料对目标市场进行宣传和影响。这些材料包括年度报告、宣传手册、卡片、文章、音像制品以及企业简报和杂志等。宣传手册在告知目标客户某一产品或服务有何作用等方面扮演着重要的角色。由企业经营管理人员经过缜密思考所写的文章能引起人们对企业及其产品的注意，企业简报和杂志有助于树立企业形象并向目标市场传递重要信息。各种音像制品，如有声幻灯片、音频、视频等，作为促销工具用得越来越多。

2）活动。物流企业可以通过举行特别的活动来吸引人们对新的服务及企业其他活动的注意，活动包括新闻发布会、研讨会、户外活动、展览会、比赛和竞赛、周年庆祝、体育运动及向目标群体宣传的文体赞助行动。赞助一次体育活动，赞助商将有机会邀请和招待供应商、记者、分销商、客户，使企业的名字和产品受到多方的关注。

3）新闻。公关人员的一个主要任务就是发现和制造对企业、产品及其成员有利的新闻。公关人员的技能不仅仅是准备新闻报道，他还需要具有使媒体采纳新闻稿，以及在出席记者招待会时发挥市场营销的作用和处理人际关系的技巧。一位优秀的公关媒体主管应该清楚新闻界需要的是哪些有趣而及时的新闻和文笔出色、引人注目的稿件。

4）公共服务活动。物流企业可以通过向慈善事业捐献和提供服务来提高社会声誉。

5）标志性媒体。通常，物流企业的各种公关材料看起来相互之间毫无联系，这导致人们印象上的混乱，从而失去树立和强化企业标志的机会。在一个存在过度宣传的社会里，企业必须为赢得公众的注意而竞争，应当努力创造一种使公众一眼就能认出的视觉标志。这种视觉标志存在于企业的商标、文具、宣传手册、招牌、业务表格、名片、建筑物、制服、服饰及各种车辆中。

（4）公共关系实施过程　有效的公共关系是一个过程的结果，公共关系的过程通常包括：

1）调研。企业制订公关方案之前，必须理解本企业的使命、目标、战略、文化以及了解那些能有效地把信息传递给目标群体的工具。公关经理需要的许多信息都必须包括在一份很完善的营销计划书中。

2）建立营销目标。营销性公关活动应促成以下目标：建立知名度；建立信誉；激励推销队伍和中间商；降低成本。

3）界定目标群体。利用合适的工具把相关信息传播给目标群体，这对于公共关系的成功非常关键。有效的公关活动组织者会非常仔细地识别他们希望影响到的群体，然后研究这一群体，并找到可以用来传播公关信息的媒体。

4）选择公关信息和工具。公关人员应随时准备着为物流产品制造有趣的新闻报道。如果新闻性消息数量不足的话，公关人员就应提出一些企业能予以资助的有新闻价值的活动事项。公关人员此时面临的挑战不是发现新闻而是制造新闻。公关创意包括主办重大学术会议、邀请知名人士演讲、组织新闻发布会等。每一项活动都会有大量的事情可以报道，它们将分别受到不同群体的关注。

5）实施营销性公关计划。激动人心的消息很容易得到报道，但大多数新闻发布会都可能缺乏吸引力，难以引起那些编辑们的注意。从事公关活动的人常常是一些刊物的外稿记者，他们认识许多媒体的编辑并了解其需要。公关人员要把媒体编辑们看作一个必须满足需要的市场，以便于他们不断地采用企业发布的新闻。

当涉及举办特别的活动时，如纪念性晚宴、记者招待会和全国性比赛等，公关人员更需要额外注意。公关人员需要善于捕捉细节问题并在出错时迅速找到解决办法。大多数企业的公关计划书中都包括有危机应对计划的内容。计划书里明确指出谁可以谁不可以对媒体发言。

6）评价公关效果。由于公关活动是与其他促销工具配合使用的，所以很难衡量出它的绩效。但如果它是在其他工具使用之前进行的，则评价工作就比较容易些。公关效果可以通过曝光率、知名度/理解度/态度变化、销售—利润贡献等予以评价。

6. 网络（在线）促销策略

网络促销是指利用现代化的网络技术向虚拟市场传递有关产品和服务的信息，以启发需求，引起消费者的购买欲望和购买行为的各种活动。网络促销的常用方法有：

（1）E-mail 直邮广告　E-mail 作为通信工具具有强大的传播效率。E-mail 广告的点击率远远超过网页横幅广告，是未来网络行销的重要方向之一。E-mail 直邮广告不是随意向潜在客户发送产品信息，而是基于事先征得用户许可的软营销，主要是通过为客户提供某些有价值的信息，如物流服务产品信息、免费的物流行业报告、物流行业发展动态性的新闻以及为客户定制的个性化的物流方案等，吸引客户参与。

（2）互惠链接 互惠链接是一种增加曝光率从而提高访问量的一种有效的促销方式，而且互惠链接数量的多少也是搜索引擎决定网站排名的一项参数。实现互惠链接的方法是寻找与自己网站具有互补性、相关性或潜在客户的站点，并向它们提出与你的站点进行互惠链接的要求。链接通常有图片链接和文本链接两种形式，由于文本链接占用字节少，而且不影响网页效果，因而被广泛使用。

在选择链接对象时应该有一定的标准，因为建立互惠链接的目的不仅仅是为了增加访问量，还应对本企业网站内容起到补充作用，以便更好地服务你的用户。

（3）会员网络社区聊天 网络社区是指由具有某些特征（相同兴趣、经常交流、互惠互利）的单位或个人在网络上组成的团体，这个团体能给每个成员以安全感和身份识别。论坛和聊天室是两种主要的表现形式。通过网络社区可以直接和客户进行沟通，增进和客户之间的亲密和相互信任的关系；可以快速地了解客户对本企业的服务质量、价格、服务水平等的认知；还可以现场解决客户的各种专业问题，树立良好的企业形象，提高客户满意度。

（4）电子公告板（BBS） 通过电子公告板吸引客户了解市场动态，并且引导其消费需求。电子公告板通常有以下两种形式：

1）开展热门话题论坛。以一些热门话题，甚至是极端话题引起公众兴趣，引导和刺激物流消费市场的发展。

2）开办网上俱乐部（或沙龙）。通过俱乐部稳定原有的客户群，并且吸引新的客户群。通过对公众话题和兴趣的分析把握市场需求动向，启发灵感，开发适销对路的新服务。

（5）免费或收费的横幅广告 横幅广告，也称 Banner 广告，可以通过广告画面或广告语向浏览者传递各种信息，或者引导浏览者与物流企业进行深度接触。横幅广告有免费横幅广告和收费横幅广告。

（6）多媒体格式广告 多媒体格式广告包括：Macromedia Flash、Shockwave 等。

示例

CNTN 公司的分销渠道与促销策略

一、CNTN 公司独创分销渠道策略

CNTN 公司为了在渠道方面进一步独立发展，避免与国内物流公司传统的渠道正面冲突，敢于创新，尝试新的渠道策略，将品牌和服务整合为一体，在中国市场上尝试开展特许加盟店的营运方式。CNTN 公司加盟店的准入门槛不高，支付加盟金后可以使用 CNTN 公司的品牌，以后提取每月营业额的 6%上缴总部，作为特许权使用费。事实上，CNTN 公司的目标是通过特许加盟的方式，尽快铺设快递业务的终端网点，目前该公司的快递业务转给了内地数十家代理商，一旦建立了完善的加盟网点，CNTN 公司便拥有了打着自己品牌的庞大终端体系，这将大大提高 CNTN 公司在中国市场的竞争力。

二、CNTN 公司促销策略

1）人员推销。CNTN 公司具有非常强大的投揽网，投揽员直接面向客户，直接迅速地将公司的最新服务、最优服务传递给整个市场的客户，同时也迅速及时地将客户建议反馈给公司，经过集中整理为公司发展提供市场依据。

2）广告。公司广告是必不可少的，不仅是对外宣传公司、树立公司品牌形象、促进销售、有利竞争的需要，也是对消费者进行引导、进行概念消费导向的要求，CNTN 公司最初进入中国市场，借助的就是广告。

3）公共关系。CNTN 公司的公共关系可分为：①内部公共关系，主要是员工关系，即首先取得员工的信赖与支持，包括全部的人事关系，是 CNTN 公司整个公共关系的起点。②员工关系的目的，是培养员工对公司的认同感、归宿感，要达到这一目的要尊重个人价值，将企业发展与员工个人价值的体现结合起来，不仅是在金钱和物质上刺激员工，更是在精神上使其具有比较强的事业心、责任感和任劳任怨、奋勇拼搏的精神，把对工作的意识由自发提升到自觉的高度。

外部公共关系。CNTN 公司的促销策略更着重于长远利益，在综合运用多种促销方式外，最主要的就是钟情于公关。为了更好地宣传其品牌，提高品牌知名度和美誉度，也为了更好地赢得社会公众的认可，除了加强和政府的联系之外，还加强了社会公益活动的赞助。

CNTN 公司倡导"回馈社会"，举行了"行走天地间"步行筹款活动，所筹措款项用于资助在中国开展的针对 4000 名儿童的"扶贫助学"项目。

4）营业推广。CNTN 公司在特定目标市场上，尤其是针对中国消费者特有的文化和节日氛围而进行了各种特殊的营业推广活动，主要有价格打折、有奖促销等，尤其是集中在中秋节、元旦、春节等节假日开展。

本章小结

4Ps 理论中，营销组合是产品、价格、渠道、促销四大因素的大组合，而每一个因素又包括了若干个因素，形成每一个因素的次因素，这些因素又可组成各个因素的次组合。

产品是指能够提供给市场并引起人们的注意、获取、使用或消费，以满足某种欲望或需要的任何东西。产品的整体结构，一般包括核心产品、有形产品和附加产品三个层次。与其他服务产品类似，物流产品也具有不可感知、不可分离、差异、不可贮存、缺乏所有权等特性。

物流产品组合是指一个物流企业经营（营运）的全部产品或服务的结构，即各种产品及产品项目的有机组成方式。产品组合一般包括若干产品线，每一条产品线内又包括若干产品项目。一个产品项目往往具有一个特定的名称、型号或编号。

品牌策略是物流企业的整个产品战略的一个方面，品牌具有利益认知、情感属性、文化传统和个性形象等文化内涵，具有磁场效应、扩散效应、聚合效应，可以带来客户、带来市场、带来效益。品牌决策包括品牌化决策、品牌归属决策、品牌质量决策、家族品牌决策、品牌拓展决策、多品牌决策和品牌重新定位决策。

物流产品生命周期是指一种物流产品通过市场开发，从投入市场经营（销售）营运到最后被市场淘汰的全部过程。

物流企业在制订其价格时，通常按以下几个步骤进行：选择定价目标，确定需求，估计成本，分析竞争状况，选择定价方法，选定最终价格。

分销渠道设计决策内容包括确定渠道模式、确定中间商数目、分析影响渠道选择的因素以及明确分销渠道成员的权利与责任。

物流企业在制订渠道宽度决策时面临着三种选择：密集性分销策略、选择性分销策略和独家分销策略。

渠道管理的内容包括在了解渠道冲突原因的基础上，对渠道成员进行选择、激励、评估以及必要的渠道调整。

促销组合是一个物流企业的总体营销传播计划，它将广告、人员推销、营业推广和公共关系结合在一起进行综合运用。

网络促销的常用方法有：E-mail直邮广告、互惠链接、会员网络社区、电子公告板、免费或收费的横幅广告、多媒体格式广告。

【关键术语】

营销组合　整体产品　核心产品　物流产品组合　品牌　成本导向定价　竞争导向定价　客户导向定价　直接渠道　间接渠道　人员推销　广告　营业推广　公共关系

【知识检测】

1．填空题

1）产品的整体结构，一般包括＿＿＿＿＿、＿＿＿＿＿和＿＿＿＿＿三个层次。

2）物流产品的特性包括＿＿＿＿＿、＿＿＿＿＿、＿＿＿＿＿、＿＿＿＿＿和＿＿＿＿＿。

3）产品生命周期一般有四个阶段，包括＿＿＿＿＿、＿＿＿＿＿、＿＿＿＿＿和＿＿＿＿＿。

4）品牌效应包括＿＿＿＿＿、＿＿＿＿＿、＿＿＿＿＿。

5）物流服务产品开发需要经过＿＿＿＿＿、＿＿＿＿＿、＿＿＿＿＿、＿＿＿＿＿、＿＿＿＿＿、＿＿＿＿＿、＿＿＿＿＿等八个步骤。

6）定价步骤包括＿＿＿＿＿、＿＿＿＿＿、＿＿＿＿＿、＿＿＿＿＿、＿＿＿＿＿。

7）定价目标有＿＿＿＿＿、＿＿＿＿＿、＿＿＿＿＿、＿＿＿＿＿。

8）定价方法的三大类型是＿＿＿＿＿、＿＿＿＿＿、＿＿＿＿＿。

9）物流服务新产品定价策略有＿＿＿＿＿、＿＿＿＿＿、＿＿＿＿＿。

10）五定班列中的"五定"是指＿＿＿＿＿、＿＿＿＿＿、＿＿＿＿＿、＿＿＿＿＿、＿＿＿＿＿。

11）与分销渠道宽度决策有关的三个策略是＿＿＿＿＿、＿＿＿＿＿、＿＿＿＿＿。

12）垂直型渠道系统包括＿＿＿＿＿、＿＿＿＿＿、＿＿＿＿＿。

13）分销渠道策略有＿＿＿＿＿、＿＿＿＿＿、＿＿＿＿＿。

14）促销组合的策略包括＿＿＿＿＿、＿＿＿＿＿、＿＿＿＿＿。

15）常用的促销预算方法有＿＿＿＿＿、＿＿＿＿＿、＿＿＿＿＿、＿＿＿＿＿。

16）推销人员的报酬形式主要有＿＿＿＿＿、＿＿＿＿＿、＿＿＿＿＿。

17）网络促销的常用方法有＿＿＿＿＿、＿＿＿＿＿、＿＿＿＿＿、＿＿＿＿＿、＿＿＿＿＿、＿＿＿＿＿。

18）广告目标有告知性广告目标、＿＿＿＿＿、＿＿＿＿＿。

19）公共关系具有的三个要素是：＿＿＿＿＿、＿＿＿＿＿、＿＿＿＿＿。

20）公关活动的主要工具有＿＿＿＿＿、＿＿＿＿＿、＿＿＿＿＿、＿＿＿＿＿。

2．判断题（判断下列各题是否正确。正确的打"T"；错误的打"F"）

1）宽度（或称为广度）是指一个物流企业的产品组合中包含的产品项目总数。

              （ ）

2）产品生命周期指的是产品的使用寿命。   （ ）

3）新产品开发始于创意形成，即系统地捕捉新的创意。 （ ）

4）影响物流产品定价的因素主要有营销目标、成本、需求、竞争和其他因素。

              （ ）

5）在成本加成定价法中"加成"的含义是指一定比例的利润。 （ ）

6）产品生命周期各阶段中，市场竞争最激烈的是成熟期。 （ ）

7）撇脂定价策略是将新产品价格定得较低，有利于为市场接受，迅速打开销路。

              （ ）

8）一般情况下市场占有率与投资收益率为正向关系。   （ ）

9）理解价值定价法是以竞争为导向的。   （ ）

10）随行就市定价法是以需求为导向的。   （ ）

11）联营分销属于间接分销渠道。   （ ）

12）渠道宽窄取决于渠道的每个环节中使用同类型中间商数目的多少。（ ）

13）物理性质不稳定的易腐物品宜采取直接分销。   （ ）

14）广告可以宣传物流企业不能提供或客户不能得到的允诺。 （ ）

15）目标任务法是指按计划销售额的一定百分比确定广告费用。 （ ）

16）销售促进就是通过降价的方式来提高销量。   （ ）

17）物流企业的公共关系就是针对政府的一些活动。   （ ）

18）BBS 是网络促销的一种方式。   （ ）

19）接受用户订货是一种直接渠道。   （ ）

20）对中间商的数量折扣属于公共关系策略。   （ ）

3．单项选择题（在下列每小题中，选择一个最合适的答案）

1）企业产品组合中所包含的产品项目的总数叫作产品组合的（ ）。

  A．宽度   B．长度   C．深度   D．关联度

2）产品生命周期是指（ ）。

  A．产品的使用寿命   B．产品的物理寿命

  C．产品的合理寿命   D．产品的市场寿命

3）产品改良、市场改良和营销组合改良等决策适用于产品生命周期的（ ）。

  A．介绍期 B．成长期   C．成熟期   D．衰退期

4）原定位于中档产品市场的企业掌握了市场优势之后，决定向产品大类的上下两个方向延伸，这种产品组合策略叫（ ）。

  A．向下延伸 B．双向延伸   C．向上延伸   D．缩减产品组合

5）企业把创新产品的价格定得较低，以吸引大量客户，提高市场占有率，这种定价策略叫做（ ）。

  A．撇脂定价 B．渗透定价   C．目标定价   D．加成定价

6）新产品开发是从（　　　）开始的。

    A．营业分析　　B．创意形成　　　C．甄别创意　　　　D．制订营销计划

7）在产品整体概念中最基本最主要的部分是（　　　）。

    A．核心产品　　B．形式产品　　　C．潜在产品　　　　D．附加产品

8）品牌中可以被认出但不能用语言称呼的部分叫作（　　　）。

    A．品牌标志　　B．商标　　　　　C．品牌名称　　　　D．品牌延伸

9）在企业定价方法中，差别定价法属于（　　　）。

    A．成本导向定价法　　　　　　　B．客户导向定价法

    C．竞争导向定价法　　　　　　　D．市场导向定价法

10）企业制定一种产品的最高价格取决于该产品的（　　　）。

    A．市场需求　　B．市场占有率　　C．成本费用　　　　D．竞争产品价格

11）订购分销属于（　　　）分销渠道。

    A．直接渠道　　B．间接渠道　　　C．宽渠道　　　　　D．以上都不是

12）不同层次的独立运输商和中间商，以合同为基础建立的联营形式属于（　　　）。

    A．公司式垂直系统　　　　　　　B．管理式垂直系统

    C．契约式垂直系统　　　　　　　D．以上都是

13）公关活动的主题是（　　　）。

    A．一定的组织　　　　　　　　　B．客户

    C．政府官员　　　　　　　　　　D．推销

14）以下不属于物流服务促销目标的是（　　　）。

    A．客户目标　　　　　　　　　　B．中间商目标

    C．竞争目标　　　　　　　　　　D．利润第一目标

15）以下不属于"拉"式促销策略的是（　　　）。

    A．人员推销　　B．广告　　　　　C．营业推广　　　　D．公共关系

16）以下不属于广告效益的是（　　　）。

    A．经济效益　　B．心理效益　　　C．社会效益　　　　D．个人效益

17）一般来说，工业品的促销工具主要有（　　　）。

    A．营业推广　　B．广告　　　　　C．人员推销　　　　D．公共关系

18）公共关系的对象是（　　　）。

    A．群众　　　　B．公众　　　　　C．客户　　　　　　D．中间商

19）消费品中的耐用消费品等一般选择的分销策略是（　　　）。

    A．选择性分销B．独家分销　　　C．大量分销　　　　D．密集性分销

20）电子商务属于（　　　）方式。

    A．自产自销销售　　　　　　　　B．网上销售

    C．专业商店销售　　　　　　　　D．连锁商店销售

4．思考题

1）如何理解产品整体概念？

2）物流企业如何进行产品组合设计？

3）分析物流产品生命周期不同阶段的营销策略。

4）一个物流企业的经理，将如何获得新产品的创意？

5）为什么有很多人对品牌产品愿意付较高的价格？从这个事实你可以看出产品品牌化的价值何在？

6）物流企业怎样制订价格策略？

7）影响物流企业分销渠道选择的因素有哪些？

8）调查一家企业的分销渠道现状，并使用市场营销理论予以评价。

9）影响促销组合的因素有哪些？

10）可供选择的广告媒体有哪些？

11）人员推销的步骤有哪些？

12）寻找一个企业物流产品的推广方案，并予以评价。

【职场体验】

调研一个物流企业，分析 4Ps 策略在营销活动中的实际应用。

第五章

物流营销界面管理

知识目标

了解客户界面的含义与构成。

理解客户参与、有形展示和过程管理的重要性。

熟悉内部营销的内容构成、有形展示的类型、物流作业的基本流程。

掌握人员参与、有形展示和过程设计策略的内涵。

能力目标

能在 4Ps 组合基础上运用人员参与、有形展示和过程设计，开展物流企业服务营销活动。

案例导入

保持优质服务的新加坡航空公司

1. 提供优质的服务

"新航女郎是公司的标志，公司为她们感到骄傲，公司一直在提高她们的技能。公司希望提高她品尝酒和奶酪的能力。这种提高必须是连续的。然而，公司不只是集中在新航女郎上。航班的服务可以分为很多不同的部分。公司必须使任何一个部分都达到优质的标准，公司不仅仅只是在商务舱提供最好的座椅给乘客使用。公司希望提供最好的客舱服务，最好的食物，最好的地面服务，这些就和提供最好的座椅一样。"

"全面性"还要求公司的价格不能太高。例如，在往返新加坡和曼谷之间的短途航班上，公司要提供最好的食物，你可能会想到龙虾，这样你可能会破产。最关键的是，在新加坡至曼谷的航线上，公司所提供的每一项服务都比竞争对手所提供的要好，这就足够了。新加坡航空公司希望，在任何时候，在任何方面，公司都比竞争对手好一点点。

2. 培训是提供优质服务的保障

新加坡航空深深地知道，只有对员工进行全方位的培训，才能增强员工的满意度，只有这样才能使员工提供真正优质的服务给客户。培训是必需的，而不是可选的，每个人都要接受培训。公司购买最好的软件和硬件设施用来培训员工，因为公司用长远的眼光看待培训。公司对员工发展的投资不会受经济波动的影响。

在新加坡航空公司，对待培训几乎到了虔诚的程度。公司相信，不管任何时候你都能学习。每个人都有一个培训计划。"你经常能学习一点东西。假如你完成很多培训课程，你就可以去休息一段时间。你还可以去学习一门语言，做一点新的事情，使你精神振奋。"

在新加坡航空公司，人是一个很重要的因素，所以公司采用了全面的、整体的方法来发展它的人力资源。从本质上来讲，有两类培训：①职能培训是训练员工具体工作的技能，让他们在技术方面有足够的能力和信心。新加坡航空集团有几个培训学校，专门提供几个核心的职能培训：机舱服务、飞行操作、商业培训、IT、安全、机场服务培训和工程。②新加坡航空管理发展中心（MDC）负责提供一般管理培训。MDC归属于人力资源部，主要关注软技能的培训，这种培训是集中进行的。这样，工程师、IT专家和市场人员等都能聚在一起。他们一年能培训9000名员工，而且以动态和专注于培训而闻名。

新加坡航空公司最近一次优质服务创新叫作客户服务转型（TCS），涉及五个核心职能部门的员工，其中有机舱服务、工程、地面服务、飞行操作和销售支持。为了确保在全公司内发扬客户服务转型文化，公司还加入了管理培训的内容。管理发展中心把员工召集起来，进行了一次为期两天，题为"TCS职能部门的战略协同"的培训课程。这个课程是关于如何在关键职能部门的员工中建立一种团队的精神，这样可以让团队充分合作，使整个为乘客服务的过程令人愉快，而且尽量衔接紧密。在服务过程中，不仅是负责卖票或订票的员工和机组人员会接触客户，机师、机场经理和机场工程师在客户服务的过程中也要扮演同样的角色，因为他们有时也会接触乘客。对于内部客户，也是同样的要求。例如，作为机场经理来说，他的主要职责是确保飞机准时出发，同时，当飞机出发时，他是最后一个和机组人员接触的人；当飞机到达时，他是第一个和机组人员接触的人。但是TCS不仅仅和人有关。在TCS中，有一个40-30-30的原则，它是一个把人、程序和产品整合起来的一个方法。公司将40%的资源用来培训和激励公司的员工，30%的资源来评价服务过程和程序，剩下的30%用来创造新的产品和服务理念。

3．帮助员工处理来自客户的压力

因为新加坡航空在优质服务方面享有盛誉，而且一直在不断努力地提高，其客户可能对新加坡航空有很高的期望而且要求很苛刻。这样就会给一线员工很大的压力。因此，公司要帮助他们处理因为给客户提供服务，让他们满意而带来的情绪上的波动。

4．沟通和激励

新加坡航空公司认为，要鼓励员工为乘客提供好的服务，就必须和员工有很好的沟通。公司定期举行全公司的大会和简会，告诉员工公司最近的情况。在定期的员工会议上，鼓励经理和员工相互交流。假如公司在机场换票处新添了一项服务，公司会在事前、事中和事后都告诉员工。公司还会和员工讨论这项新服务的重要性和它的价

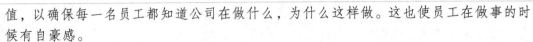

值，以确保每一名员工都知道公司在做什么，为什么这样做。这也使员工在做事的时候有自豪感。

公司还利用非物质奖励来鼓励优秀的服务人员。时事通信会和大家分享和表扬优秀的服务。公司设法去表扬那些做得很优秀的员工。每年，公司都颁发"副主席奖"（Deputy Chairman's Award）。这也是高级管理层感谢那些优秀员工的一个方式。公司会为那些赢得了很多乘客称赞的员工颁发一个特别的奖章，会表扬那些优秀员工所做出的贡献。

思 考 1）新加坡航空公司是如何使优质服务有形化的？

2）新加坡航空公司是如何实现内部员工满意度的？

3）如果你是该公司的营销经理，该如何设计服务过程？

5.1 物流企业客户界面

5.1.1 物流企业客户界面的含义

客户所能接触到的各种与品牌相关的元素统称为客户界面。在网络环境下，物流企业与消费者发生关联的接触点已经越来越多，每一个点都会影响企业的品牌建设和消费者的购买决策。客户界面的有效管理是企业竞争优势的新来源。要想赢得竞争，物流企业需要高素质的一线管理人员和不可或缺的设备。

"客户界面"概念的提出，目的就是旗帜鲜明地将品牌营销传播的重点转移到以客户为核心的传播载体上来，将客户作为品牌营销的出发点和归宿。界面管理是对交互行为、交互关系、交互要素进行集成调控的管理方式，其主要任务是构建交互主体间的界面桥梁、消除交互主体间的交互障碍、为系统整体效率的提升提供良好的交互支持。

5.1.2 物流企业客户界面的构成

物流企业客户界面包括通过有效的员工管理获得服务竞争优势、设计有效的服务过程并进行管理以及对服务环境的有效设计。因此，物流营销界面管理侧重于人员参与、有形展示和过程设计。

5.2 人员参与

在物流服务营销的"7Ps"组合中，"人"的要素是比较特殊的一项。对于物流企业来说，人的要素包括两个方面的内容，即服务人员（员工）和客户。

5.2.1 服务人员及内部营销

1. 服务人员

（1）服务人员的地位　在提供物流服务产品的过程中，人（物流企业的员工）是一个不可或缺的因素，尽管有些物流服务产品是由机器设备来提供的，如网上物流服务等，但物流企业的员工在这些服务的提供过程中仍起着十分重要的作用。对于那些要依靠员工直接提供的物流服务，员工因素就显得更为重要。一方面，高素质、符合有关要求的员工的参与是提供物流服务的一个必不可少的条件；另一方面，员工服务的态度和能力水平也是决定客户对物流服务满意程度的关键因素之一。

通常，一个高素质的员工能够弥补由于物质条件的不足可能使客户产生的缺憾感，而素质较差的员工则不仅不能充分发挥物流企业拥有的物质设施上的优势，还可能成为客户拒绝再使用物流服务的主要缘由。考虑到人的因素在服务营销中的重要性，克里斯蒂安·格隆罗斯（Christian Gronroos）提出，服务业的营销实际上由三个部分组成（见图 5-1），物流服务也不例外。

其中，外部营销包括企业提供的服务准备、服务定价、促销、分销等内容；内部营销则指企业培训员工及为促使员工更好地向客户提供服务所进行的其他各项工作；互动营销则主要强调员工向客户提供服务的技能。图 5-1 中的模型清楚地显示了员工因素在服务营销中的重要地位。

在物流服务营销组合中，处理好人的因素，就要求物流企业必须根据物流服务的特点和服务过程的需要，合理进行物流企业内部人力资源组合，合理调配好一线队伍和后勤工作人员。以一线员工（或称前线员工）为"客户"，以向客户提供一流的物流服务为目的，开展好物流企业内部营销工作。客户对物流企业服务质量评价的一个重要因素是一线员工的服务素质和能力，而要形成并保持一支素质一流、服务质量优异的一线员工队伍，物流企业管理部门就必须要做好员工的挑选和培训工作，同时要使物流企业内部的"二线""三线"队伍都围绕着为一线队伍的优质服务提供更好的条件这一中心展开。只有为一线员工创造了良好的服务环境，建立了员工对物流企业的忠诚，进而才能实现员工为客户服务的热忱，并通过较高的服务质量赢得客户对企业的忠诚，从而使得企业获取收益。

物流企业要对员工从事内部营销，对客户则从事外部营销，而员工之间则交互营销，共同为客户提供服务。因此，物流企业的营销不仅施之于客户，而且还要针对内部员工，这不同于有形产品的营销。

（2）服务人员 贾德（Judd）根据服务人员接触客户的频繁程度不同和参与常规营销活动的程度不同把服务营销中的人员分为四类（见图 5-2）：接触者、改善者、影响者和隔离者。

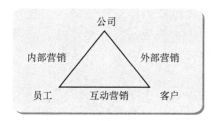

图 5-1 服务业三种类型的营销　　　　图 5-2 营销人员分类

接触者是物流企业服务的主要传递者，也是企业营销活动的主要执行者。改善者指经常地与客户接触，但是并不经常参与常规营销活动的人员，如企业的接待人员、总机接线员等。影响者是指不经常参与客户接触，但是参与常规营销活动的人员，如产品设计开发人员等。隔离者是指不经常与客户接触也不经常参与常规营销活动的人员，如人事等部门的员工。

物流企业的具体服务人员包括运输、储存、包装、搬运、装卸以及配送和信息处理等这一系列过程中涉及的服务人员。这些人可能有实现生产或操作的任务，但他们也可能是与客户直接接触的角色，他们的态度对物流服务质量的影响程度和正式客户业务代表态度的影响程度是一样的。因此，高素质的服务人员对物流企业来说尤为重要。在中外运敦豪（DHL），高素质的员工始终是其成功的关键，以普通邮递员为例，在以英语为通用工作语言的快递行业，国际化的业务意味着递送员每天要面对来自世界各地的快件和大公司里众多的洋面孔，过硬的英语能力自然成为 DHL 对员工的基本要求之一；此外，作为直接面对客户的服务人员，真诚自然的服务态度更是不可缺。同时，随着行业的不断升级，DHL 强调服务人员必须实现 Can do spirit（能够、并愿意为客户尽力服务）和 Teamwork（团队协作）两种精神的结合。

在物流服务营销组合中"人"的要素的另一个方面就是客户。在物流企业的营销活动中客户的参与意识越来越强，客户之间的关系也会影响他们对物流服务的看法。一位客户对某项物流服务量的感受，很可能会受其他客户意见的影响。客户总会与其他的客户谈到物流企业的服务，或者当一群客户同时接受一项物流服务时，对服务的满足感往往是由其他客户的行为间接决定的。因此，每一个客户都必须受到物流企业的高度重视。

客户所接受的物流服务通常从技术性质量和功能性质量两个方面加以评价。技术性质量是指客户在他与物流企业之间交易后所得到的实质内容。技术性质量可以通过客观方式加以评估，并成为任何客户对某项物流服务评价的重要依据。功能性质量是指物流服务的技术性要素是如何被移交的。物流服务的功能性要素有两项最重要的构成，即过程和物流服务体系中的人。功能性质量虽不易于进行客观的评估，但也是客户对服务评价的重点。功能性质量包括：员工的态度、员工的行为、员工间的关系、与客户有接触经验员工的重要性、服务人员的外观、服务对于客户的可及性、服务人员对于服务的态度。

2．内部营销

（1）内部营销的内容构成　内部营销的概念形成于 20 世纪 80 年代，现在越来越多的物流企业认识到它们需要内部营销过程，内部营销已被当作外部营销成功执行的先决条件。内部营销起源于这样一个观念，即把员工看作企业最初的内部市场。如果产品、服务和沟通行动在针对内部目标群体时不能很好地市场化，那么，最终针对外部客户的营销活动也不可能取得成功。

内部营销的主要目的在于鼓励高效的市场营销行为，建立这样一个营销组织，即通过恰当的营销，使内部人员了解、支持外部营销活动，使其成员能够而且愿意为企业创造"真正的客户"。内部营销的内容构成如图 5-3 所示。

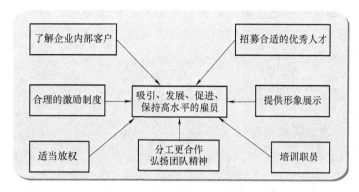

图 5-3　内部营销的内容构成

内部营销是一项管理战略，其核心是发展对员工的客户意识。在把产品和服务通过营销活动推向外部市场之前，应先对内部员工进行营销。只有进行恰当的内部营销，物流企业在外部市场上进行的经营活动才可能获得最终成功。"有效的服务，要求理解服务观念的员工。"因此，对所经营业务的理解、对企业中员工的期望以及为什么抱有这种期望，这需要经过努力才能达到。

内部营销作为一种管理过程，通过两种方式将物流企业的各种功能结合起来。首先，内部营销能保证物流企业所有级别的员工理解并体验本企业的业务及各种活动；其次，它能保证所有员工准备并得到足够的激励以服务导向的方式进行工作。内部营销强调的是物流企业在成功达到与外部市场有关的目标之前，必须有效地进行组织与其员工之间的内部交换过程。

（2）内部营销的目标　从策略层次上看，内部营销的目标是：通过制订科学的管理方法、升降有序的人事政策、企业文化的方针指向、明确的规划程序，创造一种内部环境，来激发员工主动为客户提供服务的意识。从战术层次上看，内部营销的目标是向员工推销服务、支援服务、宣传并激励营销工作。

在实务上，营销措施就变成广告活动，不但是为了影响客户，同时也为了影响员工。它侧重于技能与细节，主要包括定期或不定期地举办培训班、内部交流沟通，召开情况介绍会、座谈会、茶话会；内部全员沟通，如定期出版报纸或快报；情况调查，确认员工需求等。在员工不太情愿销售一种他们本身就不太接受的服务产品的情况下，内部营销就更加重要。

（3）内部营销的管理过程　内部营销意味着两种类型的管理过程：态度管理和沟通管理。首先，员工对客户意识和服务观念的态度和动机需要进行管理。态度管理经常支配着物流企业内部营销中为取得竞争优势而推行的服务战略。其次，经理、接待员和支持人员需要大量的信息，以使其能执行作为领导或经理或是内部和外部客户的服务提供者的任务。这些信息可能包括工作计划、产品和服务的特征、对客户的承诺（如广告或推销员所做出的承诺）等。

在服务营销中，有两句格言流传甚广，经常为人们所引用：①"你希望员工怎样对待客户，你就怎样对待员工。"②"如果你不直接为客户服务，那么，你最好为那些直接为客户提供服务的人提供优质服务。"这两句格言提示了两个原则：对人的尊重和树立团队（或集体主义）观念。因此，内部营销被用来对物流企业员工推销服务理念与正确的价值观。物流企业可以通过内部营销，使"客户至上"观念深入到员工的心坎，从而使物流服务提供者更好地履行自己的职责。

5.2.2 服务人员的内部管理

1. 服务人员在物流服务营销中的作用

物流服务是通过物流服务人员与客户的交往来实现的，物流服务人员的行为对物流企业的服务质量起着决定性作用。因此，在物流服务营销中物流企业对员工的管理，尤其是一线员工的管理相当重要。服务人员在物流服务中的重要性主要体现在以下关系上：

1）员工的满意程度与物流企业内部质量相关。

2）员工的忠诚度与员工的满意度相关。

3）员工的生产效率与忠诚度相关。

4）物流服务的价值与员工的生产效率相关。

这一系列的推断说明内部质量是基础，可以通过评价员工对自己的工作、同事和企业的感觉而得到。最主要的是来自于员工对自己工作的评价，而员工对物流企业内其他人的看法和物流企业内部人员互相服务的方式也对内部质量产生影响。换句话说，物流企业内部对人力资源的管理影响着员工的满意程度，从而最终影响物流企业服务价值的实现。

物流企业所有的工作都是由投入、过程、产出三部分组成，在物流企业提供服务的过程中，其上一环节为其提供投入的员工即该环节的供应者，同时该环节的员工又是上一环节的客户，因为他们得到了上一环节的产出。因此，"提供者—客户"这对关系不但说明物流企业与最终用户的关系，也说明了物流企业内部各工作环节之间的关系，我们称企业内部的"客户"为"内部客户"。

管理人员把自己的手下视为客户是一种很好的管理方法，当管理人员把手下员工作为自己产出（即管理工作）的客户时，就会去了解他们的需求，而当管理人员满足员工的需求之后，员工往往能够很好地完成工作。这也是为什么管理人员应把自己作为一名"供应者"去为自己下属服务的最有力根据。

由于客户在与前线员工接触时，往往把这些员工作为整个物流企业的代表，把与这些员工交往得到的感知服务质量作为整个企业所提供的服务质量。因此，如果在物流企业内部存在这么一个良好的机制，那么，前线员工一定会尽力给客户留下良好的印象，并提供优质服务。

2. "客户/员工关系反映"分析

"组织—员工—客户"给我们的另一重要启示是"客户/员工关系反映"，即对于服务组织来说，客户关系反映了员工关系，即组织（尤其是管理人员）如何对待员工，员工就将怎样去对待客户——如果管理人员帮助员工解决问题，员工也会为客户解决问题。

（1）关心员工遇到的问题并帮助解决 这并不意味着管理人员无条件地去关注其下属的所有问题，管理人员应关心影响员工工作的问题。要做到这一点，管理人员不妨从以下几方面加以考虑：①定期举行与基层员工的会议，可以使高层管理人员从这些普通员工中得到建议。②为员工提供一些福利性的帮助，如通过赞助援助员工的计划和为员工作信用担保等方式以表示对员工需求的关心。③制订一些支持员工的计划，包括提供服务、职位阶梯和分享企业利润。

管理人员在与下属交往时应尽量避免显示自己的权威性，同时可采取一些显而易见的措施。例如，办公室不设门或办公时间敞开门，能使员工感觉如果有难题可以随时直接找管理人员。

（2）使员工了解组织内部发生的事　如关于销售、利润、新产品、服务和竞争的综合情况，其他部门的活动，关于企业在实现目标上的最新发展及完成目标的情况。

如果每个员工都了解组织内部发生的事，会使物流企业在对客户的服务过程中得到好处。因为，如果在物流服务中有一时无法处理的情况发生，员工会很快找到答案或让能处理的员工来完成服务。

（3）树立组织的整体观念，增强员工责任感　培养员工共同的责任感应始于新员工加入时，新员工需要学会的是对客户和其他员工的责任感。要使这项工作持续进行还需要关注客户对负责任的员工的反馈信息，经常回顾工作中员工表现出责任感的行为以及对那些很好地为客户服务的员工进行当众表扬。

（4）尊重员工　当员工感觉不到被上司或同事尊重时，他在对客户提供物流服务的过程中往往显得易于急躁，管理人员在与员工的交往中应注意自己的言行，处处体现出对员工的尊重：①及时表扬出色完成工作的员工。②记住下属的名字。③尽量避免当众指责员工。④为员工提供干净、适用的设备。⑤注意礼貌用语。⑥认真倾听并尽力去理解员工的看法。

（5）给予员工决定的权力并支持员工做决定　管理人员对员工给予充分的支持会令员工做得更好，下放一部分权力会使员工更加主动、积极地为客户提供服务，可以从以下几个方面来理解"支持"：①为员工提供应该配备的人员、资源及相关知识等以使员工更有效地工作。②合理的加薪计划。③为下属所犯错误承担相应责任。④在其他人面前为自己的下属辩护。⑤把注意力集中在解决问题上，而不是一味地责备。

当然，支持员工是在一定范围内的，例如，在为下属所犯的错误承担相应领导责任的同时，也应对下属员工进行一定的责罚。

3．管理人员对员工的管理

"把员工作为自己的客户"和"客户和员工关系反映"指出了管理人员如何在平时的工作交往中加强对员工的管理。管理人员所要面对的员工各不相同，并非每个员工都能很好地完成自己的工作。在这种情况下，管理人员应学会帮助员工改变做法，做好工作。而对于员工来说，为了更好地服务客户，他们需要来自管理人员的反馈信息。因此，管理人员应及时评价员工的工作并帮助他们改正错误。所有的这些无非就是加强沟通。联邦快递的经理几乎每个月都在跟不同地方的员工交流，此外，每半年他会跟所有的经理召开一次电话会议，每年所有的经理也会被召集在一起开一个会，这样确保沟通得很顺畅，能及时了解各地员工的需要，从而达到良好的管理。

对员工在工作中取得的成绩，管理人员应及时给予表扬，无论是对员工还是对客户都将产生巨大的效果。但作为管理人员也不能滥用表扬，应把对员工的表扬用在较为关键的方面：当员工的行为超过企业所要求的行为标准时；当员工的行为一直都符合标准时；当员工取得进步时（无论进步的大小）；当员工面对挑剔的客户保持冷静时；当员工采取灵活措施帮助客户时。

当员工出现差错时，管理人员应该如何对待？管理人员应以谨慎的态度对待员工的差错，谨慎首先表现在他对待员工错误的态度上，管理人员应对员工错误持理解的态度，在帮助其改正的实施过程中应避免触发员工的敌对情绪（因为员工在犯错误之后的心态是敏感的，而这敏感容易转化为敌对情绪）。

管理人员应做到的是：考虑员工的感受；冷静地分析每一种可能的情况；表现出相信员工有改变的能力；仔细向员工解释所犯错误的本质及管理人员期望的改正效果；在私下里批评员工；向员工描述未来可能发生的错误带来的后果，并坚持不断地做这样的描述；公平地对待每一个员工；当错误发生后，迅速给予关注；表明员工惩罚措施的目的；迅速对所有违反规则的行为做出处理。

管理人员应该避免的是：讽刺犯错误的员工；发脾气；由此而轻视犯错误的员工；用带有侮辱性的语气说话；在其他员工面前批评犯错误的员工；对员工进行欺骗或威胁；表现出个人喜好；对员工所犯错误迟迟不进行处理；采取过分严厉的惩罚措施；改正错误的措施执行不够有连续性。

企业还要加强制度上的保证，如联邦快递公司设有"员工公平对待条例"，员工受到处分如觉得不合理，可以在7天以内投诉到他上司的上司，他上司的上司要在7天内开一个"法庭"来判定是员工对还是经理对，如果员工还是不满意，还可以继续往上告，确保员工得到公平的对待。

5.2.3 物流服务人员的培训

1. 人员招聘

在选择前线员工时，不能像招聘普通员工那样只看重经验和技能，而更应考察态度、资质和个性等能为物流服务人员带来成功的因素。一般的招聘方法不适用于选择前线员工，因为在这些招聘过程中，招聘人员的决定常常只是由他们的直觉和应聘者的书面材料产生。调查资料显示，60%的简历中有不真实资料，大多数推荐信只提供正面的意见，面试也不是一种可靠的方法，招聘人员通过面试只能了解应聘者的外表及在面试中的表现。选择物流服务的前线员工可以通过计算机化的问卷测试来进行，DHL的具体步骤如下：

1）研究人员决定一个合格的前线员工所应有的素质。这项工作是通过与管理人员的交谈以及通过对原有的客户满意度研究进行总结，大致勾勒出符合物流企业需要的有利于客户服务的方面。例如，通过交流和经验总结，DHL认为雇员对企业文化的认同是影响员工服务态度的一个非常重要的因素，因此，个人价值观与企业文化存在明显的冲突不可能成为DHL的雇员。

2）从中选出对物流企业成功有重大影响的行为，针对这些行为制订标准化的测试内容。DHL全球统一的经理人甄选标准化的测试内容包括计划、团队管理、自我激励、沟通能力等10种核心能力。

3）在物流企业内选几名工作出色的员工进行测试，对测试结果进行分析，选出得分高的条款综合而成最终的测试内容。

2. 员工培训

员工招聘只是物流企业人力资源管理的开始，如何使新员工成为符合物流企业要求的服务提供者，这是物流企业内部培训要解决的问题。许多物流企业为培训员工开办了专门的学校，这些学校为本企业的员工培训制订专门的培训计划，配置专门的培训人员。学校的一切活动都围绕着培训企业需要的人，只要是企业的需要，哪怕是细微的方面也会配合以精心的计划。例如，联邦快递公司每一个员工每年都有 2500 美元作为学习津贴，有了 2500 美元，大家就有机会去学习、去改善自己。

这些机构的主要任务之一是对员工进行技能培训（针对某些特定的事务）。这些培训的主要内容是一些行为准则，一般是针对那些新加入公司的员工。进行这样的培训是为了让新员工能在今后的工作中以符合标准的行为高效地完成本职工作，并与其他员工取得协调，更好地工作。

物流企业除了对员工进行技能培训外，还应对员工进行交往培训。由于员工在与客户交往中可能遇到的问题难以预料，因此很难在培训中对这些问题加以模拟解决。所以，在物流服务组织的培训中，交往技巧的培训在某种程度上比技能培训更困难。许多航空公司对乘务员进行事件分析培训，以帮助乘务员在意想不到的情形下处理好客户提出的苛刻要求。还有一些物流企业把角色扮演、创造性技巧和模拟冲突作为培训方法。联邦快递公司很注重对员工的培养，每一个岗位都有一个培训计划；对于新人，公司不仅对他们进行专业的培训，还会对他们进行管理的培训、怎样做人的培训，让员工清楚公司的文化，自己未来的发展。

培训的第三个作用在于使员工认同企业的价值观，并使员工对一些与企业发展有关的事件给予更多的关注，这是有关企业文化的培训内容。对企业文化不仅是物流企业制订战略方针的思想指导，对物流企业员工的日常工作也起着指导行为的作用。

为员工精心设计的培训计划对整个企业的运作产生深远、积极的影响。如果这样的培训计划设计得合理并与企业的特点相适应，如果这样的培训计划被当作系统的一部分而不是只被当作一些空洞的教条，那么对员工的培训将是服务组织最好的工具。

在设计内部员工培训计划的过程中，首先应考虑的是物流企业内不同层次的业务需要，这里所说的业务需要指的是物流企业各级部门的工作目的、工作内容及所应达到的要求等。在分析各级部门业务需要的基础上制订培训计划以满足这些需要。在制订培训计划时还应注意对不同部门的员工，不同职能和不同地区的部门及组织内不同级别之间相互影响、相互联系的领域进行研究，使制订的培训计划能增进彼此间的联系，并在公司遇到的问题与业务流程方面建立起员工之间、部门之间、地区之间的理解。

示 例

Megaproducts 的物流培训

Megaproducts 公司参加培训计划的规则非常简单——任何想要参加培训的员工都可以参加。物流经理根据物流管理的需要制订一个培训计划。这个计划包括几个星期的活动、介绍大学物流的课程——采用练习方式——这些员工可以分析实用的例子。参与者包括：从营销部门新转到物流部门的管理者、仓库的长期操作人员、从一个职能部门刚提升的现在负责几个职能领域的中层管理者。

培训甚至超出组织的界限——向供应商和客户开放。一些中层管理者经过认证成为根源错误分析（RCFA）培训师，他们为自己的下属和客户提供课程培训，但同时也需要运输供应商接受这些课程。Megaproducts公司对全世界范围的全部承运商进行培训，并承担这些费用。

还存在其他需要的培训课程——尤其为那些接任新工作的员工。管理者提升职位前要经历几项培训，而且为了保持他们的技能，一直要接受新的培训。

公司鼓励制订个人发展计划，物流经理支持有助于员工发展以及影响他们在家中和工作中的行为的培训。

其结果是：该公司十几年内全球所有非铁路运输的按时交货率超过98%，不存在操作层、监督层、管理层的人员跳槽的现象。

3."由上而下"的培训

对基层员工的培训是重要的，那么管理人员是否也应培训呢？答案是肯定的。每个人都需要知道该做什么和怎样去做，而且每个人都需要得到他人的鼓励与肯定，总裁也不例外。物流企业内部全面的培训一般在以下四个层面展开：

1）最高管理层。对最高管理层的培训以宏观管理为特色，主要在于如何制订、实施以客户为导向的物流管理战略。高层管理人员还应学会如何加强管理并以身作则，以建立以服务为导向的企业文化。

2）经理和主管。一般的管理人员需要在下放权力、团队建设、做员工的顾问等方面学习如何扮演好自己的角色。管理人员还应掌握必要的技巧使整个组织的计划相互协调以形成整体。这样的培训在许多组织中几乎是强制性措施，是每一位管理人员必须学会的。

3）与客户接触的前线员工。前线员工在培训中应学会有关帮助客户，为客户做出安排，把客户需求放在第一位的看法、战略和技巧。前线员工最常犯的错误就是对客户的"打扰"（事实上接待客户的"打扰"正是前线员工的工作）感到厌烦，而当这种感觉反映到态度和行为中时就会把客户吓跑。

4）物流企业的其他员工。培训计划应使这些员工知道优质服务给企业、给他们自己的事业所带来的好处，并使他们意识到自己在服务提供过程中的重要性，同时帮助他们理解"内部客户"的含义，最重要的在于使这些员工学会如何在工作中支持、帮助前线员工。

在这四个层面的培训中，经理和主管以及前线员工这两个层面较为重要。物流服务组织中经理和主管的培训与其工作特点密切相关，员工对客户提供服务的过程不仅受管理人员如何对待员工的影响，而且也受到管理人员如何对待客户的影响。管理人员都应该理解自己的行为对下属具有怎样的影响力，同时也应了解在建立以服务为导向的企业文化中自己应扮演的角色和应有的行为。管理人员在平时的工作中要具有发挥表率作用的意识，他们应以客户为中心，在做决定时考虑的因素，管理人员还应学会如何培训和发展自己手下的员工同样关心客户。

示 例

如何打电话

客户往往都说很忙，没空听我说太多，如何争取和客户对话的时间，如何问出想问的重点呢？

首先，一个完整的提纲要有起承转合，问问题要修饰语气，环环相扣，避免冷场。你好，××公司是吗？我这里是……

人——（问对人）请问贵公司负责海空运进出口这部分的负责人是哪位先生或是小姐呢？我想将我公司最好的服务和运价参考资料转给他看看，请帮我转接一下好吗？

事——（做啥事）不好意思打扰了，敝姓××，请问贵姓，冒昧地请教你这边出口进口的情况，出口多还是进口多，整箱多还是拼箱多呢？我好了解情况以提供运价给你参考，目的无非是想为贵公司找船期稳、结关日多、服务到位的服务（得到一些CY/CFS的信息）。

时——（啥时出）像贵公司在广州这么久的经营，应该每周都有出货吧；虽然你七成都是FOB，我有机会做到你三成的CIF就心满意足了，给我个机会，试试我公司的服务，我保证每单我都会帮你盯牢，客户目的港那里服务也帮你做得好好的，相信几单下来，你一定有信心帮我推荐其他的点，建议选择我公司提供的全球化一贯化服务，找我搞定你所有的货载没问题的！

地——（从哪出，出哪里）工厂交货，自拉自报。我司代报关，以前碰过什么问题，处理情形，让客户尽量说，可减少误解，促进日后出货的顺畅，目的港要不要做到门服务，转运情形说明，收货人状况了解得越多越好。

物——货量、重量、品名、出货包装、货物结构、危险品等级、整箱的箱型、以前出货的状况、特殊性、报关特性、核销单要求时限等。与客户交谈要让对方感觉你的专业、诚恳和细心。

因何为何——以前走过我司为何后来不走了，如果是因为与公司月结账款付款债信不佳，抵触直接放弃，如果是因为我们的一些错误或是客户的错误，说明可以理解；如果要做最好是付款买单，以免造成呆账；如果是被同行抢走货载，则尽量说明我公司现在的状况，无论运价或是各项服务都有改善，给我一次说明服务的改善机会。我有信心一定能做到更好。

5.3 有形展示

基于服务产品的无形性和其他特性，客户会更多地将注意力集中于通过多种有形的线索来强调和区分事实。因此，对于物流企业而言，要善于通过对物流服务工具、设备、员工、信息资料、其他客户、价目表等有形物的服务线索的管理，增强客户对物流服务的理解和认识，为客户做出购买决定提供信息。

5.3.1 有形展示的意义

有形展示是指在物流服务营销管理的范畴内，一切可传达物流服务特色及优点的有形组成部分，具体而言就是物流企业中与提供物流服务有关的实体设施、人员及沟通工具等的展现。在产品营销中，有形展示基本上就是产品本身，而在物流服务营销中，有形展示的范围就较广泛。事实上，有形展示的内容不仅将环境视为支持及反映物流服务产品质量的有力实证，而且还由环境扩展至包含所有用以帮助生产物流服务和包装物流服务的一切实体产品和设施。若善于管理和利用有形展示，则可帮助客户感觉物流服务产品的特点以及提高享用服务时所获得的利益，有助于建立物流服务产品和物流服务企业的形象，支持有关营销策略的推行。

根据环境心理学的理论，客户利用感官对有形物体的感知及由此所获得的印象，将直接影响客户对物流服务产品质量及物流服务企业形象的认识和评价。客户在购买和享用服务之前，会根据那些可以感知的有形物体所提供的信息而对物流服务产品做出判断。例如，一位初次光顾某物流企业的客户，该企业的建筑物、门口的招牌等已经使他对该企业有了一个初步的印象。因此，采用"有形展示"策略，可以帮助物流服务企业开展营销活动。

5.3.2 物流服务有形展示的类型

物流服务有形展示可以从不同的角度做不同的分类。不同类型的有形展示对客户的心理及其判断物流服务产品质量的过程有不同程度的影响。

1. 根据能否被客户拥有可分为边缘展示和核心展示

边缘展示是指客户在购买过程中能够实际拥有的展示，如机票、火车票等，它是一种使乘客接受服务的凭证。核心展示与边缘展示不同，在购买和享用服务的过程中不能为客户所拥有。但核心展示却比边缘展示更重要，因为在大多数情况下，只有核心展示符合客户的需求时，客户才会做出购买决定。例如，航空公司的形象、物流企业的标识、设施设备状况等，都是客户在购买这些服务时首先要考虑的核心展示。因此，可以说边缘展示与核心展示加上其他现成服务形象的要素（如提供物流服务的人）都会影响客户对物流服务的看法与观点。当一位客户判断某种物流服务的优劣时，尤其在使用或购买之前，其主要的依据就是围绕着物流服务的一些实际性线索、实际性的呈现所表达出来的东西。

2. 根据构成要素不同可分为环境、信息沟通和价格

根据物流服务有形展示的构成要素进行划分，主要有三种类型，即实体环境、信息沟通和价格（如图 5-4 所示），这几种类型不是完全独立的。

（1）实体环境展示 实体环境有三大类型：周围因素、设计因素、社会因素。

1）周围因素。这类要素通常被客户认为是构成物流服务产品内涵的必要组成部分，是指客户可能不会立即意识到的环境因素，如气温、湿度、气味、声音等。

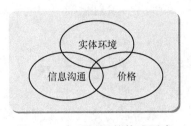

图 5-4 有形展示的构成要素

2）设计因素。设计因素是刺激客户视觉的环境因素，如物流服务场所的设计、企业形象标识等，这类要素被用于改善物流服务产品的包装，使产品的功能更为明显和突出，以建立有形的、赏心悦目的服务形象。

3）社会因素。这类要素是指在物流服务场所内一切参与及影响物流服务产品生产的人，包括服务员工和其他在服务场所同时出现的各类人士。他们的言行举止皆可影响客户对服务质量的期望与判断。服务员的形象在服务展示管理中也特别重要，因为客户一般情况下并不对物流服务和物流服务提供者进行区分。

（2）信息沟通展示 信息沟通是另一种物流服务展示形式，从赞扬性的评论到广告，从客户口头传播到物流企业标志，这些不同形式的信息沟通都传达了有关物流服务的线索，影响着物流企业的营销策略。

物流企业总是通过强调现有的物流服务展示并创造新的展示来有效地进行信息沟通管理。从而使物流服务和信息有形化。图 5-5 总结了物流服务企业通过信息沟通进行服务展示管理所能使用的各种方法。

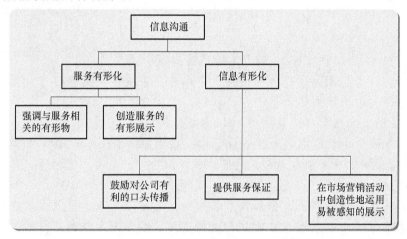

图 5-5　信息沟通与物流服务展示

1）物流服务有形化。让物流服务更加实实在在而不那么抽象的办法之一就是在信息交流过程中强调与物流服务相联系的有形物，从而把与物流服务相联系的有形物推至信息沟通策略的前沿。

2）物流信息有形化。物流信息有形化主要指营销人员通过营销手段使与物流服务有关的服务更加有形化。信息有形化常用的方法是鼓励对物流企业有利的口头传播，物流企业的信息通过大众口头传播会直接影响客户的消费倾向。如果客户经常选错物流服务提供者，那么他特别容易接受其他客户提供的可靠的口头信息，并据此做出购买决定。因此，客户在选择物流服务解决方案、第三方物流服务等之前，大多会先询问他人的看法。

（3）价格展示 对物流企业而言，除了价格是市场营销组合中能产生收入的因素外，还有一个重要原因就是：客户把价格看作有关物流服务的一个线索。价格能培养客户对物流服务产品的信任，同样也能降低这种信任。价格可以提高人们的期望（它这样昂贵，这个解决方案应该很不错），也能降低这些期望（价格这么高，合适吗？）。

在物流服务行业，正确的定价特别重要，价格是对物流服务水平和质量的可见性展示、是客户判断物流服务水平和质量的一个依据。物流企业没有必要把价格定得过细。一般可以把物流服务产品分成几个档次，每个档次定一个即可。既可以从价格上反映服务的质量差别，又简化了物流服务企业的工作。分级定等时，级数不宜过多，对于一般的物流服务来说，大致可以定为 5 级。有专家指出：服务价格的分布应和统计学的正态分布差不多，40%的价格为平均价格，20%的价格高于平均价格，20%的价格低于平均价格，剩下的 10%定为最高价、10%定为最低价。实行分级服务，应该能在形态或感觉上有明显的区别，以便使客户信服。

与实体环境、信息沟通一样，价格也传递有关物流服务的线索。价格能展示"空洞"的服务，也能展示"饱满"的服务；它能表达对客户利益的关心，也能让人觉得漠不关心；制订正确的价格不仅能获得稳定的收益，而且也能传送适当的信息。价格的高低直接影响物流企业在客户心目中的形象。丹麦的马士基就凭借自身良好的服务质量将自己定位于高运价、高质量的细分市场。

物流服务价格的制订也要综合考虑各种因素，例如，班轮公司为消费者提供某次运输时，往往会根据所运货物的种类、客户所需的服务质量标准以及有无特别的要求等来制订价格。

示 例

FedEx 的"踏脚石"

广告片以一个 FedEx 速递员被困在一个由交通事故造成的塞车中开始，他身处一条桥上，短时间内无法突围而出，在这种情况下，他致电求助。

「被困在桥上无法突围，紧急呼叫 FedEx 团队！」

镜头一转到了河边岸上，可见速递员正「走」在水面上前往河的对岸，手中拿着 FedEx 包裹。速递员在水面上行走！奇迹地他到达了河的对岸，包裹丝毫无损，没有水渍。

「这是奇迹……真的吗？」

下一幕可见 FedEx 团队，全部在水底列队，支撑着同事，使他可以在水面行走。这个团队象征每一个在幕后工作的 FedEx 员工，虽然工作不为客户所见，却是确保客户的包裹能安全准时送达的主要原因。

这一辑广告片说明在 FedEx 每一个速递员背后都有一群愿意超越责任所需，为确保客户的包裹准时送达，而愿意额外付出的员工。除了合作无间的团队精神，它还显示当 FedEx 员工遇到困难时，会合力且有弹性地解决问题。

5.3.3 有形展示的效应

物流服务有形展示的首要作用是支持物流企业的营销战略。在建立营销战略时，应特别考虑对有形因素的操作，以及希望客户和员工产生什么样的感觉，做出什么样的反应。有形展示作为物流企业实现其服务有形化、具体化的一种手段，在物流服务营销过程中占有重要的地位。

1. 通过感官刺激，让客户感受到物流服务给自己带来的利益

客户购买行为理论强调，产品的外观是否能满足客户的感官需要将直接影响客户是否真正采取行动购买该产品。同样，客户在购买无形的物流服务时，也希望能从感官刺激中寻求到某种东西。物流服务展示努力在客户的消费经历中注入新颖的、令人激动的、

娱乐性的因素，从而改善客户的厌倦情绪等。因此，物流企业采用有形展示的实质是通过有形物体对客户感官方面的刺激，让客户感受到无形的物流服务所能给自己带来的利益，进而影响其对无形物流服务的需求。

对于以感觉为基础的物流服务营销战略来说，建筑可以有力地支持它，这是一个值得挖掘的资源。但是，建筑物只是"包装"的最外一圈，是最初的线索。"内层包装"——环境、客户系统、员工的外表和工作态度是首要的，它们要么与最初信息（即建筑物所传达的）相吻合，要么让人觉得最初的信息仅是假象。

2．引导客户对物流服务产品产生合理的期望

客户对物流服务是否满意，取决于物流服务产品所带来的利益是否符合客户的期望。但是，物流服务的不可感知性使客户在使用物流服务之前很难对该服务做出正确的理解或描述，他们对该服务的功能及利益的期望也是很模糊的，甚至是过高的。不合乎实际的期望又往往使他们错误地评价物流服务，做出不利的评语，而运用有形展示则可让客户在使用物流服务前能够具体地把握物流服务的特征和功能，较容易地对物流服务产品产生合理的期望，以避免因客户期望过高而难以满足所造成的负面影响。

3．影响客户对物流服务产品的第一印象

对于新客户而言，在购买和享用某项物流服务之前，他们往往会根据第一印象对物流服务产品做出判断。既然物流服务是抽象的、不可感知的，有形展示作为部分物流服务内涵的载体无疑是客户获得第一印象的基础，有形展示的好坏直接影响客户对物流企业及其服务的第一印象。

例如，有些物流企业，把物流服务和他们能向客户展示的各种有形因素联系在一起，形成公司的"最佳销售者系统"资料，提供给客户，以便他们根据这些资料做出判断。这些资料包括：

1）最佳销售者展示指导法则——它回答有关人员选择物流服务时，经常会提出的问题。

2）最佳销售者行动计划——针对特定物流服务产品的市场营销计划。

3）最佳营销服务保证——对已经做出的物流服务保证所许诺的行动方案。

4）最佳物流服务增值指导——提供物流服务增值的建议和方法。

选择性地利用这些材料有助于销售人员培养客户对物流企业先入为主的第一印象，诸如能力、承诺及个人服务等，通过有形因素强化语言承诺。

4．促使客户对物流服务质量产生"优质"的感觉

物流服务质量的高低并非由单一因素所决定。"可感知"是其中的一个重要的因素，而有形展示则正是可感知的物流服务组成部分。与物流服务过程有关的每一个有形展示，如物流服务设施、物流服务设备、物流服务人员的仪态仪表，都会影响客户感觉中的服务质量。有形展示及对有形因素的管理也会影响客户对物流服务质量的感觉。优良的有形展示及管理就能使客户对物流服务质量产生"优质"的感觉。因此，物流企业应强调使用适用于目标市场和整体营销策略的服务展示。通过有形因素提高质量意味着对细节加以注意，可见性细节能向客户传递物流企业的服务能力以及对客户的关心。

5．帮助客户识别和改变对物流企业及其产品的形象

有形展示是物流服务产品的组成部分，也是最能有形地、具体地传达物流企业形象

的手段。物流企业形象或物流服务产品形象的优劣直接影响客户对物流服务产品及物流企业的选择，同时影响物流企业的市场形象。形象的改变不仅是在原来形象的基础上加入一些新东西，而是要打破现有的观念。要让客户识别和改变物流企业的市场形象，更需提供各种有形展示，使客户相信本企业的各种变化。例如，为了让公众进一步了解UPS的全球拓展能力，UPS的货运飞机及人们熟悉的棕色递送车的设计图案中增添了"全球商务同步协调"的词句。新的广告词中也增加了"商务同步协调"的主题。

6．协助培训物流服务员工

从内部营销的理论来分析，物流服务员工也是企业的客户。由于物流服务产品的无形性，客户难以了解物流服务产品的特征与优点，那么，物流服务员工作为物流企业的内部客户也会遇到同样的难题。如果物流服务员工不能完全了解物流企业所提供的服务，物流企业的营销管理人员就不能保证他们所提供的物流服务符合企业的标准。所以，营销管理人员利用有形展示突出物流服务产品的特征及优点时，也可利用相同的方法培训员工，使员工掌握物流服务的知识和技能，指导员工的服务行为，为客户提供优质的物流服务。

5.3.4　有形展示管理

1．有形展示管理的内涵

鉴于有形展示在物流服务营销中的重要地位，物流企业应善于利用组成物流服务的有形元素，突出物流服务的特色，使无形的物流服务变得相对有形和具体化，让客户在购买物流服务前，能有把握判断物流服务的特征及享受物流服务后所获得的利益。因此，加强对有形展示的管理，努力借助这些有形的元素来改善物流服务质量，树立独特的物流企业形象，对物流企业开展市场营销活动具有重要意义。

（1）服务的有形化　服务的有形化就是使物流服务的内涵尽可能地附着在某些实物上。例如，符合要求的运输车辆、高水平的信息处理平台等。

（2）使服务在心理上较易把握　除了使物流服务有形化之外，物流企业还应考虑如何使物流服务更容易地为客户所把握。通常有两个原则需要遵循：

1）把物流服务同易于让客户接受的有形物体联系起来。由于物流服务产品的本质是通过有形展示表现出来的，所以，有形展示越容易理解，则物流服务就越容易为客户所接受。运用此种方式时要注意两点：①使用的有形物体必须是客户认为很重要的，并且也是他们在此物流服务中所寻求的一部分。如果所用的各种实物都是客户不重视的，则往往产生适得其反的效果。②必须确保这些有形实物所暗示的承诺，在物流服务被使用的时候一定要兑现，也就是说，各种服务的质量必须与承诺中所载明的相一致。

2）把重点放在发展和维护物流企业同客户的关系上。使用有形展示的最终目的是建立物流企业同客户之间的长久关系。物流企业的客户，通常都被鼓励去寻找和认同物流企业中的某一个人或某一群人，而不只是认同于物流服务本身。因此，物流服务人员的作用很重要，他们直接与客户打交道，不仅仅是其衣着打扮、言谈举止会影响客户对物流服务质量的认知和评价，他们之间的关系也将直接决定客户同整个企业关系的融洽程度。

另外，其他一些有形展示也有助于发展同客户的关系。例如，物流企业向客户派发与客户有关的具有纪念意义的礼物。

2. 有形展示管理的执行

物流服务展示管理不仅仅是营销部门的工作，虽然营销部门应该唱主角，但每个人都有责任传送有关物流服务的适当线索，下面列出的是一份行动问题清单，所有的管理人员都应定期考虑这些问题。

1）我们有一种高效的方法来进行物流服务展示管理吗？我们对客户可能感觉到的有关物流服务的每一件事都给予了充分的重视吗？

2）我们是否积极地进行了物流服务展示管理？我们积极地分析了如何使用有形因素来强化我们的服务概念和服务信息吗？

3）我们对细节进行了很好的管理吗？我们是否关注"小事情"？举例来说，我们保持了物流服务环境的一尘不染吗？如果我们的霓虹灯忽然坏了，我们是立即换还是过后再换？作为管理人员，我们有没有举例向员工说明没有任何细节小到不值得管理？

4）我们将物流服务展示管理和市场营销计划结合起来了吗？例如，当我们做出环境设计的决定时，是否考虑过这一设计能否支持高层营销策略？作为管理人员，我们是否熟知展示在市场营销计划中的作用，进而对计划做了有益的补充？作为管理人员，我们知道在营销计划中什么是首要的吗？

5）我们通过调查来指导物流服务展示管理了吗？我们有没有寻找来自员工和客户的由价格传递的线索？我们是否预先测定广告向客户传递了什么样的信息？在物流服务方案设计的过程中，我们征求过客户和员工的意见吗？作为管理人员，我们在提高公司整体形象的过程中，是如何运用环境设备和其他展示形式的？

6）我们将物流服务展示管理的主人翁姿态扩展到整个组织范围了吗？我们向员工讲授了物流服务展示管理的特点和重要性吗？我们是否向组织内的每个人提问，让他们回答个人在展示管理中的责任？

7）我们在物流服务展示管理过程中富有创新精神吗？我们所做的每件事都有别于竞争者吗？我们所做的事有独创性吗？

8）我们对第一印象的管理怎么样？和客户接触早期的经历是否给我们留下了深刻的印象？我们的广告、内部和外部的环境设备、标志物以及员工的服务态度对新客户或目标客户是颇具吸力呢，还是使他们反感？

9）我们对员工的仪表进行投资了吗？我们有没有向员工分发服装并制订符合其工作角色的妆扮标准？对于负责联系客户的员工，我们考虑到为其提供服装津贴了吗？我们考虑过提供个人妆扮等级津贴吗？

10）我们对员工进行物流服务展示管理了吗？我们有没有使用有形因素使物流服务对员工来说不再神秘？我们是否使用有形因素来指导员工完成其服务角色？工作环境中的有形因素是表达了管理层对员工的关心，还是缺乏关心呢？

5.4 过程设计

物流服务过程是指物流服务产品交付给客户的程序、任务、日程、结构、活动和日常工作。物流服务产生和交付给客户的过程是物流服务营销组合中一个主要因素，因为客户通常把物流服务交付系统感知成物流服务本身的一个部分。物流企业的客户所获得的利益或满足，不仅来自物流服务本身，同时也来自物流服务的递送过程。因此，物流服务体系运行管理的决策对物流服务营销的成功十分重要。

5.4.1 关键的物流活动过程以及物流作业系统

1. 关键的物流活动过程

在物品从原产地到消费地的流程中涉及以下关键活动：

（1）客户服务 客户服务被定义为"一种以客户为导向的价值观，它整合及管理在预先设定的最优成本——服务组合中的客户界面的所有要素"。客户服务担负着捆绑和统一所有物流活动的力量。

（2）需求预测 需求预测包括确定客户在未来某个时点所需要的物品数量及其伴随的服务。对未来需求的预测决定了营销策略、销售队伍配置、定价以及市场调研活动。销售预测决定生产计划、采购和购并策略以及工厂内的库存决策。

（3）库存管理 由于在财务上必须维持物品的充足供应以满足客户和制造商两方面的需求，库存控制活动显得非常关键。原材料和零部件以及制成品的库存都会消耗物理空间、人员、时间和资产，库存占用的资金无法用于别的地方。

（4）物流通信 通信是整个物流过程和企业客户之间极其重要的联系。当 Sequent 公司的一个客户需要一个备件时，就会生成一份订单确认备件编码、数量和客户信息，然后用电子方式将订单传输出去，同时确认函被返回以确认收到信息。调度员在几分钟之内收到订单并发回订单确认。音速空运随后发运订单并在客户收到时间向 Sequent 公司送出发运确认。其结果是更快速的反应时间、更准确的订单和更严格的库存控制。

（5）物料搬运 物料搬运的目标是在任何可能的地方消除搬运；使行走距离最短；使在制品最少；提供无瓶颈的均衡流动；尽量减少由于浪费、破损、变质和偷盗所造成的损失。

（6）订单处理 订单处理的组成要素可分为三类：①运行要素，如订单录入、安排时间、订单发运准备和开发票；②通信要素，如订单修改、订单状况查询、错误纠正和物品信息请求；③信息和收款要素，包括信用查询和应收账款的处理。

（7）包装 当企业涉及国际营销时，包装变得更加重要。国际营销的物品要运输更远的距离和经受更多的物理搬运，国内的包装不够坚固，将无法满足国际配送的严格要求。

（8）零部件和服务支持 企业的部分营销活动是向客户提供售后服务，这包括在物品发生停顿和故障时提供替代的零部件。例如，汽车销售商必须有高效的服务部门提供完整的汽车保养和维修服务。拥有充足的备件和替换零部件，对于服务和维修活动显得至关重要，并且物流企业负责确保无论在何时何地，客户只要需要就能得到那些零部件。

（9）工厂和仓库选址 无论设施是企业自己的还是租赁的，工厂或仓库的位置都极为重要。工厂或仓库的战略性设置能帮助企业改善客户服务水平。合理的位置还能使物品从工厂到仓库、从工厂到工厂或是从仓库到客户的移动取得更低的与量相关的运输费率。

（10）采购 在大多数行业，公司将收入的 40%～60%花费在外界资源提供的材料和服务上。以材料的供应和价格的大幅变动为标志的变化的经济环境，使采购在物流过程中的地位显得更为重要。

（11）逆向物流　在许多行业，客户因保修、调换、再改造或再生循环等原因退货，逆向物流成本相对前向物流成本来说更高。通过系统将物品从客户运回生产者的成本可能是将相同物品从生产者运到客户的成本的5～9倍。退回的物品往往无法像原来的物品那样容易运输、储存和搬运。

（12）交通和运输　交通运输活动涉及物品移动的管理，并且包括选择运输方法、选择专门的路径、遵守各种运输法规，以及了解国内和国际的运输需求。

（13）仓储和储存　具体的储存活动包括：决策储存设施是应该自己拥有还是租赁、储存设施的布局和设计、物品组合的考虑、安全和维修流程、人员培训以及生产率预算等。

2．物流服务作业系统

物流服务作业系统可以从很多研究角度来予以分类，其中，从过程形态和接触度来分是两种主要的划分方式。

（1）从过程形态来划分

1）线性作业。线性作业是指各项作业或活动按一定顺序进行，物流服务是依循这个顺序而产出的。线性作业的各种不同构成要素之间的相互关系，往往会使整体作业受到连接不足的限制，甚至因此造成停顿现象，但这也是一种具有弹性的过程，过程中的工作项目，可经由专门化、例行化而加快绩效速率。线性作业过程最适合用于较标准化性质的物流服务业，并且有大量的持续性需求。

2）订单生产。订单生产过程是使用活动的不同组合及顺序而制造出各式各样的服务。这类服务可以特别设计定制，以适合不同客户的需要，并提供预定的服务。虽然这种形态的优势关键在于有弹性，但仍然存在着时间不易安排以及用资本密集取代劳动密集不易的困难，同时也不易估算系统产能。

3）间歇性作业。间歇性作业是指各物流服务项目独立计算，做一件算一件，或属于非经常性重复的物流服务。这类项目的工作浩繁，对管理阶层而言，作业管理是复杂而艰巨的，这类项目最有助于项目管理技术的转移及关键途径分析方法的应用。这类项目的规模及其间断性与前两种方式大不相同。

（2）从接触度来划分　物流作业可分为高接触度和低接触度两类。与客户接触度高的物流服务作业管理和与客户接触度低的物流服务作业管理差别很大。对作业管理者而言，与客户接触度的高低往往影响其不同层面的决策。

1）高接触度的物流服务比较难以控制，因为客户往往成为物流服务过程中的一种投入，甚至会扰乱过程。

2）在高接触度的物流服务中，客户也会妨碍需求时效，同时，其物流服务系统在应付各种需求上，较难均衡其产能。

3）高接触度物流服务的工作人员，对客户的服务印象有极大的影响。

4）高接触度物流服务中的生产日程较不容易编制。

5）高接触度物流服务比较难以合理化，如用技术取代人力。

6）将物流服务系统中的高接触度构成要素和低接触度构成要素予以分开管理较为有利，同时，可因此而激励员工们在各种不同功能中尽量专门化，因为各种功能需要的技能并不相同。

无论是依据过程方式还是接触度高低来分类，都可显示物流服务过程中的作业顺序，并予以明确化，也可以将物流服务系统依其接触度加以分门别类。物流服务管理者了解其服务递送过程的一个重要步骤，就是制作物流服务系统的流程图表，并将物流服务过程中与客户的互动顺序予以流程化。

物流企业拟订政策时，经过以上的分析之后，需要进一步考虑以下几个关键问题：

1）物流服务过程中应包括哪些必要的步骤？

2）这些步骤是否可以取消或者合并？

3）每一步骤的产能是否均衡？

4）客户在哪些地方会介入物流服务？

5）不必要的客户接触是否可以减少甚至取消？

6）科技是否可以用来加速过程的进行？

7）有些过程中的步骤是否可以转移到其他部分中？

图 5-6 给出了物流作业的一个基本框架。

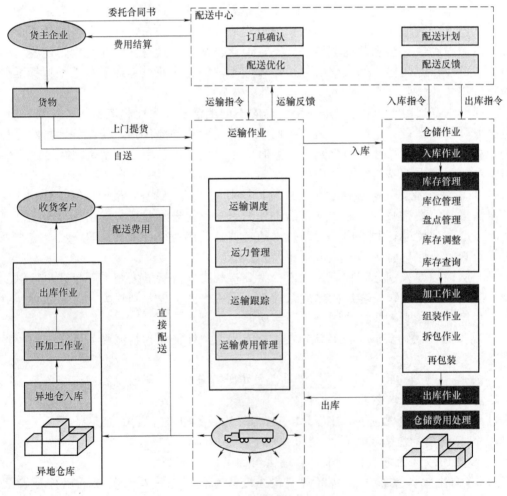

图 5-6　物流作业图

示 例

公路运送作业流程的基本内容

1）接单。公司主管从客户处接收（传真）运输发送计划；公路运输调度从客户处接收出库提货单证；核对单证。

2）登记。运输调度在登记表上分送货目的地，分收货客户标定提货号码；司机（指定人员及车辆）到运输调度中心拿提货单，并在运输登记本上确认签收。

3）调用安排。填写运输计划；填写运输在途，送到情况，追踪反馈表；计算机输单。

4）车队交接。根据送货方向。重量、体积，统筹安排车辆；报运输计划给客户处，并确认到厂提货时间。

5）提货发运。按时到达客户提货仓库；检查车辆情况；办理提货手续；提货、盖好车棚、锁好箱门；办好出厂手续；电话通知收货客户预达时间。

6）在途追踪。建立收货客户档案；司机及时反馈途中信息；与收货客户电话联系送货情况；填写跟踪记录；有异常情况及时与客户联系。

7）到达签收。电话或传真确认到达时间；司机将回单用 EMS 或 FAX 传真回公司；签收运输单；定期将回单送至客户处；将当地市场的情况及时反馈给客户。

8）回单。按时准确到达指定卸货地点；货物交接；百分之百签收，保证运输产品的数量和质量与客户出库单一致；了解送货人对客户产品在当地市场的销售情况。

9）运输结算。整理好收费票据；做好收费汇总表交至客户，确认后交回结算中心；结算中心开具发票，向客户收取运费。

5.4.2　物流服务过程的管理与控制

1. 客户的服务过程参与

客户往往可以由与服务人员关联的质量来判断物流服务质量，并从中获得满足。显然，物流服务人员的自我态度、训练的质量与其对物流服务的认识水平，对于客户的需求满足与否影响甚大。但是，服务人员毕竟只是物流服务系统的构成要素之一，他们虽然可以尽其所能协助客户，但却无法完全弥补整体性物流服务系统的不完善和低效率。

在高接触度物流服务中，客户也参与物流服务递送过程，因此物流服务系统的设计，也必须考虑客户的反应和动机。客户对物流企业的要求，会影响物流服务生产者的行为。要调整对物流服务系统的管理，可能要先调整客户的行为，或者将客户行为从物流服务系统中完全除去。传统的经济理论确定了提高生产率的三种方式：改善人力质量、投资于更有效率的资本设备、将原来由人力操作的工作予以自动化。

但是，提高物流服务的生产率，还应该再加上第四种提高生产率的方式，即改变客户与物流服务生产者的互动方式。将物流服务系统，尤其是高接触度物流服务区分为技术核心与个人化接触两个部分，或许可以缓和客户的抗拒问题。使用这种方式，大量的生产率可以在技术核心内实现（如计算机化网上物流交易）。但是，客户仍然和技术核心

物流营销

的作业有若干程度的接触，因此，对客户反应保持高度敏感仍然很有必要。

示 例

Poka-Yoke 提高物流服务过程质量

Poka-Yoke 的理念最早产生于制造业，意为"防差错系统"。这种方法可以直译为"傻瓜也会做"。Poka-Yoke 的基本原理可以被用于物流服务业。根据美国服务管理学家 Chase 和 Stewat 的研究，服务中的 Poka-Yoke 按发生失误的主体不同而分为两大类：服务者 Poka-Yoke 和客户 Poka-Yoke。在物流服务业中，服务者 Poka-Yoke 可被进一步划分为服务任务型、服务接待型和有形因素型，而客户 Poka-Yoke 则可分为服务接触前型、服务接触中型和服务接触后型。

服务者 Poka-Poke 包括三方面内容：①服务任务 Poka-Yoke。物流服务任务中出现错误十分常见，如在货物运输和存储过程中出现的货损、货差。Poka-Yoke 有许多方法可用于防止这类错误。如物流企业为不同的货物准备不同的装卸设备、货车和仓库，并标以不同的颜色记号，让服务人员能够更快更准确地为客户服务。②服务接待Poka-Yoke。物流服务接待过程中，由于服务者的不小心或其他原因也会出现失误。这些失误包括不能及时将信息传递给消费者、没有认真地听取客户的服务要求和对客户的要求做出了不正确的反应。对于这类问题，与之对应的 Poka-Yoke 的方法有：设置一些必要的程序，让员工只有全部完成，得到客户正确的反馈后，才可以结束该服务接待。③有形因素 Poka-Yoke。物流服务提供商在提供有形物质因素方面可能会出现失误，如设施设备的清洁度差、制服不干净、室温不适宜、服务文件不清楚等。这些与环境密切相关的有形展示对物流服务质量有着很深的影响。物流公司的有形展示应在规范化、标准化的前提下，考虑多样化。

客户 Poka-Yoke 包括三方面内容：①服务接触前的 Poka-Yoke。在物流服务接触发生前客户可能会犯错，尤其是在没有足够的提示和引导的前提下，如没有携带必要的文件或其他材料、没有选择对口的服务、错误地理解自己在即将发生的服务接触中的角色等。物流服务提供商应在做营销工作的时候，就要考虑提供详细的货物运送及保管的费用清单，并对全程的送货流程和时间有详细说明，让客户能够了解自己在这项服务中应该做些什么。②服务接触时的 Poka-Yoke。有许多物流服务，客户可能参与得相对较少，更多的是关注物流服务提供者服务任务的完成情况。如运输中，客户关心的是所发出的货物已经到了什么地方，还需要多久可以送到目的地等。所以，防止客户在查询中获得不准确的信息，从而影响其满意度，物流服务商应该提供准确的查询系统，让客户随时了解服务任务的完成情况。对于快递业务而言，也有因为客户注意力不集中、误解或忘记等导致错误发生，如相关单据的填写出错、未能明示自己的特殊服务要求等。针对这类情况应该在有形因素 Poka-Yoke、服务接触前的 Poka-Yoke 中就予以高度关注。③服务接触后的 Poka-Yoke。任何服务接触结束后，客户一般会回顾和评估这一段服务体验，调整对下次服务的期望，有时还会反馈一些意见。物流服务也是如此，物流服务提供商当然希望客户在满意的情况下提出宝贵意见。但是，在这一过程中，客户可能会不愿意指出服务失误，不能采取正确的消费结束后应有的行动。物流公司可以在服务结束后，鼓励客户评价服务，如在货物送到时，发一张意见表，客户填完就可获得一份礼物。

2．物流服务系统的组织内冲突

物流企业的经营包括许多小单位即多地点作业形态的管理。这些小单位往往分散在不同的地理位置。中央作业可能仅限于策略性决定事项，如选择新服务处所、规划未来服务产能、建立人事与训练政策以及采购控制与财务控制。但分支单位经理必须管理该处所的整个物流服务系统，他们的职责包括营销、作业和人事。对于具有高度独立性的作业系统，各项功能之间的影响与相互依存性往往造成冲突问题。

据调查，造成这种功能间冲突的原因主要来自以下四点：

1）动机不同。不同的功能部门，各有不同的动机（如作业方面，可能根植于技术上的开发进展，而营销方面，则可能根植于提高市场占有率的可能性），由此可能带来一些冲突。

2）成本收益取向。作业经理人往往关心提高效率和降低成本，营销经理则追求营业额与收入增加的机会。

3）不同时间取向。营销人员往往采取短期导向，而作业人员则着眼于新技术及新作业程序引进的长期导向。

4）对既有作业中加入新服务适度的认同。新物流服务产品并不一定与既有的作业系统相适合。

如何克服功能间的冲突呢？

1）建立柔性化组织。柔性企业包括企业外在柔性、均衡性、企业内在柔性以及界面柔性，包括供应链企业间的界面柔性和企业与客户间的界面柔性。为了实施敏捷物流系统，需强调企业间的界面柔性——在研究人们心理和行为规律的基础上采用非强制方式，在敏捷物流网络各成员中产生一种潜在的说服力。运用柔性管理的原则，对各管理对象（如服务商和客户）施加软控制，通过提高企业中各种资源的柔性，实现灵活、敏捷的经营机制。

2）实施信息共享管理。在物流网络系统中，各企业间以及企业内部各子系统之间采用信息共享管理是敏捷物流实施的前提。只有系统之间相互达到良好的信息共享，才能充分利用整体资源优势和进行内外部协商。同时，在信息共享管理的前提下，可建立面向客户关系管理的综合决策支持系统，要求物流服务企业各系统实现以客户为中心的战略目标。

3）共同建立标杆管理。标杆管理（Benchmarking），它的名词形式（Benchmark）的意思是水准、基准，是一个地理测绘用的专业词汇。作为一种新的管理技术，对敏捷物流系统的应用是很有必要的。标杆管理主要是一个明确努力方向的过程，是发现目标以及寻求如何实现这一目标的一种手段和工具。物流服务商和客户建立共同的标杆管理模式，可使企业内部意见一致，企业之间达成协议。实施标杆管理主要在共同利益方面，制订长期合作的目标，朝共同的方向努力。

同时，在标杆管理的环境下建立有效的物流绩效衡量和控制机制，对资源的监督和配置是非常必要的。建立一套正式、科学的绩效评价体系，包括客户服务的绩效评价、物流计划的绩效评价、运营计划的绩效评价等，使公司在作业设计、物流运营、协调运作等方面有突破性的改进与激励作用，使敏捷物流网络中的每一成员在基于整体服务利益的前提下，达到最佳状态，越过可能存在的利益冲突，实现集成化的运营和管理。

具体而言，可采取以下几个方式：

1）功能间转移。用工作轮调的方式让员工能在不同功能组织间保持流动。

2）任务小组。可成立任务编组，以整合各种不同的功能性观点，并解决功能间冲突。

3）新任务新员工。为现有员工重新定方向，并从其他部门甚至是企业外引进新人。

本章小结

客户所能接触到的各种与品牌相关的元素统称为客户界面。客户界面的有效管理是企业竞争优势的新来源。物流企业客户界面包括通过有效员工管理获得服务竞争优势、设计有效的服务过程并进行管理以及对服务环境的有效设计。

人员参与、有形展示、过程设计策略对物流企业来说是非常重要的营销策略。

在提供物流服务产品的过程中，人是一个不可或缺的因素。服务人员和客户是物流服务营销组合中"人"的要素的两个方面。

有形展示是物流企业中与提供物流服务有关的实体设施、人员及沟通工具等的展现。若善于管理和利用有形展示，则可帮助客户感觉物流服务产品的特点以及提高享用服务时所获得的利益，有助于建立物流服务产品和物流服务企业的形象，支持有关营销策略的推行。

物流服务有形展示的作用表现为：通过感官刺激，让客户感受到物流服务给自己带来的利益；引导客户对物流服务产品产生合理的期望；影响客户对物流服务产品的第一印象；促使客户对物流服务质量产生"优质"的感觉；帮助客户识别和改变对物流企业及其产品的形象；协助培训物流服务员工。

有形展示的管理要做到：服务的有形化；使服务在心理上较容易把握；另外，也要注意其他一些能有助于发展同客户关系的有形展示。

物流服务过程是指物流服务产品交付给客户的程序、任务、日程、结构、活动和日常工作。物流服务产生和交付给客户的过程是物流服务营销组合中的一个重要因素。

线性作业、订单生产、间歇性作业是物流服务的三种过程形态；要注意在高接触度物流服务中，客户参与意识、互动意识、体验意识强，因此物流服务系统的设计，必须考虑客户的反应和动机。

【关键术语】

客户界面　人员参与　内部营销　外部营销　互动营销　员工培训　有形展示
过程设计　标杆管理

【知识检测】

1．填空题

1）物流营销界面管理侧重于_____、_____、_____。

2）贾德（Judd）根据服务人员接触客户的频繁程度不同和参与常规营销活动的程度不同把服务营销中的人员分为_____、_____、_____、_____。

3）内部营销意味着两种类型的管理过程_____、_____。

4）克里斯蒂安·格隆罗斯认为服务业的营销实际上由_____、_____、_____三个部分组成。

5）物流企业内部的全面培训一般在四个层面展开：_____、_____、_____、_____。

6）物流服务有形展示的构成要素可分为_____、_____、_____。

7）物流服务的三种过程形态是_____、_____、_____。

8）订单处理的组成要素可分为_____、_____、_____三类。

9）物流服务系统的组织内冲突的主要原因有_____、_____、_____、_____。

2．判断题（判断下列各题是否正确。正确的打"T"；错误的打"F"）

1）有形产品与无形产品的有形展示本质上没什么区别。 （ ）

2）核心展示比边缘展示更重要。 （ ）

3）企业提供的客户接受服务政策的声明属于实体环境展示。 （ ）

4）内部营销是"全员营销"的具体体现。 （ ）

5）物流服务有形展示应特别考虑对有形因素的操作。 （ ）

6）在物流服务过程中，价格可以提高人们的期望，因此企业定价时价格越高越好。

（ ）

7）物流企业的服务人员就是为客户提供现场物流服务的人员。 （ ）

8）对与客户接触的前线员工的培训对物流企业来说最为重要。 （ ）

3．选择题（包括单项和多项选择）

1）以下说法正确的是（   ）。

　　A．内部营销比外部营销重要

　　B．外部营销比内部营销重要

　　C．内部营销的服务水平在某种程度上决定着外部营销

　　D．都不是

2）员工培训的内容包括（   ）。

　　A．技能培训　　　　　　　　　　B．交往培训

　　C．企业价值观培训　　　　　　　D．国外培训

3）以下（   ）不属于"组织—员工—客户"的启示。

　　A．客户/员工关系反映

　　B．组织如何对待员工，员工就将怎样去对待客户

　　C．客户关系反映了员工关系

　　D．强调外部营销的重要性

4）以下（   ）不属于根据有形展示的构成要素进行划分的。

　　A．实体环境　　　B．信息沟通　　　C．价格　　　　D．边缘展示

5）以下（   ）不属于物流服务作业系统从过程形态来划分的。

　　A．线性作业　　　B．订单生产　　　C．间歇性作业　　　D．连续性作业

6）克服物流服务系统的组织内冲突的方法有（　　　　）。

　　A．建立柔性化组织　　　　　　　B．实施信息共享

　　C．标杆管理　　　　　　　　　　D．以上都不是

7）影响物流服务形象形成的关键因素有（　　　　）。

　　A．实体属性　　　B．渠道　　　　C．广告　　　　　　D．促销

8）物流服务营销策略除了传统的 4P 策略外，以下（　　　　）策略不是另外的 3P 策略。

　　A．有形展示　　　B．过程设计　　　C．人员参与　　　　D．客户关系管理

4．思考题

1）简述服务人员在物流服务营销中的地位及服务利润链。

2）物流经理要想组织一次成功的物流培训，应该考虑哪些事项？

3）内部营销的本质是什么？为什么？

4）举例说明如何有效实施物流服务有形展示策略。

5）物流服务的过程设计策略与流程再造是相同的吗？为什么？

【职场体验】

参观一个物流企业，为其进行一个有形展示的设计。

第六章

物流营销项目开发

知识目标

理解物流项目管理的基本内容。

熟悉物流项目的设计与操作。

掌握物流项目招投标程序和策略。

能力目标

能初步进行物流项目开发，合理布局设计物流服务营销解决方案。

案例导入

施多特公司的物流营销开发

德国的施多特公司，主要从事运输及运输代理、旅游、仓储及技术服务等业务，在其经营的物流领域方面属于典型的第三方物流经营者。分析和总结这个公司成功的经验，其秘诀之一是：利用自己的运输与仓储优势，为用户设计物流服务项目。

1）施多特公司与 KHD 公司的合作。KHD 公司在科隆建造了一家现代化的柴油发动机厂，施多特公司闻讯后经过认真分析研究，在征得 KHD 公司赞同并愿意与其合作的情况下，在距柴油发动机厂 10 余公里处建造了一座与之配套的仓储中心，全面负责该厂生产所需要的全部物品（主要是零配件）的分送及集中作业；为 KHD 公司在科隆的生产经营提供强有力的后勤保障服务，使其运输及运输代理、仓储及技术服务等业务特长得以充分发挥。

2）施多特公司与奥宝公司的合作。施多特公司按照奥宝公司凯萨劳腾分厂的生产特点，投入 1300 万马克设计建造了一座面积达 9000 平方米的仓储中心。仓储中心负责汽车分厂零配件集散，主要工作是对协作厂运到的零配件进行验收、存储等后勤保障工作。该分厂的协作厂、供应商达 300 余家，与交货有关的服务都交由仓储中心负责。收货后将零配件重新包装并装入特制的箱内，通过运载工具送到工位，由工人组装车辆。奥宝公司生产分厂的仓储中心对供货有严格的要求。由于两个单位的生产和业务运作都由计算机联网进行控制作业，所以，当奥宝公司分厂的计算机发出指令后，仓储中心在 2h 左右就会供货到工位，衔接非常紧密。生产厂家拥有这样的物流服务系统，可以专门致力于组装式生产，而不需要自己建立耗资巨大的仓库，仓储及配送业务均由物流企业为之服务。供需双方各自专业化经营，在互为依存的关系中，彼此都得到益处。

思考 1）施多特公司如何进行物流营销开发？

2）制造业物流外包的好处是什么？

6.1 物流项目开发

6.1.1 项目与项目管理

1. 项目

项目是指一系列独特的、复杂的并相互关联的活动，这些活动有着一个明确的目标或目的，必须在特定的时间、预算、资源限定内，依据规范完成。项目开发是为了实现一个或一组特定目标，一般包括项目的启动、计划、实施、交付等阶段。

项目侧重于过程，它是一个动态的概念，如可以把一条高速公路的建设过程视为项目，但不可以把高速公路本身称为项目。项目无处不在，安装一套生产线是项目，建设公路、桥梁、房屋是项目，开发一种新产品，制订一个新的市场营销计划也是项目。

一般来说，项目具有明确的目标和独特的性质：每一个项目都是唯一的、不可重复的，具有不可确定性、资源成本的约束性、组织的临时性和开放性等特点。

项目一般由项目管理人、项目内容、项目执行人构成。

2. 物流项目

物流项目是指为实现某一特定物流目标而设定的一系列工作。与一般项目相比，物流项目具有以下几方面的特点：

1）项目涉及面广、周期较长。物流项目包括运输、仓储、搬运、装卸、包装、流通加工和信息系统等一系列项目，它涉及面广、过程复杂，这就决定了物流项目的周期都较长。在实施过程中需要协调和处理众多环节，各阶段、各环节要合理地组织，在时间上不间断，空间上不脱节，以保证项目的连续性，否则会在较长时间内大量占用人力、物力和财力。

2）项目资金投入较多。通常物流项目投资都较高，尤其是固定资产投入多，如仓库、停车场、信息系统建设、运输工具的购置等。高额的资本投入成为物流行业的一道门槛，同时也成为影响物流项目成败的关键因素。

3）项目风险较大。物流项目的周期长，费用高，一旦项目的连续性受到破坏或中断，必然占用大量资金，给物流企业造成严重损失，使物流项目风险增大。所以，为减小物流项目的风险，有必要建立风险管理机制。

4）受外界干扰及自然因素的影响大。物流项目中的许多作业都是露天作业，如运输、搬运、装卸及仓库、停车场等的修建，因此，受自然条件的影响很大，如气候、地势、洪水、雨雪等。

物流项目可以进行如下分类：

1）按照项目的主要内容分。可分为运输项目、仓储项目、配送项目、物流信息系统项目和流通加工项目等。

2）按客户类型分。可分为企业物流项目和社会物流项目。企业物流项目是指为某一个或若干个企业提供的专门的物流服务项目。社会物流项目是指向社会公众提供的物流服务项目。两者的不同之处在于：前者的主动权在企业，不在物流服务商；后者的主动权在物流服务商。目前，大多数物流项目都属于企业物流项目，这是物流发展的基础。

3）按照物流对象分。可分为一般货物物流项目、特种货物物流项目、液态货物物流项目和散货物流项目等。

4）按照物流涉及的区域分。可分为全球物流项目、洲际物流项目、国际物流项目、国内物流项目、城际物流项目和市内物流项目等。物流项目所涉及的区域越广，项目的复杂程度越高。

5）按照物流项目实施主体与物流项目的关系分。可分为自营物流项目、第三方物流项目和物流咨询项目等。自营物流项目的实施主体一般就是物流项目经营人员；第三方物流项目的实施主体可以是第三方物流商，也可以是货主；而物流咨询项目的实施主体一般是咨询公司。

3．物流项目管理

一般而言，项目管理是指在项目活动中运用专门的知识、技能、工具和方法，使项目能够在有限资源的限定条件下，实现或超过设定的需求和期望的过程。

物流项目管理是通过物流项目组织的努力，运用系统理论和方法对物流项目及其资源进行计划、组织、协调和控制，以实现物流项目的特定目标的管理方法体系，主要包括：

（1）项目范围管理 项目范围管理是物流项目管理的一部分，就是定义和控制列入或未列入物流项目的事宜，确保项目完成全部规定要做的工作，最终达到物流项目的目的。物流项目范围管理的主要内容包括：

1）启动。就是物流项目组织开始投身于物流项目活动。

2）范围定义。将主要的物流项目划分为较小的、更易管理的不同的组成部分。

3）范围规划。即编写一份书面范围说明书，作为将来物流项目决策的基础。

4）范围核实。即正式认可物流项目的范围。

（2）项目进度管理 项目进度管理是为了确保物流项目按时完成的管理活动。主要内容包括：

1）项目分解。将整体物流项目分解成若干具体活动。

2）活动排序。找出各个活动间的依赖关系。

3）时间估算。对完成各个活动所需的时间进行估算。

4）编制进度计划。分析活动的顺序，各项活动所需的时间和资源的要求，制订物流项目进度表。

（3）项目费用管理 项目费用管理是指为了保证在批准的预算内完成物流项目所进行的管理活动。主要内容包括：

1）资源规划。确定为完成物流项目的各项活动要用何种资源，如人、财、物等，以及每种资源所需的数量。

2）费用估算。估算完成物流项目各项活动所需资源的费用。

3）费用预算。将总费用估算分摊到各工作细目上去。

4）费用控制。控制物流项目预算的变更。

（4）项目质量管理　项目质量管理是为了保证物流项目能够满足原来设定的各种要求的管理活动。主要内容包括：

1）质量规划。确定本项目的质量标准，同时确定应如何达到这些质量标准。

2）质量控制。对项目进行跟踪监控，并随时确定项目结果是否符合有关的质量标准，进而找出方法，纠正偏差。

3）质量保证。对物流项目进展情况进行定期的评价，以便有把握使物流项目能够达到有关的质量标准。

（5）项目人力资源管理　物流项目人力资源管理是物流项目管理的另一个重要部分，它是为了保证最有效地使用参加项目人员的个别能力。主要内容包括：

1）组织规划。确定、分派物流项目角色，明确各部门责任及相互关系。

2）人员招聘。招收物流项目需要的人员，并将其分派到需要的工作岗位上。

3）班子建设。培养个人的和集体的工作能力，提高物流项目管理水平。

（6）项目风险管理　涉及项目可能遇到各种不确定因素。它包括风险识别、风险量化、制订对策和风险控制等。

（7）项目采购管理　项目采购管理是为了从项目实施组织之外获得所需资源或服务所采取的一系列管理措施。它包括采购计划，采购与征购，资源的选择以及合同的管理等工作。

（8）项目集成管理　项目集成管理是指为确保项目各项工作能够有机地协调和配合所展开的综合性和全局性的项目管理工作和过程。它包括项目集成计划的制订、项目集成计划的实施、项目变动的总体控制等。

6.1.2　物流项目设计

在筹划物流服务方案的整个过程中，具体的设计是所有环节的中心，是赢得客户的关键所在。

1．分析框架

物流方案设计须有一个框架，然后在此基础上加以修改，达到目的。分析框架一般由以下四部分组成：

（1）分析、记录当前形势——问题表

1）环境分析。如本企业属于物流中的哪个环节？影响该行业、该企业及其营销活动的因素？经济因素、利润来源及增长空间？社会—文化因素？技术因素、物流应用系统对于利润的影响？环境趋势、变化为企业及其营销活动提供了何种机遇、威胁？等等。

2）行业与竞争分析。如与企业竞争的其他公司的客户、市场的情况是什么样的？本企业在行业中的相对规模如何？已在市场占有率、销售额、获利性上与其他同行企业比较如何？在财务比率分析上与其他企业比较如何？市场份额在竞争者间怎样分配？这些竞争者的竞争地位如何？如市场领导者、挑战者、追随者、补缺者。竞争者的进攻性及其趋势如何？是否可能辨认快速进入者？主要竞争者在什么基础上进行竞争？该企业面临的主要竞争是什么？如他们的差异性优势是什么？它可维持吗？它如何由营销活动所支持？主要竞争者的背景、策略及营销组合？等等。

3）企业分析。如企业的目标是什么？是否清晰陈述？依照企业的现有客户，市场份额可以达到吗？企业的优势、劣势？企业组织结构中有何现实的、潜在的破坏性冲突？企业的营销组织是如何构造的？等等。

4）市场分析。如本地区物流结构规模？市场规模趋势增加或减少？市场如何构成？谁是潜在客户？客户是什么样的？他们需求服务的目的？他们在物流服务之中寻求何种特性？对物流服务的感受及对其他公司的感受？等等。

5）营销活动分析。如营销活动的目标？它是否明确陈述？它与企业目标是否一致？是否构造了营销组织以达成这些目标？营销活动是否规划良好并有序展开？是否与合理的营销原则一致？营销活动指向的目标市场有哪些？它是否定义良好？该市场是否足够大以使得为？它是否有长期潜力？营销活动提供了何种竞争优势？如何在市场上获得竞争优势？产品策略、价格策略、渠道策略、促销策略、人员策略、有形展示策略、过程策略怎样？营销研究与信息结合到营销活动中了吗？整个营销活动是否内在一致？等等。

（2）分析问题及其核心因素　检查表中什么是根本问题？次要问题？所定义问题如何相互联系？他们互相独立吗？这些问题在短期或特定期内会不会节外生枝？等等。

（3）形成评价并记录备选行动方案　检查表有哪些解决问题的可行方案？方案的限制条件或前提条件是什么？企业的素质、资源以及企业领导的倾向性如何？社会责任、法律制度的影响？对于该企业有哪些可行的主要方案？影响这些方案的营销概念是什么？这些方案与其营销计划目标、企业目标是否一致？每个方案的成本与利益、优劣势如何？等等。

（4）选择、实施并记录被选行动方案　检查表在前述约束条件下哪个方案能最好地解决问题并最少地制造新问题？为实施所选方案必须做哪些工作？牵涉哪些人员、其责任如何？何时、何地实施？可能的结果是什么？方案的成败如何测量？等等。

2．设计过程

物流服务方案的设计过程一般包括调研、分析和确定三个阶段，每个阶段都有相应的工作任务。

这里以 W 公司（物流企业）与 G 公司（物流项目外包者）洽谈物流服务合同的过程为例，说明物流服务项目的一般设计过程。

1）G 公司与 W 公司达成物流项目目标。

2）G 公司与 W 公司共同为物流设计提供基础信息，包括制造数据、零部件数据、包装信息、生产数据、成本数据等。

3）G 公司与 W 公司确认数据，并对用于设计过程的特殊变量达成共识。

4）W 公司管理层根据上述信息与数据，用物流公司的资源设计几套方案。

5）G 公司与 W 公司审阅并根据具体要求修改设计。具体要求涉及收货路线、收货顺序、时间计划、运费和运行距离、装货规则、货物堆放规则、现场外的存储需要、排序与计量、托盘回收等。

6）物流公司做出系统报告，包括物流作业目标、线路计划、设备使用表等。

7）G公司与W公司对最初可选物流设计进行评估，在生产控制、物流和采购等方面得到认可。

8）W公司投入资源进行物流设计，包括拖挂车、栏杆、司机安排、人员安排、购买服务等。

9）W公司做出详细作业计划，包括每一条线路计划、交接计划、原材料物流与销售物流急运中心标准工作程序、挂车提供计划等。

10）W公司提供各种方案的价格比较，包括资金需求。

11）W公司获得G公司最后认可，做出实施时间表。

12）W公司通知所有参与物流系统实施的部门，组成工作组，实施计划。

3．物流服务解决方案

这里以某著名物流公司（简称A公司）与某著名啤酒制造公司（简称B公司）的合作为例，说明物流服务解决方案的基本做法。

B公司与A公司共同出资200万元组建合资公司（简称AB公司）。AB公司将通过B公司优良的物流资产和A公司先进的物流管理经验，全权负责B公司的物流业务，提升B公司的输送速度。

AB公司除拥有A公司专业物流管理经验和B公司优质的物流资产以外，还拥有基于ORACLE的ERP系统和基于SAP的物流操作系统提供信息平台支持。AB公司两年内由B公司持股51%，两年后由A公司持股51%。

A公司首先对B公司的公路运输业务进行试运营。由于此前B公司自营运输业务，拥有许多固定资产，如车辆、仓库等，因此在试运营期间，A公司通过融资租赁的方式，租用B公司的车辆及仓库，以折旧抵租金，同时输出管理，以整体规划、区域分包的一体化供应链来提升B公司的输送速度。

AB公司运营以来，B公司在物流效率的提升、成本的降低、服务水平的提高等方面成效显著。据统计，B公司的运送成本每个月下降100万元。B公司车队司机的月收入也拉开了档次，最大的时候相差达3500元。

另外，与A公司的合作，也使B公司固化在物流上的资产得以盘活。

通常，一个综合物流解决方案由以下子系统组成：仓储管理系统、配送管理系统、运输管理系统、贷代管理系统、报关管理系统、采购管理系统、结算管理系统、合同管理系统、客户关系管理系统、数据交换系统。每一个子系统都有自身的结构与内容。如仓储管理信息系统，就可以对所有的包括不同地域、不同属性、不同规格、不同成本的仓库资源实现集中管理。采用条码、射频等先进的物流技术设备，对出入仓的货物实现联机登录、存量检索、容积计算、仓位分配、损毁登记、简单加工、盘点报告、租期报警和自动仓租计算等仓储信息管理。支持包租、散租等各种租仓计划，支持平仓和立体仓库等不同的仓库格局，并可向客户提供远程的仓库状态查询、账单查询和图形化的仓储状态查询。运输管理信息系统可以对所有运输工具，包括自有车辆和协作车辆以及临时车辆实行实时调度管理，提供对货物的分析、配载的计算以及最佳运输路线的选择。支持全球定位系统和地理图形系统，实现车辆的运行监控、车辆调度、成本控制和单车核算，并提供网上车辆以

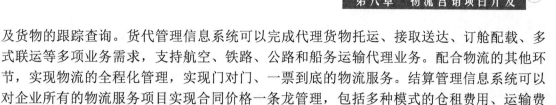

及货物的跟踪查询。货代管理信息系统可以完成代理货物托运、接取送达、订舱配载、多式联运等多项业务需求，支持航空、铁路、公路和船务运输代理业务。配合物流的其他环节，实现物流的全程化管理，实现门对门、一票到底的物流服务。结算管理信息系统可以对企业所有的物流服务项目实现合同价格一条龙管理，包括多种模式的仓租费用、运输费用、装卸费用、配送费用、货代费用、报关费用、三检费用、行政费用、办公费用等的计算，根据规范的合同文本、货币标准、收费标准自动产生结算凭证，为客户以及物流企业（仓储、配送中心、运输等企业）的自动结算提供完整的结算方案。

示例

第三方物流服务解决方案示例

五洲物流公司（以下称 L 公司）为某橡胶企业（以下称 A 企业）所设计的物流解决方案。

（一）企业（物流服务需求者）背景

A 企业为一家大中型国有企业，随着服务竞争时代的到来，A 企业原本的经营方式和管理模式正在逐步显现出它的不足之外。主要表现在以下：

1）产品经销商对 A 企业的忠诚度不够，始终成为 A 企业销售上的一大隐患。

2）产品物流系统较为混乱，采购、生产和销售难以实现一体化运作，无法为客户提供更优越的物流服务，没有充分利用已经建立的物流渠道。

3）从广度来看，销售网络的覆盖面不够，从深度来看，渗透力不够，只涉及一级代理商，对终端客户没有形成控制力。

4）品牌知名度不够，市场影响力不强。

（二）解决方案

1．流程重组

改造现有的物流系统结构，建立"以杭州物流中心为核心，各异地仓库配送中心为骨架"的物流网络。

（1）仓储设置　A 企业总体上形成以杭州为中心仓库，各异地仓库为配送仓库的总体格局。

1）中心仓库包括原材料仓库、轮胎仓库和车胎仓库。因为原材料和产品生产紧密相连，因此，考虑将原材料仓储设在厂区内，由 A 企业派人管理库存。由原材料供应商直接将原材料送到 A 企业。轮胎仓库和车胎仓库外包给 L 公司，由 L 公司进行杭州中心仓库的建设和投资。根据 A 企业的需要和实际操作经验，L 公司计划按以下要求配备中心仓库：

① 所有库内地面均采用无尘漆处理，保证库内货物的清洁卫生。

② 装卸平台配备液压升降平台，提高装卸货物的效率。

③ 建造 1 万平方米的高架辅助库，高 7 米。

④ 库区内接通 DDN 专线，配备电子扫描无线传输系统。

⑤ 配备进行专业轮胎作业的叉车 2～3 辆。

2）各异地仓库设置。根据 A 企业的销售量，在全国划分六大异地仓库，即 6 个区域配送中心，各配送中心负责本区块的产品配送。各区仓库通过两种方式来设立：

① 整合、收编该大区内一级代理商的仓库，由 L 公司进行管理和配送。

② 直接由 L 公司在设库当地选择合适的仓库作为配送仓库，并由 L 公司进行库存管理和配送管理。

（2）运输供应商管理　目前，有多家运输公司共同承运 A 企业的货物，一方面导致 A 企业对运输公司管理困难；另一方面，由于订单分散，难以实现规模经济，人为地增加了物流成本。改革后，A 企业将所有干线运输和异地区域配送的业务统一外包给 L 公司，由 L 公司进行物流资源的整合。

2．建立以条码为核心的信息系统

为了配合 A 企业的发展，L 公司根据 A 企业对条码的要求，投资开发物流管理系统。该系统包括调度管理系统和仓储管理系统两大部分，适用于总部物流中心和各异地配送中心。

3．改革现有销售模式

A 企业现有的销售渠道主要有两个：一个是由 A 企业直接送货到汽车配套厂，另一个是 A 企业送货到各个一级代理商，再由一级代理商配送到下一级代理商或终端用户，这样的销售模式削弱了 A 企业的竞争力。

鉴于以上原因，L 公司建议 A 企业建立集商流、物流为一体的销售模式。将销售点设在各异地配送仓库内，销售系统和物流系统相互独立，各异地销售处人员接受总部销售处的指令，各异地配送中心接受 L 公司总部的指令，L 公司总部接受总部销售处的指令。异地销售人员接受各代理商和终端客户的订单，由异地配送中心直接将货物交给代理商的下一级客户或终端客户，在此过程中逐渐打响 A 企业品牌，最终实现终端客户直接向 A 企业下单，淘汰中间代理商。

经过以上各项改革措施的实行，A 企业有关部门的功能实现了转换，出现了异地配送仓库为企业的配送订单而存货，总部物流中心为各异地仓库的安全库存而存货，生产线为总部物流中心的安全库存而生产的状况。各相关部门的货物流、信息流和资金流建立了合理的流动渠道。

4．解决变革产生的遗留问题

任何的变革都会对原来的体系产生影响，对原来体系中的元素（即人和生产资料等）会进行重新分配和安排，A 企业的变革当然也不能例外。L 公司作为这场变革的参与者，与 A 企业共同解决了这些问题。

1）富余的人员问题。L 公司通过两种途径解决这个问题：

① 从中培训选拔出一批作为 A 企业的客户服务人员，来解决 A 企业因销售网络扩张而造成的销售人员不足问题。

② 其余人员纳入 L 公司的管理体系，由 L 公司进行重新招聘、培训，由 L 公司解决其就业问题。

2）富余的生产资料。L 公司采取买断或租赁的方式将这些生产资料转移到 L 公司。

3）在 A 企业运作的其他运输车队。能淘汰的淘汰，难以淘汰的，纳入 L 公司的管理，由 L 公司来保证其业务量。

（三）效果评估

1）由于在各地建立了商流和物流一体化的异地配送中心，实现了以下效果：

①A企业的服务可以直接影响终端客户，可以使A企业摆脱代理商的制约，将生命线牢牢控制在自己手里。

②A企业的物流效率更高。对所有客户基本可以实现自确认客户订单后2天内到货的承诺，部分客户甚至可以实现当天到货，这大大有利于A企业的销售，有利于缩短资金周转周期；同时，有效提高了对高频率、小批量的零散订单的履行能力，为改革现行的代理制度奠定了基础，使A企业向终端客户的配送成为可能。

③为解决A企业销售通道浅而狭窄的问题提供了现实条件，有利于A企业的销售渠道从广度和深度两个方面上进行拓展，从而达到直销网络覆盖终端客户的目的。

④通过稳定部分车源进行异地配送，采用在车辆上和各异地配送中心做广告等方式，使A企业的品牌深入人心，从而在全国范围内打响A企业的品牌。

⑤将异地配送仓库设在配套厂周边，大大提高了A企业公司对配套厂的配套能力，缩短了A企业的服务响应时间。

2）由于建立了高效的、以条码为核心的物流系统，各异地配送中心和总部物流系统形成了点到点的对接。一方面使A企业公司决策层可以随时了解总部物流中心和异地配送中心的实时库存，从而保证了库存的最小化，降低了库存资金积压；另一方面最大程度缩短了信息交流时间，减少了信息交流成本。

3）由于实现了销售物流统一外包给L公司，一方面降低了A企业的管理难度，另一方面有利于实现物流的规模化效应，为降低物流成本提供了有利条件。

6.1.3　物流项目操作

1．物流项目确立

物流项目确立是物流项目的开始，一个完整的物流项目首先应出具项目建议书。项目建议书又称项目目标文件，是一种详细描述项目目标、项目范围及其实施计划的文件，它对项目提出包括目标、要求、资金来源等文字说明，作为项目各项准备工作的依据。项目建议书的内容通常包括项目背景、项目目标、项目组织结构、项目进度计划、项目预算、项目完成界定。

2．物流项目计划

物流项目计划是物流项目组织为实现一定的目标而科学地预测并确定未来的行动方案。物流项目组织围绕项目目标的完成，系统地确定物流项目的任务、安排物流项目的进度、编制完成任务所需的资源计算文件等，从而保证物流项目能够在合理的时间内，用尽可能低的成本和尽可能高的质量完成。

（1）物流项目计划内容　物流项目计划包括工作计划、人员组织计划、设备采购及其他资源供应计划、进度报告计划、跟踪控制计划、财务计划、应急及支持计划。

（2）物流项目计划过程　物流项目的计划一般会经过以下几个过程：

1）定义产品。物流项目的产品通常是一些特定的个性化服务，是一种无形产品。这种产品可能是系列化的服务。这就给物流项目增添了许多难以确定的量化上的难度。

2）确定任务。物流项目的任务由项目标准任务、项目相关任务、项目管理任务及项目支持任务组成。项目标准任务是物流项目计划及审查的依据。项目相关任务是为了完成标准任务而必须进行的辅助性任务。项目管理任务则是物流项目本身管理的需要，如跟踪、控制、监督、资源管理等。项目支持任务则是为完成目标而进行的日常工作，如会议准备、系统安装、变更调查等。

3）建立逻辑关系图。任务之间的逻辑关系是指时序、人工、资源分配等各方面的关系。通过寻找逻辑关系，可以找出任务间的制约关系，并发现遗漏疏忽的任务，也有利于以后编制任务工作表。

4）为任务分配时间、资源。每一项任务的可能完成时间和需要的资源对物流项目目标的最终实现都会产生影响，它将直接关系项目的进度和费用，所以任务时间和资源的分配是物流项目计划的一个重要过程。通常时间和资源的确定应当考虑当事人的意愿、各类资源条件、外界影响等因素，一般的统计规律也可以作为参考依据。

5）确定项目组成员可支配的时间。一位项目组成员可能身兼多个项目的任务，所以可能会有可支配时间受到限制的情形。了解这一参数的主要目的在于更合理地安排计划。

6）计划汇总。在经历了上面几个过程以后，如果发现有新的任务产生，这就需要重复上述过程，直至认为没有必要重复为止。在发现没有必要重复时，接下来的工作就是汇总所有任务，编制完整的计划文件

3．物流项目跟踪

在物流项目管理中，计划、跟踪和控制是不可分割的三个部分，计划是物流项目管理的前提，跟踪则是物流项目管理的手段，控制是物流项目管理的目标。物流项目跟踪是伴随着物流项目的开始而开始的，它采用科学的方法对物流项目本身及影响物流项目进展的因素进行追踪、检测、信息收集、记录、报告与分析等活动的总称。通过向物流项目管理者提供项目进展信息，发现偏差以便及时纠正。物流项目跟踪是动态的，图 6-1 是项目的动态跟踪控制示意图。

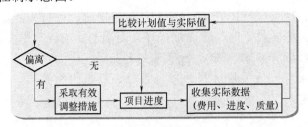

图 6-1　项目动态跟踪控制示意图

项目跟踪系统收取有关物流项目执行情况的信息，如有关库存状况、资源利用情况、管理成本或客户服务水平等方面的信息。项目执行情况即项目进展通常是通过项目进展报告和项目里程碑体现出来的。

（1）项目进展报告　项目进展报告是物流项目进展情况的小结，通常是根据物流项目的进展阶段或者一定的时间间隔及特定的项目需要编写的。它是物流项目跟踪的重要手段，既是对项目的总结，也是对项目的鞭策。

项目进展报告应以项目分解后的单位为主体编写。如果项目较小，则可以以项目小组为单位编写，汇总到物流项目经理处，由物流项目经理根据要求重新编写，然后递交公司最高管理层。

项目进展报告的内容包括项目进展小结、项目预测、项目风险分析。

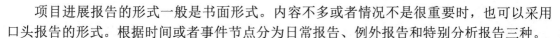

项目进展报告的形式一般是书面形式。内容不多或者情况不是很重要时，也可以采用口头报告的形式。根据时间或者事件节点分为日常报告、例外报告和特别分析报告三种。

日常报告是项目进展比较顺利，与计划偏差较小时使用的形式，一般是按照项目周期的各个阶段编写的。

例外报告是由于某些特殊原因，需要对原计划进行重大修正时所采用的报告。这种报告一般分为三部分：修改的原因、修改的方案和修改后的可能结果。

特别分析报告则是对项目进行过程中出现的一些重大事件进行的详细总结。重大事件可以是重大技术改进，也可以是造成严重损失的重大事故。

项目进展报告表的格式可以由物流项目经理根据项目的不同情况来编制，下面介绍一种常见的格式，如表6-1所示。

表 6-1 项目进展报告表

项目名称：			项目号：	
项目经理：			报告日期	
项目状态		答案	原因	
项目进度与计划是否一致？		是 否		
资源使用情况与计划是否一致？		是 否		
人力资源配置与计划是否一致？		是 否		
完成的内容能否达到计划的目标？		是 否		
预计能否按时完成项目？		是 否		
与用户的关系是否协调？		是 否		
是否存在任务完成报告？		是 否		
项目进度评价：				
项目预算评价：				
项目风险评价：				
客户意见：				
所附文件的分数：		项目经理签名		日期：
审批人：	日期：	管理人：		日期：

（2）项目里程碑　项目里程碑一般是物流项目进行的关键节点。明确里程碑的意义在于可以将物流项目分为几个阶段，便于跟踪物流项目的进展，核对实际进展与计划的差距，便于对项目进展进行必要的控制。

以物流企业的一次配送项目为例，可以作为里程碑的事件有：定单确认、运输路线选择、运输车辆安排完成、货物分拣完成、车辆到达指定仓库、货物装车完成、运输配送完成、货物交接。

对于里程碑的确定，在物流项目的不同层面有不同的含义。对于重大物流项目的最高管理层而言，里程碑也就那么几个。对于物流项目的基层管理而言，项目的每一个关键节点都可能成为一个里程碑。物流项目的里程碑越多，所要求的项目报告就越多，内容就越细，项目的复杂程度就越高。

4. 物流项目控制

物流项目控制是物流项目管理的重要组成部分，物流项目在按照事先制订的计划，朝着目标进行的过程中，由于各种因素的影响，如前期工作的不确定性和外界环境因素的变化等，往往会偏离预计轨道，这就需要管理者根据项目跟踪所获得的信息，与原来的项目计划进行对比，从而寻找导致偏差的原因及解决方案，这个过程称之为物流项目控制。物流项目控制是一个特定的、有选择的能动的作用过程。通常物流项目控制的内容包括物流项目进度控制、物流项目质量控制和物流项目费用控制。物流项目的进度目标、质量目标和费用目标之间是对立统一的关系，有矛盾的一面，又有统一的一面。加快进度往往要增加投资；加快进度要将项目启动时间提前，则可增加收入，提高投资效益；加快进度可能影响质量；质量要求高则可能要增加费用。对于物流项目经理而言，要处理好在各种条件下物流项目三大目标间的关系及其顺序，做到费用省、质量好、进度快。

（1）物流项目进度控制　物流项目进度控制就是对物流项目计划实施与项目进度计划变更所进行的控制工作。具体来说，物流项目进度控制就是在物流项目正式确定后，要时刻对项目及其各项活动的进度进行监督，及时、定期地将项目实际进度与计划进度进行比较，掌握和度量物流项目的实际进度与计划进度的差距。一旦出现偏差，就必须采取措施纠正偏差，以维持物流项目的正常进行。

（2）物流项目质量控制　质量控制是指为满足质量要求所采取的作业技术和活动。项目质量的高低是物流项目成功与否的首要标志，所以物流项目的质量控制在项目的各项控制中占首要地位，它是针对物流项目的生产条件、工作环境及工作状态等多方面因素的变化，把组织管理方法、数理统计方法及现代科学技术等综合运用于质量管理，建立适用和完善的质量工作体系，对每一个生产服务环节加以管理，从而保证产品或服务质量。做好物流项目质量控制工作，一些重要的或者大型的项目一般都应当设置专门的人员甚至部门来实施质量控制。

最常见的质量保证标准是国际标准化组织制定的 ISO 9000 系列标准，对物流管理者来说，质量就意味着准时履行订单，按时交付产品或服务。另外，客户也希望他们的物流服务商是获得认证的企业，这将保证客户得到的服务与他们的期望一致。

（3）物流项目费用控制　物流项目费用控制就是在整个物流项目的实施过程中，定期地、经常性地收集项目的实际费用数据，进行费用的目标值和实际值的比较分析，并进行成本预测，如果发现存在偏差，则及时采取纠偏措施，包括经济、技术、合同、组织管理等综合措施，以便使物流项目的费用目标尽可能好地实现。物流项目的费用控制实际上是资源的均衡与重新分配的问题。物流项目的资源包含：人力资源、时间资源、资金资源、工具资源、场所资源以及网络资源等。物流项目资源通常在项目初始阶段利用率不高，这是因为许多平行作业还无法开展。

物流项目费用控制的内容包括：对造成费用基准计划变化的因素施加影响，以保证这种变化朝着有利的方向发展；确定物流项目费用基准计划是否已经发生变化；在实际发生变化和正在发生变化时，对这种变化实施管理；监视物流项目费用执行，以寻找出与费用计划的偏差；确保所有有关变更都准确地记录在物流项目费用基准计划中；防止不正确、不适宜或未经核准的变更纳入费用基准计划中；将核准的变更通知有关物流项目关系人。

5．物流项目终止

项目终止是物流项目管理的最后阶段，通过对已完成物流项目的成败分析，有利于为今后的物流项目管理积累宝贵的经验。

（1）物流项目终止情形　当出现以下情况时，物流项目就会终止：项目的目标已经实现；项目的有关工作已经停止或者放慢，进一步发展已不可能，或者项目被无限期地延长；项目所必需的资源被分配给其他项目，或者项目原有的资源已经被完全消耗，而项目的目标没有实现，进一步追加资源已经不可能。

（2）物流项目终止过程　物流项目终止要经过以下几个过程：项目控制、项目审查、项目终止决策、项目终止实施、项目结果分析和递交项目结束报告等。

在物流项目控制过程中，如果发现有项目终止的情形，如物流项目目标已经实现、项目资源已经消耗完或项目进度已经无法实现等情况，就要对物流项目进行整体的审查，在审查的基础上，进行项目终止决策。

一旦做出物流项目终止的决策，就将进行具体的项目终止实施。在项目终止阶段，以下几项基本任务是必须完成的，物流项目经理对此仍然要负全部责任：保证所有结束任务的完成；通知客户项目结束情况，并理清最终账目，监督最后的发票递交到客户的手中；完成有关文档，包括项目的最终评价并准备项目结束报告；保证有关文件存放在适当的地方，做好文件归档工作；重新安置人员、办公场所、物料、设备及其他资源；提供有关产品和服务的支持，并落实有关责任；向企业最高领导层报告项目终止的最终情况。

（3）物流项目终止方式　物流项目终止方式各不相同，按照物流项目终止的原因可以分为正常终止和非正常终止；按照项目终止程度又可分为完成终止和未完成终止；按照项目的完成结果分为成功终止和失败终止；按照终止时的状态可以分为绝对式终止、附加式终止、集成式终止和自灭式终止。

（4）物流项目结束报告　物流项目结束报告是物流项目的最后一个重要文件。它应当包含的内容有：

1）物流项目绩效评价。把物流项目最终实现的结果与计划要实现的目标作比较，提出项目管理的一系列建议。

2）管理绩效评价。记录物流项目管理中出现的问题及解决问题的方式，总结管理经验。

3）物流项目组织机构评价。分析该项目采用的组织机构的优缺点，对今后类似项目的组织机构提出建议。

4）物流项目组织成员评价。即对小组成员的表现以及小组成员之间的沟通及相互合作的精神进行评价。

5）物流项目管理技术的运用。即表明曾经采用的管理技术，并对这些技术采用的效果进行评价。

物流项目结束报告的最后递交归档，标志着物流项目的最后结束。

6.2　物流项目招标与投标

招投标是市场竞争的重要方式之一。物流企业应充分运用招投标的方式获取物流服务项目，并对物流服务项目提供一体化的解决方案。

6.2.1　招投标的涵义和原则

招投标是在市场经济条件下进行大宗货物的买卖、工程建设项目的发包与承包以及服务项目的采购与提供时，所采用的一种交易方式。

招投标活动应当遵循公开、公平、公正和诚实信用的原则。招标人不得向他人透露已获取招标文件的潜在投标人的名称、数量以及可能影响公平竞争的有关招投标的其他情况。招标人设有标底的，标底必须保密。投标人不得相互串通投标报价，不得排挤其他投标人的公平竞争，损害招标人或者其他投标人的合法权益。投标人不得与招标人串通投标，损害国家利益、社会公共利益或者他人的合法权益。投标人不得以低于成本的报价竞标，也不得以他人名义投标或者以其他方式弄虚作假，骗取中标。

6.2.2 招投标的程序

招投标的一般程序可归结为招标、投标、开标、评标、中标、签约。政府招标采购业务流程见图 6-2。

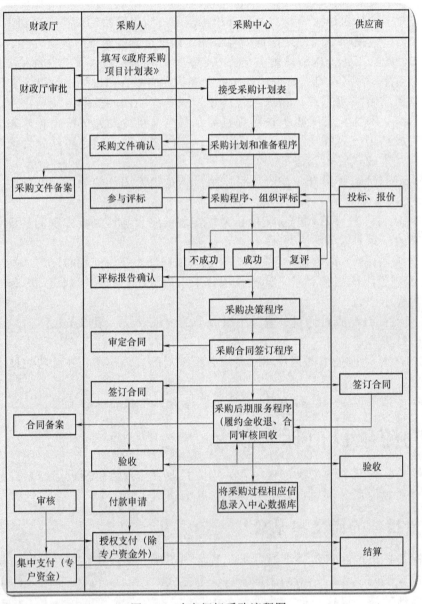

图 6-2 政府招标采购流程图

1．招标

招标是一种特殊的交易方式和订立合同的特殊程序。招标概念有广义与狭义之分。广义的招标是指由招标人发出招标公告或通知，邀请潜在的投标商进行投标，最后由招标人通过对各投标人所提出的价格、质量、交货期限和该投标人的技术水平、财务状况等因素进行综合比较，确定其中最佳的投标人为中标人，并与之最终签订合同的过程。狭义的招标是指招标人（指提出招标项目、进行招标的法人或者其他组织）根据自己的需要，提出一定的标准或条件，向潜在投标商发出投标邀请的行为。当招标与投标一起使用时，则指狭义的招标。招标人具备相应条件的，可以自行组织招标；招标人不具备一定条件的，应当委托符合资质要求的招标代理机构代理其组织招标。招标分为公开招标和邀请招标。

（1）公开招标　公开招标是指招标人以招标公告的方式邀请不特定的法人或者其他组织投标。招标人采用公开招标方式的，应当发布招标公告。必须依法进行招标项目的招标公告，应当通过国家指定的报刊、信息网络或者其他媒介发布。招标公告应当载明下列事项：

1）招标人的名称和地址。

2）招标项目的性质、数量。

3）招标项目的地点和时间要求。

4）获取招标文件的办法、地点和时间。

5）对招标文件收取的费用。

6）需要公告的其他事项。

示 例

GX 国际集团运输招标公告

全国各专业运输公司：

GX 国际集团是一个集餐饮业、速冻食品业、地产业、娱乐业和商贸为一体的多元化集团，历经十余年的不懈努力，已经发展成为国内速冻食品行业中的龙头企业。公司所生产的速冻食品行销世界各地，如今旗下的两大品牌已家喻户晓，成为速冻食品行业的代名词。为了提高物流服务质量，满足业务快速发展的需要，公司决定于近期对国内运输业务进行招标，欢迎符合要求的冷链物流服务商参加投标。

一、招标项目名称

1．GX 国际集团自汕头发往全国的干线运输服务。具体如下：

① 公路运输：

始发地：汕头

目的地：福州、泉州、广州、深圳、南昌、温州、合肥、昆明、上海、天津、北京、沈阳、石家庄、成都、重庆等。

② 铁路运输或海运：上海、成都、重庆、沈阳。

2．物流服务商可以对其中一条线或多条线进行投标。

二、投标资格要求

1．投标人注册资本不得少于人民币 100 万元。

2．本次招标不接受多家单位联合投标。

三、投标方式

把投标书及相关文件用档案袋封好，并在密封处加盖公章，于投标截止时间之前邮寄到 GX 国际集团（详情见标书）。

四、其他事项

投标人报名时必须携带《公司营业执照》《税务登记证》《组织机构代码证》、相关运输资质证明复印件及公司简介，以上文件需加盖公章。

五、招标说明：

1. 运输方式：海运、陆运（汽运、火车）。

2. 运输规模：4 万吨左右。

3. 运输时间：不固定，但会提前一或两天通知。

4. 主要产品：汤圆、水饺、火锅料、肉制品等。

5. 运费金额：1300 万元左右。

6. 车辆要求：必须是冷藏车（要求-18℃～-15℃）。

六、获取招标文件的时间、地点、方式

1. 领取时间：2019 年 8 月 3 日起，上午 9:00—11:00、下午 14:00—17:00（节假日除外）。

2. 领取地点：北京市 HQ 大厦。

3. 获取方式：中国物流招标网下载。

4. 标书：（VIP 会员单位免费 点击下载）。

七、时间安排

1. 递交标书时间：2019 年 8 月 18 日起，上午 9:00—11:00、下午 14:00—17:00（节假日除外）。

2. 投标截止时间：2019 年 8 月 28 日下午 16:00 。

3. 开标时间及签订协议时间另行通知。

八、招标单位的名称、地址和联系方法

1. 名称：GX 国际集团。

2. 联系方式：

电话：

传真：

联系人：

E-mail：

招标人或招投标中介机构可以对有兴趣的法人或者其他组织进行资格预审，但应当通过报刊或者其他媒介发布资格预审通告。资格预审通告应当载明下列事项：

1）招标人的名称和地址。

2）招标项目的性质、数量。

3）招标项目的地点和时间要求。

4）获取资格预审文件的办法、地点和时间。

5）对资格预审文件收取的费用。

6）提交资格预审申请书的地点和截止日期。

7）资格预审的日程安排。

8）需要通告的其他事项。

上述预审应当主要审查有兴趣投标的法人或者其他组织是否具有圆满履行合同的能力。有兴趣投标的法人或者其他组织应当向招标人或者招投标中介机构提交证明其具有圆满履行合同的能力的证明文件或者资料。招标人或者招投标中介机构应当对提交资格预审申请书的法人或者其他组织做出预审决定。

（2）邀请招标　邀请招标是指招标人以投标邀请书的方式邀请特定的法人或者其他组织投标。招标人采用邀请招标方式的，应当向三个以上具备承担招标项目能力、资信良好的特定的法人或者其他组织发出投标邀请书。邀请书应当载明招标人的名称和地址、招标项目的性质、数量、实施地点和时间以及获取招标文件的办法等事项。

（3）招标文件编制　招标人应当根据招标项目的特点和需要编制招标文件。招标文件是招标人向投标人提供的为进行投标工作所必需的文件。招标文件的作用在于：阐明需要采购货物或工程的性质，通报招标程序将依据的规则和程序，告知订立合同的条件。招标文件既是投标商编制投标文件的依据，又是采购人与中标商签订合同的基础。招标文件一般应当载明下列事项：

1）投标人须知。

2）招标项目的性质、数量。

3）技术规格。

4）投标价格的要求及其计算方式。

5）评标的标准和方法。

6）交货、竣工或提供服务的时间。

7）投标人应当提供的有关资格和资信证明文件。

8）投标保证金的数额或其他形式的担保。

9）投标文件的编制要求。

10）提供投标文件的方式、地点和截止日期。

11）开标、评标、定标的日程安排。

12）合同格式及主要合同条款。

13）需要载明的其他事项。

招标文件规定的技术规格应当采用国际或者国内公认的法定标准。招标文件中规定的各项技术规格，不得要求或者标明某一特定的专利、商标、名称、设计、型号、原产地或生产厂家，不得有倾向或排斥某一有兴趣投标的法人或者其他组织的内容。招标人或者招投标中介机构需要对已售出的招标文件进行澄清或者非实质性修改的，一般应当在提交投标文件截止日期15天前以书面形式通知所有招标文件的购买者，该澄清或修改内容为招标文件的组成部分。

2. 投标

投标是指投标人（指响应招标、参加投标竞争的法人或者其他组织）接到招标通知后，根据招标通知的要求填写招标文件（也称标书），并将其送交给招标人的行为。

投标人应当按照招标文件的规定编制投标文件。投标文件通常可分为：

（1）商务文件　这类文件是用以证明投标人履行了合法手续及招标人了解投标人商业资信、合法性的文件。一般包括投标保函、投标人的授权书及证明文件、联合体投标人提供的联合协议、投标人所代表公司的资信证明等，如有分包商，还应出具资信文件供招标人审查。

（2）技术文件　如果是建设项目，则包括全部施工组织设计内容，用以评价投标人的技术实力和经验。技术复杂的项目对技术文件的编写内容及格式均有详细要求，投标人应当认真地按照规定填写。

（3）价格文件　这是投标文件的核心，全部价格文件必须完全按照招标文件的规定格式编制，不允许有任何改动，如有漏填，则视为其已经包含在其他价格报价中。投标文件应当载明下列事项：

1）投标函。

2）投标人资格、资信证明文件。

3）投标项目方案及说明。

4）投标价格。

5）投标保证金或者其他形式的担保。

6）招标文件要求具备的其他内容。

投标文件应在规定的截止日期前密封送达投标地点。招标人或者招投标中介机构对在提交投标文件截止日期后收到的投标文件，应不予开启并退还。招标人或者招投标中介机构应当对收到的投标文件签收备案。投标人有权要求招标人或者招投标中介机构提供签收证明。投标人可以撤回、补充或者修改已提交的投标文件，但是应当在提交投标文件截止日之前，书面通知招标人或者招投标中介机构。

3．开标

开标应当按照招标文件规定的时间、地点和程序以公开方式进行。

开标由招标人或者招投标中介机构主持，邀请评标委员会成员、投标人代表和有关单位代表参加。投标人检查投标文件的密封情况，确认无误后，由有关工作人员当众拆封、验证投标资格，并宣读投标人名称、投标价格以及其他主要内容。投标人可以对唱标做必要的解释，但所做的解释不得超过投标文件记载的范围或改变投标文件的实质性内容。开标应当记录，存档备查。

4．评标与中标

评标应当按照招标文件的规定进行。

招标人或者招投标中介机构负责组建评标委员会。评标委员会由招标人的代表及其聘请的技术、经济、法律等方面的专家组成，总人数一般为 5 人以上的单数，其中受聘的专家不得少于 2/3。与投标人有利害关系的人员不得进入评标委员会。评标委员会负责评标。评标委员会对所有投标文件进行审查，对与招标文件规定有实质性不符的投标文件，应当决定其无效。评标委员会可以要求投标人对投标文件中含义不明确的地方进行必要的澄清，但澄清不得超过投标文件记载的范围或改变投标文件的实质性内容。

评标委员会应当按照招标文件的规定对投标文件进行评审和比较，并向招标人推荐1～3个中标候选人。招标人应当从评标委员会推荐的中标候选人中确定中标人。中选的投标者应当符合下列条件之一：

1）满足招标文件各项要求，并考虑各种优惠及税收等因素，在合理条件下所报投标价格最低的。

2）最大满足招标文件中规定的综合评价标准的。

5．签约

招标人或者招投标中介机构将中标结果书面通知所有投标人，招标人与中标人按照招标文件的规定和中标结果签订书面合同。

6.2.3 招投标中有关文书的基本格式和要求

1．招标邀请通知书

招标邀请通知书一般由以下几个部分组成。

1）标题。只需要写文种名称，即"招标邀请通知书"。

2）称谓。抬头顶格写邀请单位名称。

3）正文。用以说明招标目的的依据，以及招标具体事项。如另有招标公告或招标启示，则不需要就招标事项进行详细说明，只需声明随函邮寄即可。如没有招标公告或招标启示，则应将其内容列入招标邀请通知书。

4）署名署时。写明招标单位全称、地址、联系人、电话、时间等。

> **示例**
>
> ××物流项目招标邀请通知书
>
> ××（单位名称）：
>
> ××物流项目，是我省××年度重点计划安排项目，××，先采取招标办法进行发包。
>
> 随函邮寄"××物流项目招标书"一份。如同意，望于××年××月××日光临××大楼××房间领取"招标文件"，并请按规定参加工程投标。
>
> 招标单位：××省××厅××处招标办
>
> 地址：××省××市××路××号××楼
>
> 联系人：××
>
> 电话：×××××××
>
> 邮政编码：××××××
>
> ××省招标中心
> ××年××月××日

2．招标申请书

招标申请书是招标单位在发表招标公告之前，向招投标管理部门报送通过进行招标的请求文件。

示 例

××仓储中心物流服务管理项目工程招标申请书

××市招投标办公室:

我司××仓储中心物流服务管理项目,根据××发〔××××〕××××号文批准,现已具备施工条件,特申请通过招标选择施工单位,请批准为盼。

附件:《招标准备情况一览表》4 份

申请单位:××集团总公司(公章)

负责人:×××(签章)

××年××月××日

3. 招标公告

向社会公开招标可以采用招标公告的方式。招标公告由招标人设立的招标委员会发出,其内容主要包括:招标委员会的名称,招标采购产品或服务项目的主要性能、规格、数量、方式,投标人资格预审要求,索取招标书的时间、地点、手续。招标通告须经招标委员会主席签字方予公布。

4. 投标预审资格申请书

在招标过程中,凡愿参加投标的单位必须领取或购买资格预审文件,并提供相关资料供招标委员会或招标单位审核,同时应呈交申请书。而资格预审文件清单也会一起附上。

5. 投标申请书

投标申请书是投标单位按照招标公告在规定的时间内递交的要求参加投标的申请书,以备招标单位审定招标资格用。通常,只有在投标申请获准后,才能拟写投标书。

投标申请书,一般由以下几个部分组成。

1)标题。写上"投标申请书"。

2)称谓。抬头顶格写明招标单位名称。

3)正文。用以说明参加投标的意愿和保证。

4)署名署时。写明投标单位全称、联系人、时间等。

示 例

××市招标管理办公室:

我单位根据现有施工能力,决定参加××仓储中心物流服务管理项目工程投标,保证达到招标文件的有关要求,遵守其各项规定。

特此申请

附:《投标企业简介》

投标单位:××建筑工程公司(章)

负责人:×××(签章)

××年××月××日

6. 投标书

投标书(简称标书)是投标者按照招标的要求,向招标单位报送的文书。标书应按一定次序装订成册，装订成册的标书应配以封皮。封皮应有招标单位的名称、附以简要文字如"现送上××投标书正本一份，请审核"、投标单位名称和负责人、投标日期等。

投标书一般由下列文件构成：投标书、投标一览表、投标报价表、对招标文件中主合同文本及商务附件响应的文件、对招标技术文件响应的文件、货物说明一览表、商务条款偏离表、由金融机构出具的投标保证金、投标人资格证明文件等。

6.2.4 其他采购程序

1. 竞争性谈判方式采购

符合下列情形之一的货物或者服务，可以采用竞争性谈判方式采购：

1）招标后没有供应商投标或者没有合格标的或者重新招标未能成立的。

2）技术复杂或者性质特殊，不能确定详细规格或者具体要求的。

3）采用招标所需时间不能满足用户紧急需要的。

4）不能事先计算价格总额的。

采用竞争性谈判方式采购的，应当遵循下列程序：①成立谈判小组。谈判小组由采购人的代表和有关专家共 3 人以上的单数组成，其中专家的人数不得少于成员总数的 2/3。②制订谈判文件。谈判文件应当明确谈判程序、谈判内容、合同草案的条款以及评定成交的标准等事项。③确定邀请参加谈判的供应商名单。谈判小组从符合相应资格条件的供应商名单中确定不少于 3 家的供应商参加谈判，并向其提供谈判文件。④谈判。谈判小组所有成员集中与单一供应商分别进行谈判。在谈判中，谈判的任何一方不得透露与谈判有关的其他供应商的技术资料、价格和其他信息。谈判文件有实质性变动的，谈判小组应当以书面形式通知所有参加谈判的供应商。⑤确定成交供应商。谈判结束后，谈判小组应当要求所有参加谈判的供应商在规定时间内进行最后报价，采购人从谈判小组提出的成交候选人中根据符合采购需求、质量和服务相等且报价最低的原则确定成交供应商，并将结果通知所有参加谈判的未成交的供应商。

2. 单一来源方式采购

符合下列情形之一的货物或者服务，可以采用单一来源方式采购：①只能从唯一供应商处采购的。②发生了不可预见的紧急情况不能从其他供应商处采购的。③必须保证原有采购项目一致性或者服务配套的要求，需要继续从原供应商处添购，且添购资金总额不超过原合同采购金额 10%的。

采取单一来源方式采购的，采购人与供应商应当遵循相关法律法规，在保证采购项目质量和双方商定的合理价格的基础上进行采购。

货物规格、标准统一，现货货源充足且价格变化幅度小的政府采购项目，可以采用询价方式采购。

3. 询价方式采购

采取询价方式采购的，应当遵循下列程序：①成立询价小组。询价小组由采购人的代表和有关专家共 3 人以上的单数组成，其中专家的人数不得少于成员总数的 2/3。询价小组应当对采购项目的价格构成和评定成交的标准等事项做出规定。②确定被询价的供应商名单。询价小组根据采购需求，从符合相应资格条件的供应商名单中确定不少于3家供应商，并向其发出询价通知书让其报价。③询价。询价小组要求被询价的供应商一次报出不得更改的价格。④确定成交供应商。采购人根据符合采购需求、质量和服务相等且报价最低的原则确定成交供应商，并将结果通知所有被询价的未成交的供应商。

6.2.5 物流项目投标

针对物流项目招标，物流企业需决定是否进行投标。在投标以前，物流企业将做出决定：该项目对自身而言是否有意义，并成立一个专门小组来评估该项目，该小组将研究项目目标是否与本公司的发展战略与发展方向相符，本公司是否有足够的实力来完成该项目。评估后，如果决定要投标，则物流企业应成立一个投标小组来开发该项目，把项目分成几个部分，有人负责研究运输部分，有人负责研究仓储部分，还有人负责研究先进的技术和完善的系统等。另外，物流企业还可以参观招标方企业的具体流程，与之正面接触，以便获得更多的信息。

物流企业进行物流项目投标，可按以下几个步骤进行：

1. 参加资格预审

资格预审是投标方投标的第一关。资格预审文件通常包括投标方的组织机构，承接同类项目的经验，拥有的资源（包括技术人员、管理人员、工人、施工设备等）及财务状况和信誉等5个方面。如果招标项目规模大，涉及范围广，本企业实力有限，还需要及时寻找信誉良好的其他公司联合参加资格预审，共同编制资格预审文件。

2. 组织投标小组

如果资格预审通过，则需要组织投标小组。投标小组的成员要根据物流项目的性质和规模而定，一般应包括熟悉投标程序和合同管理的业务开发人员，有管理经验的项目组织计划人员以及精通业务的预算人员等。要由既有经验又有经营决策权的领导担任投标组长，还要有拟担任未来项目经理的人员参加。

3. 购买标书及有关资料

资格预审通过后或登报或由招标方通知投标方，并通知购买标书的时间和地点以及标书价格和交标时间。投标方要及早购买标书，然后确定编标需要的有关资料，如标书条文涉及的有关法律（公司法、商业税法、劳动法等）、技术规范或标准。

4. 制订编标工作计划

这一步是在规定的时间内，要完成市场调研、标价计算和研究决策、编制标书的工作，必须制订严格的工作计划，各部门分工协作，按照统一的编标进度和质量要求，严格执行。

5. 投标方针的确定

投标方针是指某次投标的指导思想和策略。它首先体现本企业对该地区的开发战略和部署，并且要结合当时的市场情况和该物流项目的特点确定具体策略，包括报价水平的确定和资源的投入。对于需要尽快开发并且准备长期开发的市场，一旦遇到有利于本

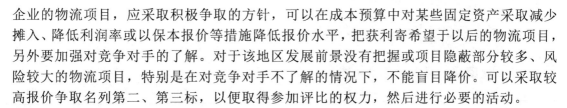

企业的物流项目，应采取积极争取的方针，可以在成本预算中对某些固定资产采取减少摊入、降低利润率或以保本报价等措施降低报价水平，把获利寄希望于以后的物流项目，另外要加强对竞争对手的了解。对于该地区发展前景没有把握或项目隐蔽部分较多、风险较大的物流项目，特别是在对竞争对手不了解的情况下，不能盲目降价。可以采取较高报价争取名列第二、第三标，以便取得参加评比的权力，然后进行必要的活动。

6. 市场调查

1）商业市场调查。主要是对构成项目成本的各因素的市场价格和支付条件进行调查，如购买所需工程材料、添加机械设备、配件、油耗、运输成本等。

2）劳务市场调查。了解当地可能雇到的劳务工种，工人的素质、数量、雇用的手续、基本工资和福利等。

3）竞争调查。它着重于当时的市场动态，调查本次投标的竞争形势。调查内容包括：了解和分析有几家公司参加本次投标；分析主要竞争对手及其可能采取的策略；搜集以往报价资料，预算报价水平。

4）金融市场调查。对于国外项目，应调查国内银行和国外银行分行的资信和资金融通条件及利率、保函手续费等。经过调查，选择资信好、融通条件优惠的银行作为在当地的开户银行和委托转开保函等手续。

7. 研究标书和现场调查

1）认真研究合同条件。如对工期的规定及延误的惩罚、关于预付款和保留金、报价方式和支付条件、税收、其他方面。

2）认真研究技术条件和报价项目内容。

3）进行项目现场调查。

8. 参加标前会议

标前会议往往与现场考察相结合，投标方可就标书及现场的有关问题向招标方代表当场提问。投标方在会上澄清一些问题，对于带有共性的问题或招标文件中不明确的地方，招标方将用书面形式通知投标方。

9. 投标文件的编制

1）编制物流项目规划。

2）比较方案的编制。

3）标价的计算。

4）其他文件的填报。

10. 投标文件的签署、加封、送出

投标文件全部签署完毕后，按投标须知要求的清单及份数，把投标方的资格文件和投标报价文件包装好，外包装袋上只写招标机构的项目名称，不准写投标人或投标公司名称，以示保密。投标文件一经送出，在投标有效期内，对于投标人就具有法律效力，不能反悔，不能以任何理由修改或取消。如果招标方接受了投标方的报价和条件就会发出中标通知书。

6.2.6 物流项目投标书的编制

1. 物流项目投标书的基本格式和要求

物流项目投标书的制作因招标内容和要求不同而不同。有时物流项目可能只是物流运作的一个或几个环节，有时可能是大部分环节，有时甚至可能是一个供应链解决方案。下面以 ZB 跨国集团物流本部拟对 2019 年所有进出口航线国际段海运费进行招标为例予以说明。ZB 跨国集团物流本部进出口航线国际段主要涉及美洲、欧洲、日韩、中东、东南亚、南非等航线，预计全年进出口箱量 10 万 TEU。对投标公司资质要求：行业权威机构评选 2018 年全球排名前 40 位的船公司或具有专营精品航线的船公司（须提供最新的公司简介、营业执照等书面材料，以前未签约的船公司还须提供本公司调查表）；在招标航线具有明显价格和服务优势的船公司（须提供行业权威媒体的评选或证明书面材料）；在国内外的网络健全，优势航线能够提供 CY-DOOR 的延伸服务；同意海运费用按月结算。符合以上资质要求并有意参加投标的公司可直接从网上下载投标的相关文件（如《航线运价投（招）标书》《投标书》、《货物运输协议》《廉洁书》）。

物流项目投标书虽然因招标内容不同而不同，但投标书的基本格式大体上是差不多的。主要包括投标文件构成、投标保证金、总投标价和投标书的有效期等内容。如针对 ZB 跨国集团物流本部进出口航线国际段招标的相关要求，TB 物流公司经过论证，决定参与投标，并制作了投标书。投标书基本格式和涉的内容如下：

> **示 例**
>
> 投标书
>
> | 生效期： |
> | --- |
> | 编号： |
>
> 致：（招标方）××
>
> 按照××项目的招标，正式授权的下述签字人（姓名和职务）×××代表投标者（投标者名称和地址），提交下列文件正本 1 份，副本×份。
>
> 1）投标价格表。
>
> 2）资质证明文件。
>
> 3）招标书要求投标者交付的一切文件。
>
> 签字人兹宣布并同意下列各点：
>
> 1）投标者根据招标文件规定执行合同的责任和义务。
>
> 2）投标者已详细审查了全部招标文件，包括修改文件（如果有的话）和所有供参阅的资料及有关附件。投标者完全知道必须放弃在这方面提出含糊不清或误解的一切权利。
>
> 3）投标自开标之日起××个日历日内有效。
>
> 4）提供招标者可能要求的与投标有关的任何数据或资料。
>
> 5）作为投标单位，我们保证遵守商业秘密，不以其他形式在任何时间对外泄露

有关本次招标的内容，否则愿承担 5 万元违约责任。

6）投标方知道并承诺同意如不正式签订合同，本次招标结果对双方无任何约束力。

7）投标方同意双方合同须经 A 集团法律事务中心审核后方有效，否则即使招标单位已签字盖章，招标单位仍有权对有关合同条款予以变更，投标方愿接受本条款约束，并同意有关纠纷由招标方所在地有管辖权的法院管辖。

有关本投标的所有正式通信应致：

地址：××××××

电话：××××××　　　　　　　　传真：××××××

电子邮件：××××××

代表姓名：×××

　　　　　　　　　　　　　　××××××（投标者名称）

　　　　　　　　　　　　　　××××××（地址）

　　　　　　　　　　　　　　（公章）

当然，如果物流企业面对的招标内容不仅仅是运输线路，而是一个物流服务一体化的解决方案的要求，那么投标书的内容就相当复杂了。内容复杂的投标书一般包括前言、目标、要求与任务、服务内容、服务形式与费用、措施与安排等。

2．物流项目投标书编写的注意事项

（1）投标书的基本要素　物流项目投标书作为评标的基本依据，必须具备统一的编写基础，以便评标工作的顺利进行。因此，投标方必须对投标书的基本要素有所了解。

1）计量单位。计量单位是投标书中必不可少的衡量标准之一。因此，统一计量单位是避免在定标和履约中出现混乱的有力手段。投标书中必须使用国家统一规定的行业标准计量单位，不允许混合使用不同的度量制。

2）货币。国内物流项目投标书规定使用的货币应为"人民币"，而国际投标中所使用货币则应按招标文件的规定执行。

3）标准规范。编制投标书应使用国家统一颁布的行业标准与规范，如果某些业主因特定需要要求提供特殊服务，也应按照国家正式批准的统一的服务行业标准规范，严格准确地行事。若采用国外的服务标准与规范，应将所使用的标准规范译成中文，并在投标书中说明。

4）表述方式。投标书的文字与图样是投标者借以表达其意图的语言，它必须要准确表达投标公司的投标方案。因此，简洁、明确、文法通畅、条理清楚是投标书文字必须满足的基本要求。编制投标书时，切忌拐弯抹角、废话连篇、用词模棱两可，应尽量做到言简意赅，最大限度地减少招标单位的误解和可能出现的争议。图样、表格较之于文字在表达上更为直接、简单明了，但这同样要求其编写做到前后一致、风格统一、符合招标文件的要求。最好能以索引查阅的方式将图样表格装订成册，并和标书中的文字表述保持一致。

5）理论技巧。投标书的编写不仅应做到投标目标明确、方案可行，编写人员还应熟练掌握与投标书内容相关的法律、技术和财务知识，具备相关学科的理论和技巧。

6）资料真实性。投标文件应对招标文件的要求做出实质响应，其内容应符合招标文

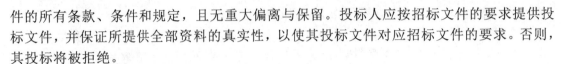

件的所有条款、条件和规定，且无重大偏离与保留。投标人应按招标文件的要求提供投标文件，并保证所提供全部资料的真实性，以使其投标文件对应招标文件的要求。否则，其投标将被拒绝。

（2）注意事项　物流项目投标书编写中应注意以下事项：

1）确保填写无遗漏，无空缺。投标文件中的每一处空白都需填写，如有空缺，则被认为放弃意见；重要数据未填写可能被作为废标处理。因此投标公司在填写时务必小心谨慎。

2）不得任意修改填写内容。投标方所递交的全部文件均应由投标方法人代表或委托代理人签字。若填写中有错误而不得不修改，则应由投标方负责人在修改处签字。

3）填写方式规范。投标书最好用打印的方式填写，或者用墨水笔工整填写。除投标方对错处进行必要修改外，投标文件中不允许出现加行、涂抹或改写痕迹。

4）不得改变标书格式。若投标公司认为原有标书格式不能表达投标意图，可另附补充说明，但不得任意修改原标书格式。

5）计算数字必须准确无误。投标公司必须对单价、合计数、分步合计、总标价及其大写数字进行仔细核对。

6）报价合理。投标人应对招标项目提出合理的报价。高于市场的报价难以被接受，低于成本的报价将被作为废标，或者即使中标也无利可图。因唱标一般只唱正本投标文件中的"开标一览表"，所以投标人应严格按照招标文件的要求填写"开标一览表""投标价格表"等。

7）包装整洁美观。投标文件应保证字迹清楚、文本整洁、纸张统一、装帧美观大方。

8）报价方式规范。凡是以电报、电话、传真等形式进行的投标，招标方概不接受。

9）严守秘密，公平竞争。投标人应严格执行各项规定，不得行贿、徇私舞弊；不得泄露自己的标价或串通其他投标人哄抬标价；不得隐瞒事实真相；不得做出损害他人利益的行为。否则，该投标人将被取消投标或承包资格，甚至会受到法律的制裁。

6.2.7　物流项目投标策略

在确定物流项目的投标策略时，既要考虑自己企业的优势和劣势，也要分析招标项目的整体特点，按照项目的类别、工作条件等考虑投标策略和报价策略，使中标率提高并达到最好的经济效益。

1. 投标策略及其使用

1）赢利策略。在报价中以较大的利润为投标目标的策略，通常在市场上任务多，投标单位对该物流项目拥有技术上的垄断优势、工期短、竞争对手少时予以采用。

2）微利保本策略。这是在项目成本、利润税及风险费用三项费用中，降低利润目标，甚至不考虑利润的一种策略，通常在物流服务商任务不饱满，物流服务供大于求，竞争对手强以及项目需求方按最低标价定标时采用。

3）低价亏损策略。在报价中不考虑企业利润，而考虑一定的亏损后提出报价的策略。采用这种策略通常是在市场竞争激烈，投标方又急于打入该市场，甚至独占该市场的情况下。使用这种策略投标需注意，这种策略需在招标方是按照最低价来确定中标单位的情况下使用。这种报价策略属于正当商业竞争行为。

4）冒险投标策略。在报价中不考虑风险费用，如果无风险发生，则报价成功，如果有风险发生，则要承担较大的风险损失，其损失要靠以后长期经营来挽回。

5）缩短工期策略。这种策略通常是通过先进的项目运作方案、科学的项目组织管理或优化设计来缩短工期。当投标工期是关键因素时，招标方在评标中会将由于缩短工期所带来的预期受益定量考虑，从而加大中标机会。

6）附加优惠策略。通常在得知招标方资金较紧张时使用此策略，可附带地向招标方提出相应的优惠条件来增大中标机会，如提出减免预付款甚至垫资实施项目等。当然，这种策略只有在投标方资金雄厚的情况下才考虑采用。

2．报价决策的注意事项

1）做好信息收集工作。信息资料是分析研究并确定报价决策的基础，这就要求收集的信息资料要尽可能多、尽可能准，分析的方法要科学。

2）要有战略眼光。首先要从企业战略出发，根据企业自身的条件、水平、能力和中长期经营战略目标进行报价决策。既要看到近期利益，又要看到长远目标。注意扬长避短，报价量力而行。

3）加强对需求方的条件和心理分析。在报价决策中要重视对招标方的条件和心理方面的分析研究。一般当项目需求方资金短缺时，主要考虑以最低标价中标；当项目需求方急需项目开工和完成时，则主要考虑工期。

4）加强对竞争者的条件与心理分析。了解和掌握竞争对手的情况及其心理状况，与自己的情况进行重点而有针对性的比较，做到知己知彼，然后确定报价决策从而增加制胜把握。

一般来说，下列情况报价可以高一些：项目条件差，如地势险恶、高原山区的运输项目；专业要求高的技术密集型项目，而本公司这方面有专长，声望也高；总价低的小项目，以及自己不愿意做而被邀请投标时；工期要求紧的项目；投标对手少的项目；支付条件不理想的项目；特殊的项目。

下述情况报价应低一些：条件好的项目，工作简单，一般公司都可以做的项目；投标对手多，竞争激烈；非急需项目；支付条件优惠；本公司目前急于打入某一市场、某一地区。

📖 本章小结

物流项目是指为实现某一特定物流目标而设定的一系列工作。

物流项目管理包括项目范围管理、项目进度管理、项目费用管理、项目质量管理、项目人力资源管理、风险管理、采购管理、综合管理等内容。

物流方案设计框架一般由四部分组成：分析、记录当前形势——问题表，分析问题及其核心因素，形成评价并记录备选行动方案，选择、实施并记录被选行动方案。物流服务方案的设计过程一般包括调研、分析和确定三个阶段。

物流项目操作一般包括物流项目确立、物流项目计划、物流项目跟踪、物流项目控制及物流项目终止。

招标投标活动应当遵循公开、公平、公正和诚实信用的原则，按照招标、投标、开标、评标、中标、签约程序进行。

向社会公开招标可以采用招标公告的方式。在招标过程中，凡愿参加投标的单位必须领取或购买资格预审文件，以提供相关资料供招标委员会或招标单位审核，同时应呈交申请书。通常，只有在投标申请获准后，才能拟写投标书。投标书是投标者按照招标的要求，向招标单位报送的文书。

物流企业进行物流项目投标，可按以下步骤进行：参加资格预审、组织投标小组、购买标书及有关资料、制订编标工作计划、投标方针的确定、市场调查、研究标书和现场调查、参加标前会议、投标文件的编制、投标文件的签署、加封、送出。投标书的基本格式主要包括投标文件构成、投标保证金、总投标价和投标书的有效期等内容。

在确定物流项目的投标策略时，可考虑采用赢利策略、微利保本策略、低价亏损策略、冒险投标策略、缩短工期策略、附加优惠策略等。

【关键术语】

项目　物流项目设计　物流项目操作　项目里程碑　公开招标　投标策略

【知识检测】

1．填空题

1）物流项目管理主要包括_____、_____、_____、_____、_____。

2）物流项目操作一般包括_____、_____、_____、_____、_____。

3）物流项目按照终止时的状态可以分为_____、_____、_____、_____。

4）物流服务方案的设计过程一般包括_____、_____、_____。

5）招投标的一般程序可归结为_____、_____、_____、_____、_____。

6）招标分为_____、_____。

7）投标文件通常可分为_____、_____、_____。

8）招标邀请通知书，一般由_____、_____、_____、_____组成。

9）在公开招标中，_____是发布招标信息唯一合法渠道，是公开招标最显著特征之一。

10）通常，招标文件规定如果单价与单项合计价不符，应以_____为准。

2．判断题（判断下列各题是否正确。正确的打"T"；错误的打"F"）

1）项目进展报告一般应当以项目分解后的单位为主体编写。　　　　（　）

2）项目里程碑一般是项目进行的关键节点，对于项目的基层管理而言，项目的每一个关键点都可成为一个里程碑，项目里程碑越多，所要求的项目报告越多，内容越细，项目的复杂程度就越低。　　　　（　）

3）在项目控制过程中，质量、成本和进度是主要的控制要素。　　　　（　）

4）项目通常由多个子项目组成，是临时性、一次性、有限的任务。　　（　）

5）招标人设有标底的，标底必须保密。　　　　（　）

6）开标由招标人或者招投标中介机构主持，邀请评标委员会成员、投标人代表和有

关单位代表参加。　　　　　　　　　　　　　　　　　　　　　　　（　　）

7）只能从唯一供应商处采购的可以采用单一来源方式采购。　　（　　）

8）招标后没有供应商投标或者没有合格标的或者重新招标未能成立的，可以采用竞争性谈判方式采购。　　　　　　　　　　　　　　　　　　　　（　　）

3．单项选择题（在下列每小题中，选择一个最合适的答案）

1）下列（　　）属于自灭式终止。

    A．项目目标　　　　　　　　　　　　B．项目被无限期延长

    C．项目存在的基础已经改变　　　　　D．项目所必需的资源被分配给其他项目

2）项目终止时项目的结果转变为企业或者客户的运营系统的一个有机组成部分，与企业或者客户的现有运营系统完全融合在一起，该终止属（　　）。

    A．绝对式终止　　B．附加式终止　　　C．集成式终止　　　D．自灭式终止

3）项目进展报告的形式根据时间或者事件节点分为三种，而（　　）不属于其中之列。

    A．日常报告　　　B．例外报告　　　C．特别分析报告　　D．预测报告

4）物流项目结束报告的（　　），标志着物流项目的最后结束。

    A．成功完成　　　B．最后递交归档　　C．撰写　　　　　　D．递交

5）项目一旦终止，项目组即解散，所有与项目有关的实质性活动全部终止，该终止属（　　）。

    A．绝对式终止　　B．附加式终止　　　C．集成式终止　　　D．自灭式终止

6）下列文件中不属于招标文件内容的是（　　）。

    A．投标须知及投标文件格式　　　　　B．施工图纸及技术规范

    C．施工方案及施工组织设计　　　　　D．合同条件及会同协议条款

7）当投标人少于（　　）个时，招标人应当依照招标法重新招标。

    A．3　　　　　　　B．5　　　　　　　C．7　　　　　　　D．10

8）货物和服务项目实行招标方式采购的，自招标文件开始发出之日起至投标人提交投标文件截止之日止，不得少于（　　）日。

    A．20　　　　　　B．15　　　　　　C．30　　　　　　D．7

4．思考题

1）简述物流项目设计的基本分析框架。

2）简述物流项目操作过程。

3）物流企业如何设计物流服务解决方案？

4）简述公开招标和邀请招标的基本意义。

5）分析物流项目招投标的业务流程。

6）如何防止投标人之间串通投标的不正当竞争行为的发生？

【职场体验】

根据提供的相关材料，模拟物流项目招投标过程。

第七章

物流营销客户管理

知识目标

理解企业与客户的相互关系、服务质量与质量特性。

熟悉服务承诺与服务失误、客户抱怨与服务补救、客户投诉处理的基本内容。

掌握客户关系管理的主要内容和运作流程。

能力目标

能初步进行物流营销客户关系管理活动。

案例导入

联邦快递的客户关系管理体系

联邦快递的创始者佛莱德·史密斯有一句名言:"想称霸市场,首先要让客户的心跟着你走,然后让客户的腰包跟着你走。"由于竞争者很容易采用降价策略参与竞争,联邦快递认为提高服务水平才是长久维持客户关系的关键。

1) 联邦快递的全球运送服务与电子商务的兴起,为快递从业者提供了良好的机遇。在联邦快递,所有客户可借助其网站同步追踪货物状况,还可以免费下载实用软件,进入联邦快递协助建立的亚太经济合作组织关税资料库。线上交易软件可协助客户整合线上交易的所有环节,从订货到收款、开发票、库存管理一直到将货物交到收货人手中。另外,联邦快递特别强调,要与客户相配合,针对客户的特定需求,如公司大小、生产线地点、业务办公室地点、客户群科技化程度、公司未来目标等,一起制订配送方案。

2) 联邦快递的客户服务信息系统。联邦快递的客户服务信息系统主要有两个:①一系列的自动运送软件。②客户服务线上作业系统。客户利用自动运送软件,方便安排取货日程、追踪和确认运送路线、列印条码、建立并维护寄送清单、追踪寄送记录。而联邦快递则通过这套系统了解客户打算寄送的货物,预先得到的信息有助于运送流程的整合,货舱机位、航班的调派等。

3) 员工理念在客户关系中扮演的角色。良好的客户关系绝对不是单靠技术就能实现的，员工主观能动性的重要性怎么强调也不过分。在对员工进行管理以提高客户满意度方面，联邦快递建立呼叫中心，倾听客户的声音，收集客户信息，提高一线员工的素质，对新进员工的入门培训强调企业文化的灌输。运用奖励制度，联邦快递最主要的管理理念是，只有善待员工，才能让员工热爱工作，不仅做好自己的工作，而且主动提供服务。

> **思考** 1）客户满意和提高服务质量对维持客户有何作用？
>
> 2）客户关系管理重要吗？如何开展客户关系管理？
>
> 3）面对客户抱怨如何开展补救服务？

7.1　企业与客户关系

7.1.1　客户对企业的作用

客户与企业之间的关系，是一种相互促进、互惠共赢的合作关系。企业特别是跟优质大客户合作，能提升企业的服务意识、提高管理水平、完善服务体系，同时也能给企业带来丰厚的利润。如果能得到满意的服务，客户会在与企业保持业务关系的几年里，一年比一年多地为企业贡献利润。

7.1.2　客户满意和服务质量是客户忠诚的前提

物流企业营销活动的成败，关键在于客户是否购买了本企业的产品。在供过于求的买方市场条件下，企业能否赢得成功已不再仅仅取决于产品价值本身，而关键在于能够赢得包括企业一切客户在内的客户满意，通过客户满意赢得客户忠诚。

1. 客户满意

客户满意（Customer Satisfaction）是客户对物流企业及其员工提供的产品和服务的直接性综合评价，是客户对企业、产品、服务和员工的认可。其内容包括产品满意、服务满意、过程满意和社会满意。客户价值理论认为，客户满意与否取决于客户价值的大小，而客户价值分为主观价值与客观价值。主观价值是客户对企业产品质量、功能、价格、服务、包装、品位和企业品牌、形象、知名度等综合因素的主观判断价值。客观价值是客户获得的利益与所付出成本的比较，亦即客户让渡价值。客观价值可以量化分析，而主观价值只可以用感知利得和感知利失去定性评判。

客户满意状况和程度可用客户满意度指标予以测定。客户满意度是指客户接受产品和服务的实际感受与其期望值比较的程度。它既体现了客户满意的程度，也反映了企业提供的产品或服务满足客户需求的成效。客户满意度作为一种态度变量，它的测定是很复杂的，涉及识别客户、找出客户的关注点、了解客户、调查客户的过程。一般而言，客户满意度测定的步骤为：确定测评指标并量化；确定被测评对象；抽样设计；问卷设计；实施调查；调查数据汇总整理；计算客户满意度指数，分析评价；编写客户满意度指数测评报告；改进建议和措施。

客户满意的状态可以细分为：很满意、满意、一般、不满意、很不满意。

客户让渡价值（Customer Delivered Value）是指总客户价值与总客户成本之差。总客户价值（Total Customer Value）就是客户从某一特定产品或服务中获得的一系列利益，它包括产品价值、服务价值、人员价值和形象价值等。总客户成本（Total Customer Cost）是指客户为了购买一件产品或服务所耗费的时间、精神、体力以及所支付的货币资金等，它包括货币成本、时间成本、精神成本和体力成本。客户让渡价值构成见图7-1。

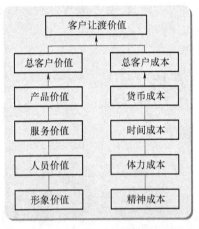

图 7-1 客户让渡价值图

由于客户在购买产品时，总希望把有关成本降到最低限度，而同时又希望从中获得更多的实际利益，以使自己的需要得到最大限度的满足。因此客户在选购产品时，往往从价值与成本两个方面进行比较分析，从中选择价值最高、成本最低的产品，客户让渡价值系统建立的实质是设计出一套满足客户让渡价值最大化的营销机制。

1）客户让渡价值决定客户购买行为。理性的客户能够判断哪些产品或服务将提供最高价值，并做出对自己有利的选择。客户将从那些他们认为提供最高客户让渡价值的企业购买产品或服务。

2）客户让渡价值是市场营销活动的核心。营销强调通过满足客户需求来实现企业利益的最大化。如何才能满足客户需求？最佳办法是向客户提供高客户让渡价值。市场营销强调以客户需求为中心展开整个企业的经营活动，所有营销组合策略的制订均应围绕着客户需求这个中心。建立和强化客户让渡价值优势，是营销导向的本质要求，是营销观念的真正体现。

3）客户让渡价值需要企业与客户共同创造。尽管企业在客户让渡价值的创造过程中处于主导地位，但企业为客户所带来的客户让渡价值并不一定完全由企业单独创造。在客户参与到企业的生产经营过程之中后，客户利益的大小除了取决于企业所提供的产品和服务的质量等因素外，还取决于客户的配合程度，企业与客户的沟通与配合能创造更大的价值。

不同的客户对价值与成本的要求是不同的。研究资料表明，大多数物流外包客户对物流企业提供服务从安全性、时间性、信息控制、增值性、成本等方面要求相当高。

相对于实力强大的综合物流服务商而言，中小物流企业在实现整体客户让渡价值方

面存在着一些明显的缺陷:

1)价值方面表现为:内部管理上无法提供与客户需求相匹配的产品价值和服务价值;由于企业吸引人才的力量不足,无法招募到能够提高人员价值的合适员工;企业无明显的个性化体现,无法提供企业形象价值。

2)成本方面表现为:企业规模偏小和对供应链管理的不够都会引发价格成本偏高的现象;企业资源配置的劣势使中小企业无法利用更加有效的渠道将产品分销到目标市场中,造成客户体力成本和时间成本的上升;较弱的企业形象建设可能增加客户的精神成本。

示 例

中远海运集团的客户让渡价值观念

增加客户让渡价值,就要增加客户购买的总价值,降低客户购买的总成本。要紧贴市场,完善服务功能,增加服务项目,扩大服务内涵,设身处地为客户着想,在研究分析客户需求(Customer)、客户成本(Cost)、便利性(Convenient)和沟通(Communication)的基础上,考虑企业如何满足客户需求、如何为客户节约成本、如何使客户更加便利、如何促进与客户的沟通。就航运业而言,不仅要满足客户对货运量的一般要求,还要帮助货主解决运输过程中产生的相关问题,提供能使货主产品增值的服务。强调一站化服务和无缝服务,就是为客户提供尽可能多的便利和周到热忱的服务。接到客户订单后,把客户的一切需要全部安排好,让客户满意,让客户放心。只有正确地尊重客户,和客户取得利益一致,才能实现企业和客户的双赢,加强企业的竞争地位。

2. 服务质量

(1)服务质量与质量特性 质量是指一组固有特性满足要求的程度,所以,可以给服务质量定义为:服务质量就是服务的一组固有特性满足要求的程度。可以认为是客户对实际所得到的服务的感知与客户对服务的期望之间的差距。因此,服务质量是一个主观范畴,它取决于客户对服务的预期质量和实际体验质量(即客户实际感知到的服务质量)之间的对比。在客户体验质量达到或超过预期质量时,客户就会满意,从而认为企业的服务质量较高;反之,则会认为企业的服务质量较低。

通常,客户用可感知性、可靠性、反应性、保证性和移情性五个标准来评价服务质量。可感知性是指服务的有形部分,如服务设施、服务人员仪表等,它们一方面为客户认知企业的无形服务提供了有形线索,另一方面其本身又构成客户服务的内容,直接影响客户对服务质量的感知。可靠性是指企业独立准确地完成所承诺服务的能力。可靠性实际上是要求企业在服务过程中信守承诺,避免出现差距。这是服务质量的核心,也是有效的服务营销的基础。反应性是指愿意随时帮助客户并提供快捷、有效的服务。研究表明,在服务过程中客户等候服务的时间是关系客户对服务的感知、企业形象和客户满意度的重要因素。保证性是指服务人员的知识、友好态度以及激发客户对企业的信心和信任感的能力。当客户同一位友好、知识丰富的服务人员打交道时,他会认为自己找对了公司,从而获得信心和安全感。移情性是指公司站在客户立场给予客户关心和个人化服务，使整个服务过程富有"人情味"。

物流企业提供物流服务活动，首先要确定客户的需要，再把客户的需要转化成为与此相应的物流服务属性。人们将这类属性叫作"质量特性"。与有形产品相比，服务的质量特性具有一定的特殊性，有些服务质量特性可以观察到或感觉到，如服务等待时间的长短、服务设施的好坏等。还有一些客户不能观察到，但又直接影响服务业绩的特性，如缺货频率、供应比率等。服务质量特性一般包括以下几个方面：

1）功能性。功能性是指物流服务所发挥的效能和作用，如物品质量的保持程度、物流加工对物品质量的提高程度、配送和运输方式的满足程度等。功能性是物流服务质量中最基本的特性。

2）经济性。经济性是指客户为了得到物流服务所需费用的合理程度。这里所说的费用是指在接受服务的全过程中所需要的费用，如物流作业费用、信息费用、管理费用等。经济性是每一个客户在接受服务时都要考虑的质量特性。

3）安全性。安全性是指保证客户在享受物流服务的过程中生命不受到危害、健康和精神不受到伤害，以及财物不受到损失的能力。

4）时间性。时间性是指物流服务在时间上能够满足客户需求的能力。它包括及时、准时和省时三个方面。研究表明，在接受服务的过程中，客户等候服务的时间是关系客户的感觉、客户的印象、服务组织形象以及客户满意度的重要因素。对于物流企业来说，在时间性方面还要掌握、控制好接受服务的等待时间、提供时间和过程时间。

5）舒适性。舒适性是指在满足了功能性、经济性、安全性和时间性等方面特性的情况下，物流服务过程的舒适程度。它包括物流服务设施的完备、适用、方便和舒服，环境的整洁、美观和有秩序。当然，舒适的程度是相对的，不同等级的服务应有各自的规范要求。

6）文明性。文明性是指客户在接受物流服务的过程中精神需求得到满足的程度。客户期望得到一个自由、亲切、尊重、友好、自然与谅解的气氛，有一个和谐的人际关系，在这样的条件下来满足自己的需要。文明性充分体现了服务质量的特色。文明性包括物流服务人员的思想品质、道德水准、技能、礼貌、教养，而这些个人素质很大程度上来自于企业的熏陶和教育。

（2）物流服务质量管理　物流服务质量管理可以认为是"用经济的方法向客户提供满足其要求的物流服务质量的手段体系"。营销质量管理体系由以下四个关键因素组成：

1）管理者职责。管理者要对质量体系的开发和运行负全责，能成功实施营销质量方针。管理者职责包括：制订质量方针，明确质量目标，规定质量职责和职权，负责管理者评审。

2）人力资源。人力资源包括激励员工工作积极性以及培训和开发。

3）营销质量结构。营销质量结构包括营销质量环、质量文件和记录，内部质量审核等。营销质量环从质量改进的原理上清晰阐明了营销质量体系的组成要素。它以输入客户需要开始，一直到最终输出满足客户需要的服务结果为止，充分体现了"客户至上"的服务宗旨。质量文件和记录包括：质量手册、质量计划、质量程序、质量记录。物流企业要定期进行内部质量审核，内部质量审核也应按照已成文的质量审核程序，最终的审核结论应形成书面文件，提交上级管理者。

4）接触客户。接触客户是物流企业实现其目标的焦点。它既是营销全过程的出发点，又是营销全过程程序的最后归宿。接触客户的方法有：耐心、细致、正确描述提供的物流服务，物流服务范围的可用性和及时性；说明物流服务成本费用；解释物流服务、物流服务提供和成本费用三者之间的相互关系；确定所提供的物流服务与客户的真正需要之间的关系。

（3）物流服务质量战略　物流服务质量战略是指以质量为中心，以提供满意产品为企业理念，以客户满意和客户忠诚为目标，力求提高市场占有率和国际竞争力的关系企业长远性全局性发展的谋划。全方位物流服务质量营销战略，核心应是符合客户需要，确保客户满意。为此，要注意以下几个方面：

1）质量必须反映在物流企业的每一项活动之中，而不仅仅反映在服务产品中。质量要求全体员工的承诺，只有全体员工对质量做出承诺并被激励和培训传递质量，物流企业才能实现质量保证。

2）质量一定是由客户所了解的。质量工作始于客户的需求，终结于客户的理解。如果客户要求物流服务产品具有很强的可靠性、耐用性或绩效，那么这些要素就构成了客户心目中的质量。质量改进只有建立在客户理解的基础上才具有意义。因此，物流必须将客户的心声贯穿到整个方案设计、作业流程之中。

3）质量是能够不断改进的。改进质量的最好方法是使物流企业定位于赶超第一流的竞争者。

4）质量改进有时要求量的飞跃。小的改进通常可以通过努力工作来实现，但大的改进要求有全新的措施和方法，要求更巧妙地工作。

5）质量并不花费更多的成本。质量不是检查出来的，而是融于物流服务解决方案设计之中。事实上当第一次就把事情做得完美无缺时，很多成本就已经被消除了。

3．客户忠诚

客户忠诚（Customer Faithfulness）是指客户购买产品满意后所产生的对某一产品品牌或企业的信赖、维护和希望重购的心理倾向。一般地说，客户忠诚可以分为3个层次：

1）认知忠诚。它直接基于产品和服务而形成，因为这种产品和服务正好满足了客户的个性化需求，这种忠诚居于基础层面，它可能会因为志趣、环境等的变化而转移。

2）情感忠诚。在使用产品和服务之后获得的持久满意，它可能形成对产品和服务的偏好。

3）行为忠诚。只有在企业提供的产品和服务成为客户不可或缺的需要和享受时，行为忠诚才会形成，其表现是长期关系的维持和重复购买，以及对企业和产品的重点关注，并且在这种关注中寻找巩固信任的信息或者求证不信任的信息以防上当受骗。

建立客户忠诚并非易事，应注意以下方面：

① 要选择好细分市场，选择好客户，对物流服务进行分类，为客户提供满意服务。

② 与客户建立具有"约束力"的关系，通过交叉销售、捆绑式销售或为客户提供价值，强化与客户之间的关系，由此建立起更高层次的相互"约束"。

③ 企业必须及时发现并消除导致现有客户流失的要素，若客户已经流失，应及时补充新的客户。

建立客户忠诚非常重要，研究表明，开发一个新客户要比维护一个老客户多花几倍甚至更多的精力和费用。图 7-2 给出了满意度和忠诚度的关系。

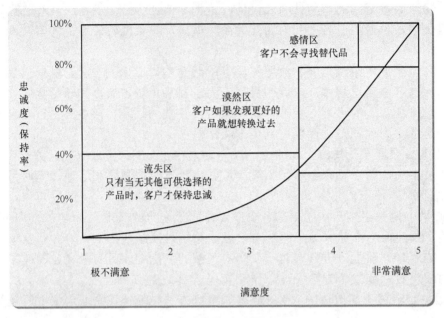

图 7-2　满意度和忠诚度的关系

7.2　客户关系管理

7.2.1　客户关系与关系营销

1. 客户关系

物流企业有多少客户？有多少关键客户？企业提供的产品或服务为什么受欢迎？地理区域分布如何？每年与客户有多少次交易？客户服务有哪些问题？客户对企业的期望是什么？类似的问题都与客户有关系，而且是所有物流企业都必须积极面对、掌握和解决的问题。物流企业所提供的服务要得到客户的认同，在很大程度上取决于企业是否真正了解客户的需求，以及是否与客户保持良好的关系，并进行卓有成效的沟通。因此，物流企业对其市场行为的管理不得不从过去的"产品"导向转变为"客户"导向，只有快速响应并满足客户个性化的需求，物流企业才能在激烈的市场竞争中得以生存和发展。物流企业管理最重要的指标也从"成本"和"利润"转变为"客户满意度"。

客户关系是一个阶段递进的过程：陌生人→点头之交→朋友→客户→忠诚者。客户关系是客户与物流企业发生的所有关系的综合，是物流企业与客户之间建立的一种相互认识、理解和有益的沟通路径，是物流企业与客户之间建立的一种相互信赖程度的表述。

2. 关系营销

关系营销（Relationship Marketing）以系统论为基本思想，以建立、维护、促进、改

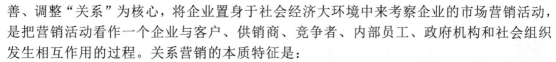

善、调整"关系"为核心，将企业置身于社会经济大环境中来考察企业的市场营销活动，是把营销活动看作一个企业与客户、供销商、竞争者、内部员工、政府机构和社会组织发生相互作用的过程。关系营销的本质特征是：

1）信息沟通的双向性。关系是信息和情感交流的有机渠道，良好的关系即是渠道畅通，中断关系则是渠道堵塞，恶化的关系即为渠道阻滞。沟通交流应该是双向的，既可以由企业开始，也可以由营销对象开始。

2）战略过程的协同性。关系营销强调企业与利益相关者建立长期的、彼此信任的、互利的关系。关系各方通过取长补短、联合行动、协同运作去实现对各方都有益的共同目标。

3）营销活动的互利性。关系营销的基础在于交易各方之间有利益上的互补。关系各方通过寻求利益的共同点，并努力使共同利益得到实现。

4）信息反馈的及时性。关系营销应具备一个反馈的循环来连接关系各方。信息的及时反馈使关系营销具有动态的应变性，有利于挖掘新的市场机会。

物流企业的关系营销可以分解为：客户关系营销、供销商关系营销、竞争者关系营销、员工关系营销、影响者关系营销。其中员工关系营销是关系营销的基础，客户关系营销是关系营销的核心和归宿。

关系营销的实施就是将营销战略转化为行动的过程，需要进行组织设计、资源调配以及文化整合。

1）组织设计。关系营销需设置相应的机构来管理。物流企业关系管理，对内要协调处理部门之间、员工之间的关系，对外要向公众发布信息、征求意见、搜集信息、处理纠纷等。关系管理机构也就是物流企业营销部门与其他职能部门之间、物流企业与外部环境之间联系沟通和协调行动的专门机构。

2）资源调配。包括人力资源配置、信息资源共享。

3）文化整合。关系各方环境的差异会造成建立关系的困难，尤其是企业文化的不同会使工作关系难以沟通和维持。文化能否整合是关系双方能否真正协调运作的关键。

7.2.2　客户关系管理基本内容

客户关系管理（Customer Relationship Management，CRM）是市场营销的主要手段之一，是企业在运营过程中不断累积客户信息，实现信息共享、资源互补、多方互动和客户价值最大化，并使用获得的客户信息来制订市场战略以满足客户个性化需求的一种管理思想。客户关系管理的目的不是对所有与企业发生过关系的客户都一视同仁，恰恰相反，它应该是从所有这些客户中识别出哪些是一般客户，哪些是合适客户，哪些是关键客户。然后依此分类有针对性地提供合适服务，从而使企业价值目标与客户价值目标相协调。

客户关系管理包含了客户识别与管理、市场行为管理、信息与系统管理、伙伴关系管理等。

1．客户识别与管理

1）收集客户信息资料、建立客户档案管理。完整记录客户单位信息，联系方式，目前所销售、使用物品的情况，对本公司服务的评价等；联系人的姓名、职务、兴趣爱好、关系等级等。通过收集、整理资料，分析谁是企业的客户以及客户的基本类型、需求特征和购买行为，并在此基础上分析客户差异对企业利润的影响等问题。其目的是与合适客户和关键客户建立更紧密的关系，根据客户信息制订客户服务方案，满足客户个性化需求，提高客户价值。收集客户信息的方法有：自己收集、信息交换、购买。

2）进行客户信息分析、做好信息交流与反馈管理。客户信息分析不能仅仅停留在对客户信息的数据分析上，更重要的是对客户的态度、能力、信用、社会关系的评价。

对客户信息进行分析需要寻找共同点，但进行差异化分析更重要，因为它能够帮助企业准确地把握合适客户和关键客户。

信息交流的主要功能是实现双方的互相联系、互相影响。从实质上说，客户关系管理的过程就是与客户交流信息的过程。实现有效的信息交流是建立和保持企业与客户之间良好关系的途径。

客户反馈对于衡量企业承诺目标实现的程度、及时发现为客户服务过程中的问题等方面具有重要的作用。投诉是客户反馈的主要途径，如何正确处理客户的意见和投诉，对于消除客户不满，维护客户利益，赢得客户信任都是十分重要的。

3）严格合同管理。合同是在客户管理中最有约束力的法律文件，是管理的法律依据。有业务往来的客户都应签署合同，同时规定合同的签署流程，确保合同的严肃性、科学性，堵塞漏洞。标准的合同应至少包含这样一些内容，如物品的品种、品牌、规格、数量、价格等；质量要求；送货时间、收货地点、运输方式、费用支付等；验收；结账方式；订、退货规定；违约责任及纠纷处理；签约的时间、地点、生效期；甲乙双方的标准名称、详细地点、联系方式、法人代表、签约代表、账号、开户行、税号等。合同必须由专人分门别类建立档案，集中保管一方面有利于保守商业秘密，另一方面便于使用。

2．市场行为管理

客户关系管理中的市场行为管理主要包括：

1）营销管理。营销管理的目标是对市场营销活动的有效性进行规划、执行、检测和分析。活动开始前有详细的计划，活动过程中有规范的操作和控制，活动后有分析和评估，从而使销售和服务有序进行。营销信息收集、整理及分享，营销过程中的偶发事件及应急处理，安排重大营销活动，媒体关系及公共关系等是营销管理的主要内容。

2）响应管理。主要内容包括：呼入呼出电话处理，互联网回呼，呼叫中心运行管理，客户投诉管理，客户求助管理，客户交流，报表统计分析，管理分析工具，通过传真、电话、电子邮件、打印机等自动进行资料发送，呼入呼出调度管理。

3）电子商务。主要功能包括：个性化界面、服务，网站内容管理，店面管理，订单和业务处理，销售空间拓展，客户自助服务，网站运行情况的分析和报告。

4）竞争对手管理。主要通过吸取竞争对手的先进经验和操作方法，结合企业自身实际，创造出适合客户需要的独特性的服务方法，提高客户价值；同时通过掌握竞争对手的发展趋势，使企业在战略决策中有个参照系，规避市场风险。另外，可以通过分析直接相关竞争对手的信息，根据企业发展的需要，寻求合作的机会。

3．信息与系统管理

信息畅通与共享是供应链一体化良性运行的保证，同样也是客户关系管理的保障。信息与系统管理的主要内容包括：

1）公开信息管理。在客户关系管理中，信息是共享的，但并不意味着所有的信息都是公开的。公开信息管理的主要内容包括：电话本、记录电话细节并安排回电、电话营销内容草稿、电话统计和报告、自动拨号等。

2）平台管理。主要内容包括：系统维护与升级、信息收集与整理、文档管理、对竞争对手的 Web 站点进行监测等。

3）商业智能。主要功能包括：预定义查询和报告、客户定制查询和报告、系统运行状态显示器、能力预警等。

4）信息集成管理。信息集成管理的目的就是对零散的信息进行筛选、整理、汇编、加密，然后按照规范程序进行分散和发送，使之与企业其他信息耦合，以达到共享的目的。

4．伙伴关系管理

目前没有哪一个企业能做到单独为客户提供良好的服务，正确的做法是与合作伙伴一同为客户服务。伙伴关系管理包括销售商伙伴关系管理、生产制造商伙伴关系管理和业务外包管理。伙伴关系管理（Partner Relationship Management，PRM）是 CRM 系统的销售、营销、客户服务以及其他企业业务功能的延伸，它可以促进更具合作性的渠道伙伴关系。

7.2.3 客户关系管理运作流程

做好 CRM 必须要有一套完整的运作流程。一般而言，CRM 运作流程包括：收集资料，分类与建立行为模式，规划与设计营销活动，进行活动测试、执行和整合，实行绩效分析与考核。各个程序必须合理衔接，环环相扣，形成一个不断循环的作业流程。

1．收集资料

通过各种手段与途径收集客户资料并将资料储存到客户数据库中，然后将不同部门或分公司的客户数据库整合成为单一的客户数据库。

2．分类与建立行为模式

借助分析工具，按各种不同的变量把客户分成不同的类型，描述每一客户的行为模式。通过这样的工作，可以预测在各种市场变化与营销活动的情况下，各类客户所做出的反应，既能够有效地选择目标客户，也会提高营销活动的效率，降低成本。

3．规划与设计营销活动

CRM 要求对客户区别对待。因此，企业应根据客户的行为模式，设计适合客户的服务与营销活动。营销活动要围绕客户需要，分析客户的行业特征、规模大小、经营模式、物品性质与特点、区域分布、财务管理、上下游关系、决策程序等，综合运用产品、价格、渠道和促销以及政治权力、公共关系等因素来进行科学的设计。例如，一家以海上运输为主的综合物流服务商将直接客户和大客户特别是跨国公司作为目标客户后，可以进行以下营销组合设计：综合考虑核心产品（为客户提供符合其需要的位移）、有形产品

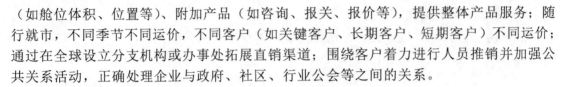

（如舱位体积、位置等）、附加产品（如咨询、报关、报价等），提供整体产品服务；随行就市，不同季节不同运价，不同客户（如关键客户、长期客户、短期客户）不同运价；通过在全球设立分支机构或办事处拓展直销渠道；围绕客户着力进行人员推销并加强公共关系活动，正确处理企业与政府、社区、行业公会等之间的关系。

4．活动测试、执行与整合

CRM 可以对过去市场营销活动的资料进行相关分析，并且通过客户服务中心及时反映活动效果，及时调整下一步的营销活动。如通过呼叫中心接听电话的频率、网站拜访的人次以及其他各种相关反应的统计，营销部门可以针对一项营销活动实时进行、活动所需资源配置，通过呼叫中心、网络系统与数据库整合，可以实时进行交叉营销。

5．绩效分析与考核

CRM 通过各种市场活动、销售与客户资料的综合分析，建立一套标准化的考核模式，以考核实施成效。CRM 应用技术可以找出问题所在，找出责任部门甚至具体到责任人。

7.3　服务承诺与服务失误

7.3.1　服务承诺

1．服务承诺的含义

服务承诺是由服务机构提供的一种契约，是服务机构以客户满意为导向，对服务过程的各个环节、各个方面实行全面的承诺，目的是引起客户的好感和兴趣，促进客户消费。服务承诺是对客户的保证，是对员工的激励，是企业扩大市场占有率，促进利润持续增长的重要途径。

从服务机构服务承诺的实施过程来看，一项服务承诺一般包含以下两个部分：①向客户承诺其能够从服务中得到什么，即向客户承诺服务的具体内容及服务标准，从而便于客户评价服务质量，使客户放心接受服务。②向客户承诺，如果服务承诺没有实现，服务机构将采取什么行动，服务机构将如何补偿以弥补客户损失。

服务承诺的形式一般有服务质量的保证、服务时限的保证、服务附加值的保证等。

服务承诺可以分为无条件满意承诺和服务特性承诺。前者可以消除购买者的不安全感，如"如果客户不满意，可以全额退款"；后者主要指企业对客户关注的服务的某个特性或元素进行承诺，如快递公司"承诺包裹在某个时间内快递到达"。

2．服务承诺

服务承诺具有以下特征：

1）有效承诺应该是无条件的。即不需要任何限制。

2）有效承诺应该是容易理解的。即容易在客户和员工之间进行沟通。

3）有效承诺应该是容易操作的。即操作的内容、方式简单，能对客户形成吸引力。

4）有效承诺应该是有意义的。即对客户来说不要承诺一些显而易见的或者是基本的期望，如自来水公司承诺每天供水，否则下次会免费提供一壶水，这种承诺就没有意义。

3．服务承诺的作用

1）可以降低客户的风险。由于服务的非实体性和不一致性，客户通常要承担较大的风险，服务承诺则可起到降低客户心理压力的保险作用，从而增强客户的可靠感、安全感，促进客户放心地接受服务。安全性、可靠性要求越高的服务，服务承诺越重要。例如，航空公司承诺保证航班准点，承诺当航班因非不可抗拒因素导致的延误、延期、取消、提前时保证补偿乘客的损失，这样便可降低乘客的心理压力，增强对航空服务的信心。

2）有利于客户的监督。服务承诺是客户评判服务质量是否合格的依据，有利于客户的监督，能够激励客户向服务机构反馈其对服务的意见和信息，使服务机构可以迅速准确地知道服务实际与服务承诺间的差距。

3）有利于内部营销。承诺的服务标准对客户是一种吸引力，对服务人员则是一种鞭策、挑战和激励，有助于增强他们的责任心，提高服务质量。

4）有利于树立和改善服务机构形象。敢于推出承诺制度，实际上体现了一种气魄、一种信心、一种精神，能够产生良好的口碑效应，树立和改善服务机构形象。

当然，承诺应该量力而行，一旦做出承诺就要不折不扣地兑现，切不可为了推销产品而给客户"开空头支票"，留有余地的许诺得以实现，将在客户心中建立可靠的信誉。

7.3.2　服务失误

1．服务失误的含义

服务失误是指物流企业的服务表现未达到客户对服务的评价标准。服务失误取决于两方面：①客户对服务的评价标准，即客户的服务预期所得。②服务表现，即客户对服务真实经历的感受，也就是客户对服务过程中的实际所得。

只要客户认为其需求未被满足，或是物流企业的服务低于其预期水平，就预示着企业有可能发生服务失误。服务失误的大小可以表述为由于服务失误而给客户带来的损失的大小程度。服务失误的严重程度会对客户满意度产生影响。失误越严重，客户的满意度越低。所以物流企业在服务补救过程中要对不同程度的服务失误给予不同的对待。

服务失误的类型有结果失误和过程失误。结果失误是指物流企业没有能够满足客户的基本需求，或者说没有完成核心服务。例如，由于某种原因，客户向某家物流公司预约运输失败。而过程失误则是指在履行核心服务的过程中出现了瑕疵，或提供方式出现某种程度的损失。例如，客户的物品在获得物流公司运输服务时遭遇工作人员的野蛮装卸。

2．服务失误的特点

1）基于客户多样性与服务多变性，服务失误很难避免。

2）服务失误的发生，可以在任何的接触时点中，即从第一次接触到最近一次接触。

3）服务失误的严重程度可由微不足道到非常严重。

3．服务失误的原因与影响

从公平性的角度看，服务失误产生的原因主要有：客户在服务过程中所得到的与其付出的相比较，感觉"不公正"，与其他客户相比较，客户没有得到相同标准的服务，感觉"不平等"；服务业为客户提供的服务，客户没有满足其需要，感觉"不符合要求"等。

研究表明，当客户经历结果失误时，补偿与快速反应尤为重要，而当客户经历过程失误时，道歉和主动修复则更为重要。结果失误会使客户感觉分配不公平，而过程失误会使客户感觉程序不公平和互动不公平。例如，客户在酒店前台登记入住时，服务人员态度粗鲁，导致客户在精神上、情感上的交换感觉不公平。当服务失误不是很严重时，补偿和快速反应能提高客户的公平评价。随着客户损失的增加，这种补救资源所带来的价值会逐渐减少。例如，当服务失误较轻时，相对于比较重的服务失误，补偿的作用会降低，这表明企业在某些情况下，补救措施对于提高客户满意度的效果并不显著。

7.4 客户抱怨与服务补救

7.4.1 客户抱怨

1. 客户抱怨的意义

客户对物流企业提供的产品或服务的不满和责难叫作客户抱怨。客户的抱怨行为是由对产品或服务的不满意而引起的，所以抱怨行为是不满意的具体的行为反应。客户对服务或产品的抱怨即意味着物流企业提供的产品或服务没达到他的期望、没满足他的需求。另一方面，也表示客户仍旧对企业有期待，希望其能改善服务水平。

建立客户忠诚是物流企业维持客户关系的重要手段，对于客户的不满与抱怨，应采取积极的态度来处理，对于服务、产品或者沟通等原因所带来的失误进行及时补救，能够帮助企业重新建立信誉，提高客户满意度，维持客户的忠诚度。

处理客户抱怨对物流企业而言，有以下意义：

1）提高企业美誉度。客户抱怨，尤其是公开的抱怨行为发生后，企业的知名度会大大提高，企业的社会影响的广度、深度也不同程度地扩展。但不同的处理方式，直接影响着企业的形象和美誉度的发展趋势。在积极的引导下，企业美誉度往往会经过一段时间下降后开始迅速提高，有的甚至直线上升，而消极的态度，听之任之，予以隐瞒，与公众不合作，企业美誉度会随知名度的扩大而迅速下降。

2）提高客户忠诚度。有研究发现，提出抱怨的客户，若问题获得圆满解决，其忠诚度会比从来没遇到问题的客户要变得更高。因此，客户的抱怨并不可怕，可怕的是不能有效地化解抱怨，最终导致客户的离去。有研究表明，一个客户的抱怨代表着另有 25 个没说出口的客户的心声，对于许多客户来讲，他们认为与其抱怨，不如取消或减少与经营者的交易量。这一数字更加显示出了正确、妥善化解客户抱怨的重要意义，只有尽量化解客户的抱怨，才能维持乃至增加客户的忠诚度，保持和提高客户的满意度。

3）客户抱怨是企业的"治病良药"。客户抱怨表面上会给企业员工造成困扰，实际上在给企业的经营敲响警钟，在工作的什么地方存在隐患，解除隐患便能赢得更多的客户。忠诚客户有着"不打不成交"经历，他们不仅是客户，还是企业的亲密朋友，善意的监视、批评、表扬，表现出他们特别关注和关心企业的变化。

2. 影响客户抱怨的因素

1）行业状况。行业状况主要指市场的竞争结构，不同的竞争态势会影响客户的投诉

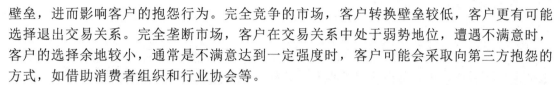

壁垒，进而影响客户的抱怨行为。完全竞争的市场，客户转换壁垒较低，客户更有可能选择退出交易关系。完全垄断市场，客户在交易关系中处于弱势地位，遭遇不满意时，客户的选择余地较小，通常是不满意达到一定强度时，客户可能会采取向第三方抱怨的方式，如借助消费者组织和行业协会等。

2）产品或服务属性。产品或服务属性在这里指产品的一些特性，如产品或服务相对客户的重要性、产品或服务的价格等。

3）企业的反应。企业的反应指客户选择直接抱怨时遇到的销售商对待客户的不同反应。一种是没有接待，找不到可以抱怨的人或服务员不理睬而经理又不在现场，第二种是受到了接待，客户抱怨后却没有得到满意的补偿，最后一种就是抱怨后得到满意的补偿。

4）抱怨的成本。客户在采取有行为的抱怨时，通常会产生相应的成本，因此客户在选择抱怨与否以及采取何种抱怨行为时，会权衡成本。抱怨的成本包括经济成本、时间成本、心理成本等。

5）文化环境。在不同的文化环境下，人们的思维方式、价值观念都有很大的不同，由此导致客户抱怨行为也存在不同。

除此之外，人口统计特征（如年龄、性别、教育程度和收入等），个性特征及价值取向，客户的消费经历，不满意的强度，对企业的态度等也会成为影响客户抱怨的因素。

3．客户抱怨时的期望

客户通常是基于其所感受到的公平性来评价服务补救战略的，所感受的公平包括：分配性公平、程序性公平和互动性公平。

1）分配性公平（结果公平）。客户希望结果或赔偿能与其不满意水平项匹配。分配性公平的重点在于物流企业补救行为的具体结果。如客户所得到的结果（即产出）是否抵消了服务失败的成本（即投入），典型的分配性结果包括补偿、修正或完全更换（重做）以及道歉。

2）程序性公平（过程公平）。用于剖析为取得最后结果所用的过程。事件的处理与决策的过程与程序，对事件利益相关方与当事者都是公平的，这个过程中不存在因为人为偏移与"走后门"而造成处理与决策过程产生不公正不合理的结果。

3）互动性公平（相互对待公平）。是指服务补救过程实施的方式和补救结果的表现方式，如工作人员表现出来的恭敬和礼貌、解决问题过程中的努力程度等。

7.4.2　服务补救

1．服务补救的意义

服务补救（Service Recovery）是指物流企业在对客户提供服务出现失败和错误的情况下，对客户的不满和抱怨当即做出的补救性反应。其目的是通过这种反应，重新建立客户满意和忠诚。

有时，物流企业尽了最大努力，服务失败还是不可避免。只要服务不能按原计划或预想提供，客户就会感觉到"服务失败"。虽然客户可将不满归咎于不同对象，如企业或他们自己，但物流企业必须抱有"客户始终正确"的观念，即时开展"服务补救"。服务补救的目的是通过这种反应重新建立客户满意和忠诚。服务补救的关键就是要了解客户心目中潜在的失败之源。服务失败归纳起来有三类：①工作人员对服务执行失败的反应，包括得不到服务、不合理慢速服务以及其他核心服务失败。②工作人员对客户需求的反应，包括对"特殊需要"客户的反应、对客户偏好的反应、对客户自己失误的反应以及对其他有潜在损害性事件的反应。③工作人员的不期之举，包括了对客户的关注程度、实在不寻常的工作人员行为、不利环境下的表现等。

如果服务失败比较普遍而投诉行为有限，则物流企业必须积极鼓励投诉、善于倾听投诉，并为整个组织中贯彻实施补救战略创造文化氛围。

2．实施服务补救时的考虑因素

1）衡量成本。获得新客户的成本比留住老客户的成本高好几倍，而且老客户更易接受企业的营销方式，老客户对企业的业务流程和服务人员更熟悉，更愿意为服务多花钱。

2）重视客户问题。客户认为最有效的补救就是企业的一线服务员工能主动地出现在现场，承认问题的存在，向客户道歉（在恰当的时候可加以解释），并将问题当面解决。解决的方法很多，可以退款，也可以服务升级。

3）快速反应。一旦发现服务失误，服务人员必须在失误发生的同时迅速解决失误。否则，没有得到妥善解决的服务失误会很快扩大并升级。

4）授予一线员工解决问题的权力。一线员工需要服务补救的技巧、权力和随机应变的能力。有效的服务补救技巧包括认真倾听客户抱怨、确定解决办法、灵活变通的能力。

一般来说，服务补救的效果取决于客户投入的程度。客户投入可以分成三类：①客户本身的投入（如治疗过程中客户身体的投入）。②客户所有物的投入（运输服务中的货物）。③客户信息的投入（如向经纪人提供自己的财务信息）。客户投入的程度越高，投入的"价值"越大，服务补救的效果就会越差，从而服务补救对客户心理和以后购买行为（忠诚）的影响也就越大。

7.5 客户投诉处理

7.5.1 客户投诉处理的意义

客户投诉就是客户因对物流公司提供的产品或服务不满而产生的书面或口头上的异议、抗议、索赔和要求解决问题等行为。投诉处理是一项非常具有挑战性的工作，有效处理客户投诉也是一个亟待需要解决的问题。全力解决客户投诉的关键是要建立起灵活处理客户投诉的机制，包括：

1）制订培训计划。标准和培训计划充分考虑了员工在碰到公司服务或产品使客户不满意时应做的善后工作。

2）制订善后工作的指导方针。目标是达到客户公平和客户满意。

3）提供方便，降低客户投诉的成本，建立有效的反应机制。包括授权给一线员工，使他们有权对公司有瑕疵的产品和服务向客户做出补偿。

4）维系客户和产品数据库。包括完备的客户投诉详细记录系统。这样公司可以及时传送给解决问题所涉及的每一个员工，分析客户投诉的类型和缘由并相应地调整公司的政策。

7.5.2　处理客户投诉的步骤

1）安抚和道歉。不管客户的心情如何，不管客户在投诉时的态度如何，也不管是谁的过错，企业的服务人员要做的第一件事就应该是平息客户的情绪，缓解他们的不快，并向客户表示歉意。

2）投诉记录。利用《客户投诉登记表》详细地记录客户投诉的全部内容，包括投诉者、投诉时间、投诉对象、投诉要求。

3）判定投诉性质。先确定客户投诉的类别，再判定客户投诉的理由是否充分，投诉要求是否合理。如投诉不能成立，应迅速答复客户，婉转地说明理由，求得客户谅解。

4）明确投诉处理责任。按照客户投诉内容分类，确定具体接受单位和受理负责者。属于合同纠纷的投诉交企业高层主管裁定；属于运输问题的投诉，交货运部门处理；属于质量问题的投诉，交质量管理部门处理。

5）查明投诉原因。调查确认造成客户投诉的具体原因和具体责任部门及个人。

6）提出解决办法。参照客户投诉要求，提出解决投诉的具体方案。

7）通知客户。投诉解决办法经批复后，迅速通知客户。

8）责任处罚。对造成客户投诉的直接责任者和部门主管按照有关制度进行处罚，同时对造成客户投诉得不到及时圆满处理的直接责任者和部门主管进行处罚。

9）提出改善对策。通过总结评价，汲取教训，提出相应的对策，改善企业的经营管理和业务管理，减少客户投诉。

10）跟踪。解决了客户投诉后，打电话或写信给他们，了解他们是否满意。一定要与客户保持联系，尽量定期拜访他们。

本章小结

客户满意和服务质量是客户忠诚的前提，企业能否赢得成功已不再仅仅取决于产品价值本身，而关键在于能够赢得包括企业一切客户在内的客户满意，通过客户满意赢得客户忠诚。客户满意状况和程度可用客户满意度予以测定。客户满意的状态可以细分为很满意、满意、一般、不满意、很不满意。客户让渡价值是指总客户价值与总客户成本之差。

通常，客户用可感知性、可靠性、反应性、保证性和移情性五个标准来评价服务质量，服务质量特性一般包括功能性、经济性、安全性、时间性、舒适性和文明性。

物流服务营销质量管理体系由管理者职责、人力资源、质量结构以及接触客户四个关键因素组成。

客户忠诚可以分为认知忠诚、情感忠诚、行为忠诚。建立客户忠诚非常重要，研究表明，开发一个新客户要比维护一个老客户多花几倍甚至更多的精力和费用。

关系营销以系统论为基本思想，以建立、维护、促进、改善、调整"关系"为核心，将企业置身于社会经济大环境中来考察企业的市场营销活动，是企业与客户、供应商、竞争者、内部员工、政府机构和社会组织发生互相作用的过程。

客户关系管理的过程是互动，核心是客户，目的是企业发展与客户的长期关系，为客户提供服务，提高客户价值。其包含了客户识别与管理、市场行为管理、信息与系统管理、伙伴关系管理等。其运作流程包括：收集资料，分类与建立行为模式，规划与设计营销活动，进行活动测试、执行和整合，实行绩效分析与考核。各个程序必须合理衔接，环环相扣，形成一个不断循环的作业流程。

服务承诺的形式一般有服务质量的保证、服务时限的保证、服务附加值的保证等。

服务失误是指物流企业服务表现未达到客户对服务的评价标准。服务失误取决于两方面：①客户对服务的评价标准，即客户的服务预期所得。②服务表现，即客户对服务真实经历的感受，也就是客户对服务过程中的实际所得。

客户对服务或产品的抱怨即意味着物流企业提供的产品或服务没达到他的期望、没满足他的需求。另一方面，也表示客户仍旧对企业有所期待，希望能改善服务水平。影响客户抱怨的因素有：行业状况、产品或服务属性、企业的反应、抱怨的成本、文化环境以及人口统计特征、个性特征及价值取向、客户的消费经历、不满意的强度、对企业的态度等。

服务补救是指物流企业在对客户提供服务出现失败和错误的情况下，对客户的不满和抱怨当即做出的补救性反应。其目的是通过这种反应重新建立客户满意和忠诚。在实施服务补救时，要考虑以下几个方面：衡量成本、重视客户问题、快速反应、授予一线员工解决问题的权力等。

客户投诉就是客户对物流公司提供的产品或服务不满而产生的书面或口头上的异议、抗议、索赔和要求解决问题等行为。处理客户投诉的主要步骤有安抚和道歉、投诉记录、判定投诉性质、明确投诉处理责任、查明投诉原因、提出解决办法、通知客户、责任处罚、提出改善对策、跟踪。

【关键术语】

客户满意　客户让渡价值　服务质量　客户忠诚　关系营销　客户关系管理
服务承诺　服务失误　客户抱怨　服务补救　客户投诉

【知识检测】

1．填空题

1）总客户价值包括_____、_____、_____、_____。

2）总客户成本包括_____、_____、_____、_____。

3）客户忠诚的三个层次为_____、_____、_____。

4）客户抱怨时期望感受的公平有_____、_____、_____。

5）物流服务客户关系管理战略的核心是_____。

6）物流服务客户关系管理战略包括_____、_____、_____。

2．判断题（判断下列各题是否正确。正确的打"T"；错误的打"F"）

1）质量并不花费更多的成本。　　　　　　　　　　　　　　　　　（　　　）

2）开发一个新客户要比维护一个老客户多花几倍甚至更多的精力和费用。

（　　　）

3）关系营销的本质特征是信息沟通的双向性。 （　　　）

4）当服务失误较轻时，相对于比较重的服务失误，补偿的作用会降低。 （　　　）

5）完全垄断的市场，客户产生抱怨时更有可能选择退出交易关系。 （　　　）

6）实施服务补救时，无须考虑授予一线员工解决问题的权力。 （　　　）

3．单项选择题（在下列每小题中，选择一个最合适的答案）

1）服务质量特性不包括（　　　）。

　　A．功能性　　　　B．时间性　　　　C．经济性　　　　D．忠诚性

2）（　　　）属于物流客户关系管理战略的创新理念。

　　A．服务为先　　B．产品导向　　　C．客户分析　　　D．文化教育

3）物流服务质量管理必须满足两方面的要求：一方面是满足（　　　）的要求，另一方面是满足（　　　）的要求。

　　A．客户、生产者　　　　　　　　B．企业、政府

　　C．客户、政府　　　　　　　　　D．生产者、中间商

4）客户满意是新世纪的质量观，体现了（　　　）。

　　A．企业导向　　B．政府导向　　　C．客户导向　　　D．中介导向

5）CRM 战略是以（　　　）为手段，对业务功能进行重新设计，并对工作流程进行重组，以达到选择和管理客户的目的。

　　A．信息技术　　B．竞争情报　　　C．科学方法　　　D．收集资料

4．思考题

1）物流企业如何实施客户满意战略？

2）物流企业如何实施服务补救战略？

3）物流企业如何实施客户关系管理战略？

4）物流企业如何处理客户投诉？

【职场体验】

考察一个物流企业，分析其是如何开展客户关系管理的？

第八章

物流营销绩效评估

知识目标

了解物流营销计划、组织与控制、绩效评估的基本涵义。

熟悉物流企业营销组织结构的演变以及市场营销的计划编制。

掌握物流企业市场营销控制手段和营销绩效评估方法。

能力目标

能编制和运用营销计划进行管理，进行组织结构设计和营销活动控制，开展营销绩效评估。

案例导入

H公司"特快专递"推广活动效果分析

H公司正面临着国际速递品牌、国内民营速递公司对其市场份额的蚕食，速度慢、价格贵几乎成了H公司的代名词。公司为了改善服务、改进技术，灵活调动资源应对市场竞争，开展了树立品牌形象、扩大客户基础、提高市场占有率为目标的推广活动。通过提出"H快递、一天就到"的口号关注客户核心价值点，邀请著名田径短跑巨星担任代言人，充分利用营业厅、报刊亭、信报箱等公司资源，制作精美的业务手册和宣传品等开展超值服务、整合传播、内部营销等活动，推广活动取得了显著的成效。

在品牌形象成效上，精准传播品牌价值，建立竞争优势，仅仅5个月的整合推广传播，经营业绩已经同比提升40%，全新的品牌形象给目标商务客户留下深刻的印象，H公司重新建立了竞争优势。此外，在公司内部，员工的工作热情提高，员工努力争取客户的心态促进了H公司更加商业化地运作。

思考 1）H公司"特快专递"如何实施营销活动？有什么样的营销计划？

2）营销活动如何组织？取得了什么样的效果？

3）物流营销绩效怎样评估？

8.1 物流企业营销计划

8.1.1 物流企业营销计划的意义

物流企业营销计划是物流企业为物流营销活动目标所制订的一系列对未来营销活动的安排和打算。计划包括目标和实现目标的手段两方面内容。计划必须从企业总体经营的战略高度来编制。企业的营销战略明确了企业的任务和目标，目标的实现有赖于一系列计划的制订与实施，物流市场营销计划是物流企业总体计划的一个组成部分，它在物流企业各项计划的制订和执行过程中起着十分重要的作用。

8.1.2 物流企业营销计划的构成要素

物流企业营销计划同其他行业各企业的营销计划大体一致。物流企业营销计划可分为战略计划和作业计划两种。前者是由公司的高层及主要部门制订的，所着重的是公司的基本方向、市场目标及达到这些目标的重大行动和方案，计划期应在5年以上。本章所要研究的主要是后者。作业计划由营销部门负责编制，计划期为半年至一年，所着重的是较具体的工作目标、营销策划、财务预算和各自的资源利用情况。

1. 物流营销战略计划

一般来说，物流营销战略计划包括以下内容：

1）时间期限。战略计划是企业的长期计划，年限不等，一般为3年以上。

2）环境分析。包括分析物流市场发展趋势、技术发展、竞争者的发展状况等，特别要分析环境中的机遇和威胁。

3）公司本身分析。包括分析人才结构、产品结构、资本结构和市场竞争力等，特别要分析企业自身的优势和劣势。

4）拟订目标。行之有效的目标要能够以市场为导向，具有必要的方针措施，要有可行性和挑战性。

5）制订具体战略。包括制订公司增长战略、产品战略和市场战略等。

2. 物流营销作业计划

物流营销作业计划是实现战略计划的具体步骤，主要内容有以下几个方面：

（1）计划概要 计划书一开始，便应对本计划的主要目标及执行方法和措施做简要的概述，要求高度概括，用词准确，表达充分。这部分的主要目的是让高层主管很快掌握了解计划的核心内容，并据以检查、研究和初步评价计划的优劣。

（2）当前市场营销状况 营销状况是正式计划中的第一个主要部分。这个部分是提供有关市场、产品、竞争、分销以及宏观环境方面的有关背景资料。内容包括：

1）市场形势。主要提供的是目标市场的数据，如物流市场的规模、营业增长率、各细分市场的营业额以及客户的需求状况、观念和购买行为的趋势。

2）服务产品状况。对物流而言是每种物流服务形式的营业额、价格、边际收益以及净利润。

3）竞争状况。明确主要的竞争对手，并就它们的规模、目标、市场份额、服务质量、营销战略以及其他能帮助了解它们的意图与行为的特征加以阐述。

4）分销状况。主要提供有关各分销渠道规模与重要性的数据，如各分销渠道的近期营业额及发展趋势等。

5）宏观环境形势。主要包括与营销前景有某种联系的客观环境的主要趋势，如法律因素、经济因素、技术因素等的发展趋势。

（3）威胁与机会　要求营销管理人员对服务产品的威胁和机会做出预测，并加以具体描述。这样做的目的是使企业管理人员可预见那些影响企业兴衰的重大事态的发展变化，以便采取相应的营销手段或策略，求得更顺畅的发展。为此，营销管理人员应尽可能列出可以想象出来的市场机会和威胁，以便加以分析检验，并考虑采取哪些具体行动。

（4）营销目标　在分析了服务产品的威胁和机会之后，接着便应确定企业的目标，并应对影响这些目标的某些问题加以考虑和论证。已经确定的企业目标，还要进一步用具体的指标表现出来，一般有两类目标要确定。

1）财务目标。每家物流企业都有一定的财务目标，如确定长期投资收益率或年利润收益等。

2）营销目标。财务目标必须转化为营销目标，可以运用量—本—利分析法去揭示如何通过营销目标实现企业的财务目标。

（5）营销策略　营销策略就是物流企业为达到营销目标所采用的市场营销策略，主要包括目标市场、营销因素组合、营销费用等各种具体策略。

1）目标市场。在营销战略中应首先明确企业的目标市场，找到正确的为之服务的对象，并要了解细分市场的特征、机会以及所对应的相关策略。

2）营销因素组合。就是在计划中有关营销因素组合的各种具体策略，如产品策略、价格策略、分销策略、促销策略以及人员、有形展示、过程策略等，并说明策略运用的理由。

3）营销费用。确定科学的营销费用去满足营销策略的费用预算，费用的高低同营业额成正比，但不同的产品是存在差异的。

（6）行动方案　营销战略为实现营销目标指明了需要运用的主要营销策略。而营销策略还必须转化成具体的行动方案。一个行动方案主要内容包括：将要完成什么任务？什么时候去完成？由谁负责完成？完成这些任务的成本是多少？以上问题的每项活动都需要列出详细的行动方案，以便于执行和检查，使行动方案循序渐进地执行。

（7）预计损益表　这部分主要是说明计划所预期的财务收支情况。收入方将列入预计营业服务的数量和平均价格，支出方则列出物流费用、储运费用及其他营销费用。收支间的差额为预计的利润（或亏损）。企业的高层主管将核查预算，并评价和修正预算。预算一经批准，便成为制订计划、原料采购、生产安排、人员招聘和营销业务活动的依据。

（8）控制　计划的最后一部分为控制，以此来监督检查整个计划进度。目标和预算都应该按月或季度分别制订，这样，企业高层主管就可以审查每一时期企业各部门的成绩，并及时发现未完成目标的业务，督促未完成任务的部门改进工作，确保营销计划的实现。

 相关知识

制订营销计划常见的 10 种错误

营销计划几乎是所有赢利性组织的核心计划之一，正确的营销计划往往为公司的成功做出最基本的贡献。在制订营销计划的过程中，最常见的有以下 10 种错误：①忽视现状的分析，只重视或者强调营销计划的目标和营销组合方案。②营销主管对形成书面的营销计划不加以重视，或者只是应付公司的要求做出一份象征性的文件，而把整体的内容放在自己的脑子里面，在不同的阶段突然提出不同的要求。③对制订营销计划的过程过于苛求或者过于草率，从而为公司的经营带来问题。④由公司管理层直接指定目标，不让营销计划的执行人员参与目标制订过程。⑤营销计划的内容不合适。一般情况下，消费品的营销计划为 25 页左右比较常见，工业用品 30 页比较常见，而服务业 21 页比较常见。⑥营销部门把计划看成是营销部门内部的事情，忽视相关职能部门在计划执行过程中的重要作用。⑦高层经理没有积极参与计划的制订过程。⑧营销计划看起来没有吸引力。⑨薪酬与公司的核心指标利益无关，从而降低了营销计划的有效性。⑩把战略计划和市场营销计划混为一谈。

8.1.3 编制营销预算

1. 营销预算的含义

营销预算是物流企业综合预算的重要内容，是企业投入市场营销活动的资金使用计划。它包括营销期内企业从事营销活动所需的经费总额、使用范围和使用方法，是企业营销方案能否顺利实施的保证。物流企业如何科学地编制营销预算，是物流企业市场营销计划的重要内容。

2. 影响营销预算的因素

物流营销预算同其他产业一样，也主要受以下几种因素的影响：服务产品因素、竞争因素、策略因素和其他因素。

（1）服务产品因素　主要表现在服务产品特点和产品生命周期两个方面：

1）服务产品特点。不同的产品，其营销费用的投入会有很大的差别，有的产品需要大量投入营销费用才会产生效果，而有的产品却不需要较高的投入便可获得较稳定的利润。而物流行业正处于发展时期，物流理念、物流特点、物流优势等的发展都需要投入较大的营销费用，才能得到大众的认可。因此，物流企业必须重视物流营销预算。

2）产品生命周期。根据产品生命周期理论，不同的产品生命周期不同，营销费用的投入也会产生不同的需要。在投入期或成长期，一个物流服务解决方案是需要维持较高的营销费用预算的，以便巩固市场和拓展市场。

（2）竞争因素　市场竞争状况会影响行业预算水平，可从以下两个方面考虑：

1）竞争的激烈程度。竞争越激烈，客观上就要求企业投入的营销费用就越高。对物流企业而言，虽然大部分营销还处于低水平竞争，但这种竞争却使企业对营销费用的投入要求较高。另外，物流行业的快速发展，也要求物流行业的单位营销费用不断提高。

2）行业预算水平。这主要是从行业本身的竞争者状况去考虑，视竞争对手对营销费用的投入情况而变化，以利于保持本企业的市场占有率。

（3）策略因素　针对营销策略对营销费用预算的影响有以下几方面：

1）经过精心策划的营销活动的营销费用投入相对较少。一个现代的物流企业，对营销的策划应该做出科学的安排，这样就会提高营销费用的有效性，而减少不必要的浪费。

2）经过系统策划的营销活动的营销费用也会投入较少。用系统的眼光去运作企业、去运作产品，会得到企业或产品的最优组合，营销费用也会相对减少，同时可以发挥综合叠加效应，而物流企业对系统观的运用程度又显得更为重要和强烈。

3）精确的营销策划会减少营销费用。现代物流企业需要完善的营销策划，将恰当的理念推向恰当的市场，会得到事半功倍的效果。因此，物流企业在现代市场条件下应精心设计营销策划。

（4）不可控制的其他因素　主要是针对影响营销预算的其他不可控或意外的因素。

3．营销预算的内容

在编制营销预算时，为了能够使计划完善，很重要的问题是预算内容的确定。营销预算的内容主要有固定费用和变动费用。

（1）固定费用　固定费用是指与营业额变化无直接联系的费用，包括以下几个方面：

1）劳务费。物流企业营销人员的工资和有关营销的其他劳务费用，可参考过去的总额来定。

2）折旧费。与营业有关的固定资产的折旧，视固定资产总值和折旧率而定。

3）其他费用。直接用于营销服务过程的相对固定的费用，如差旅费等，可参照企业过去的费用而定。

（2）变动费用　变动费用是指随着营业额的变化而变动的费用，包括：

1）营业条件费。它是指要保证一定的营销服务条件所需要支付的费用，与营业额的变化成正比。

2）扩大销售费。它是指因产品营销服务扩大（如增加运输线路、增加停靠地点等）而相应增加的销售费用。

3）材料费。它是指因营业额增加而多消耗的材料的费用。

4）促销费。它是指在运作具体的营销策略、推动物流产品销售过程中所产生的费用，其预算有自己的很多途径。

4．营销预算的方法

编制营销预算，不仅要分析影响因素，还必须采用正确的方法。编制营销预算的方法有销售百分比法、竞争均势法、目标任务法。

（1）销售百分比法　销售百分比法是物流企业以一定日期内营业额的一定比率估算出营销费用总额的方法。运用该方法时，应注意营销预算要富有弹性。

（2）竞争均势法　竞争均势法是指根据竞争对手的营销费用开支来确定本企业营销预算的方法。运用此法要做到"知己知彼"，要切实了解竞争对手的重要指标，并根据彼此的状况，确定自己采取何种营销预算。

（3）目标任务法 目标任务法就是将营销目标分解成具体的任务，再计算出完成这些任务所需投入的资金，来作为实施营销方案的费用预算。目标任务法是较为科学的一种营销预算方法，运用时要注意市场和产品的调研，保证数据的准确。

相关知识

如何让营销预算真正发挥作用

营销预算没有发挥作用的原因主要集中在：①企业中高层管理人员的重视程度与参与程度。例如，很多大公司均要求管理人员参与预算编制，但多数企业的中高层管理者普遍存在着重视程度不足、几乎没有参与的现实问题。②在制订预算的过程中，企业内部缺乏沟通，造成各部门对制订的预算存在理解上的偏差。甚至在不少企业存在着做预算的人不了解市场、了解市场的人没有权限参与计划与预算编制工作，或者无法将信息、标准共享的现象，这样制订出来的预算缺乏实质性的内容或容易造成理解上的歧义。③缺乏系统思考，仅仅将预算编制作为一种事务性工作对待。为了应付差事而做预算，预算缺乏对计划的支持也是企业中普遍存在的问题。

公司管理得好，一个重要的方面就是预算管理工作做得扎实。怎样将预算做好，真正发挥预算管理的作用呢？①将营销预算编制与管理同公司营销战略与营销计划相联系，强调规划思路的系统性。预算编制的第一步就是首先明确营销目标与营销计划。细化战略规划与年度营销计划的各项内容并将其量化，之后再从预算的角度考虑资源的分配是否合理，这是整体工作的一个基本思路。这种做法的另一个好处就是容易获得企业高级管理人员的支持与参与。②预算制订有严格的流程与职责分工，强调部门之间的协调。这样编制的预算充分考虑了各部门的建议，更容易获得执行部门的支持。③制订的预算要有弹性，包含对未来变化与竞争的思考，有必要的反馈与调整机制。④将预算管理同激励机制、绩效指标联系起来。将预算的实施情况同客户满意度、目标市场占有率等指标设计在一起，作为绩效考核的一个重要组成部分，也可以加强相关部门对预算管理工作的重视。

8.2 物流企业营销组织

营销组织是物流企业营销管理人员系统组合、协同行动的结合体，是企业实现其经营目标的核心职能部门，是营销计划有效实施的重要保证。

8.2.1 建立营销组织的原则

1）组织与环境相适应的原则。市场营销的组织就是要在外部环境中得以展现，它与环境关系更密切。

2）目标原则。就是营销组织机构的设置与规模，要同所承担的任务与规定达到的目标一致。

3）责、权、利相统一原则。这一原则，能促使营销组织积极、主动、有效地完成各项任务。

4）统一领导原则。强调机构要实行统一领导，必须是一个统一的有机整体。

5）精简原则。强调组织机构设置齐备，但要精简，划分得当、层次合理、运作流畅。

6）灵活性原则。营销组织应具有一定的灵活、权变性，能够使企业迅速捕捉有利机会，求得更大发展。

7）效率原则。营销组织的设置，要求运转灵活、善于寻找机会、高效运作。

8）注重人才的发现与培养。企业的竞争，归根结底是人才的竞争，企业组织机构要善于发现人才、培养人才、留住人才。

8.2.2　营销组织模式

随着市场情况的变化发展，营销部门组织模式也在不断演化、进步。影响营销组织模式变化的因素有：宏观环境和国家经济体制；企业的市场营销观念；企业自身所处的发展阶段、经营范围、业务特点；企业规模、物流产品、市场特点和人员素质等。但总体来讲，所有的营销组织都必须与如下基本营销活动相适应，即职能的、地域的、产品的和市场的营销活动。与其他类型的企业一样，物流企业基本的营销组织模式有以下几种。

1. 职能式组织模式

这是传统的也是较普遍的营销组织形式。它根据市场营销组织需要完成的工作或职能来设立机构，属于直线职能制，根据职能设立部门，各部门的经理通常由一些专家担任，直接向营销副总经理报告，而营销副总经理主要负责协调职能部门之间的活动，如图 8-1 所示。

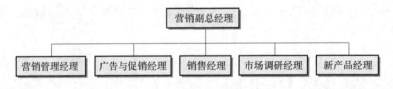

图 8-1　职能式组织模式

除了图 8-1 中所列的职能外，职能部门的设置随需要可增减或合并。职能型营销组织的主要优点是层次简化，分工明确，管理集中性高，可以简化行政管理。但是，随着产品的增多和市场的扩大，其弱点也会显现，失去其有效性。这种模式拓展到具体的产品或每一个市场时，其责任和权力便会分辨不清，大好的市场机会被错头。同时又会造成本位主义滋生，在利益面前各方互相争执，内部协调性差。

2. 地区式组织模式

一般适用于规模较大，市场分布区域广泛的企业。物流企业的网点往往比较分散，连接又较紧密，需要一套从上自下的流畅机构。这种层层控制的模式可以有效地监督下级销售部门完成任务的情况，提高销售工作的经济效益。这种模式可因地制宜地发展，也可以和其他类型组织结合。该模式结构简单、分工明确，便于考核营销人员的业绩；但存在费用高、机构分散、各布点间不易协调的缺点，该模式如图 8-2 所示。

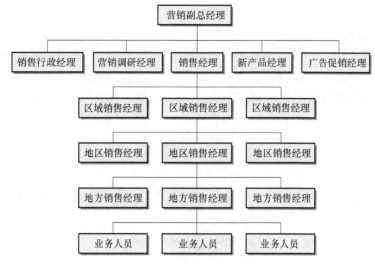

图 8-2　地区式组织模式

3．产品式组织模式

产品式组织模式就是按物流产品或产品系列划分物流企业的营销组织机构。它适宜产品差异、品种、数量都很大的企业。一般是指定专人负责某项产品或某一品牌产品的综合营销活动。产品式组织模式需要建立产品经销经理制度，即设置产品专职经理来负责这一类产品的综合营销管理活动，也可以继续自上而下设立几个产品大类经理和几个品牌经理，但需要制订切实可行的策略和计划并监督和执行。这种组织模式如图 8-3 所示。

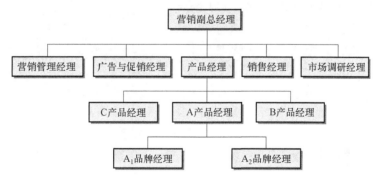

图 8-3　产品式组织模式

产品经理的任务是制订物流产品的长期发展战略；制订产品年度销售计划和进行销售预测；采取相应措施实施计划，包括激励机制、销售鼓励和协调能力等；时刻关注市场环境变化，运用市场调研等方法去了解新情况、新问题和存在的不足，以便抓住机会，改革产品，满足市场需求。

产品式组织模式的优点是可以协调开发产品市场的各方面力量，并对市场变化快速做出反应；专人负责，兼顾周全，能加速能力的提高。其缺点是由于经理权力有限，必须依靠与其他部门的合作，工作范围有限，不利于综合能力的提高；费用高、连续性差。

4．市场式组织模式

市场式组织（客户式组织）模式是指由专人负责管理不同市场的营销业务，企业按照物流产品的不同服务市场设置营销机构。当客户可以按购买行为或产品偏好划分类别时，应该运用市场式组织模式。对于物流企业，市场式组织模式比较适合。市场式组织模式如图 8-4 所示。

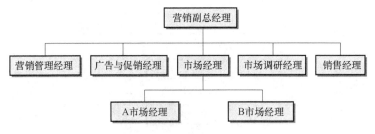

图 8-4　市场式组织模式

市场式组织的优点是便于全面了解客户需要，及时组织目标市场紧俏产品的营销活动；同时，也有利于培养新客户，扩大市场的覆盖面。其缺点与产品式组织模式类似。

5．事业部式组织模式

事业部式组织模式是指企业的部门按照产品（或服务）的类别来设置市场营销组织机构，多用于规模大、部门多的企业。企业设立不同的事业部，各事业部再设置自己的职能部门和服务部门，就可建立自成体系的事业部营销组织结构。采用这种组织形式，总公司应在市场营销方面的有效控制程度上予以权宜。其主要取决于：最高决策者的管理水平，最高决策层使用市场营销导向作为经营思想的程度，总公司市场营销参与部门的人员组成及其综合水平等。其模式如图 8-5 所示。

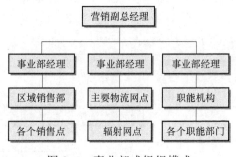

图 8-5　事业部式组织模式

8.3　物流企业营销控制

8.3.1　营销控制的含义

控制是确保企业按照管理目标或预期目标运行的过程，是物流企业管理的重要职能之一。营销控制是对物流企业营销活动的实际过程进行检查，通过考察实际情况与编订计划的偏差，分析原因，采取措施，保证营销目标实现。

物流企业营销部门的工作是计划、执行和控制物流营销活动。因为营销计划在实施过程中会发生许多意想不到的事件，所以，物流营销部门必须对营销活动进行控制，以利于及早发现问题，并采取相应的措施，避免发生不利情况。

8.3.2　物流企业营销控制的基本程序

　　物流企业进行营销控制的目的在于确保执行结果与计划目标相一致。物流营销的控制过程从预定目标开始，建立营销计划实施的责任和组织保证，并及时修正营销计划的运行偏差，从而形成一套控制程序。物流企业营销控制的基本程序有7个方面。

1．确定目标

　　市场营销控制实质上是为实现企业目标而进行的计划过程的延伸，企业的目标决定着一切营销活动的方向，是用来说明计划的最终目的。企业目标决定了物流营销目标。物流营销目标表明了在计划期内应该做什么，企业最高领导人与各单位主管在目标中完成自身应做的工作以及协调上下级的关系。这些都必须让实现目标所要涉及的人准确无误地领会。

2．选择控制方法

　　上级主管对下级营销部门的控制主要有两种方法：
　　1）直接控制，通过合同协议和所有权分享进行。
　　2）间接控制，靠传递信息与相互竞赛来贯彻企业精神。

3．设定标准

　　在控制机构实施有效的控制职能之前，必须建立一套与之相适应的、有客观依据的衡量标准。衡量营销工作状况的标准可根据企业自身情况来定，一般由营业额、利润、营销渠道、市场占有率和其他有关事项等组成。

4．明确责任

　　为了更好地贯彻企业营销目标，企业必须明确各部门及负责人的职责范围。

5．信息沟通

　　在物流企业营销业务中，物流的信息支持系统是非常重要的，必须建立一套有组织的、完整的信息资料系统。信息沟通是开展营销活动的必要条件，它能使企业及时地发现存在的问题和有利的机会，也能对业务过程进行控制。

6．纠正偏差

　　企业应当把实际工作成果和确定的标准进行比较，发现其是否产生偏差。如果出现偏差，必须寻找原因，及时采取措施进行修正。

7．评价效果

　　评价效果是控制程序的最后一步，是对前期工作的最后评定，为下一步的工作做准备。即使本期工作完结，控制程序也不能结束，它是没有终点的。它是一个建立、评价不断往复连续循环的过程。

8.3.3　物流企业营销控制方法

物流企业营销控制方法关系到控制工作的质量，控制方法是一个不断更新和发展的过程。根据控制的目的、侧重点和运用范围的不同，营销控制主要有年度计划控制、盈利性控制和战略控制 3 种。

1．年度计划控制

年度计划控制是一种短期控制形式，目的在于确保企业实现年度计划中预定的营业额、利润和其他目标，一般通过制订标准、绩效测量、因果分析和改正行动 4 个步骤来完成，其主要内容是对营业额、市场占有率、营销费用率、客户态度等进行控制。

（1）营业分析　营业分析是指对照营业目标检查和评价营销实际来进行控制，具体可分为差距分析和个别分析两种。

1）差距分析。是指分析不同因素对营业实绩同计划指标相比产生的偏差及相对影响。例如，某物流公司年度计划要求其运输企业在第一季度完成货运周转量 2×10^4 t·km，单价 2.5 元/（t·km），季度营销业务报告提供的实际数据显示：实际完成 1.5×10^4 t·km，单价 2.0 元/（t·km），实际完成较计划减少了 2 万元，其中受到运量和价格的影响各为多少？可计算分析如下：

由于运量下降造成的影响为

$$2.5\times（2-1.5）=1.25（万元）$$
$$1.25\div2\times100\%=62.5\%$$

由于价格降低造成的影响为

$$（2.5-2.0）\times1.5=0.75（万元）$$
$$0.75\div2\times100\%=37.5\%$$

由此分析，近 2/3 的差距是由于运量计划没有完成造成的。

2）个别分析。就是在上述分析的基础上，对引起差异的各因素进行分类考察。例如，某物流公司的运输企业，在三地区三家分公司的运量目标分别是：1×10^4 t·km、1.5×10^4 t·km、2×10^4 t·km。而三家分公司的实际完成运量是 1.2×10^4 t·km、1.4×10^4 t·km、1.8×10^4 t·km。经计算完成情况为超额 20%、完成 93.3%、完成 90%。可见，运量下降的原因主要是因为后两个单位完成较差造成的，分析时应将其作为重点。

（2）市场占有率分析　通过分析市场占有率，可以考察企业在竞争中的经营业绩。如果企业的市场占有率升高，表明它优于其竞争者的经营；反之，则说明相对于竞争者而言其绩效可能差一些。市场占有率有 3 种具体度量指标，即总体市场占有率、可达市场占有率和相对市场占有率。

（3）营销费用率分析　年度营销计划控制要求确保公司为达到销售目标的费用不能超支。营销费用率主要有 5 种比率：营销人员费用与营业额之比、广告费用与营业额之比、促销费用与营业额之比、市场调查费用与营业额之比、销售管理费用与营业额之比。企业要监控这些费用比率，监控它们的波动，对超常波动要特别注意，对于失控费率比，必须查找问题的原因。

（4）客户满意度分析　客户满意度分析是指通过建立专门机构，用以追踪客户、中

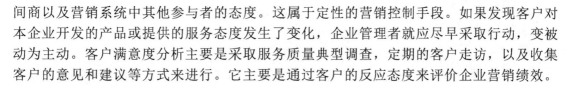

间商以及营销系统中其他参与者的态度。这属于定性的营销控制手段。如果发现客户对本企业开发的产品或提供的服务态度发生了变化，企业管理者就应尽早采取行动，变被动为主动。客户满意度分析主要是采取服务质量典型调查，定期的客户走访，以及收集客户的意见和建议等方式来进行。它主要是通过客户的反应态度来评价企业营销绩效。

2．盈利性控制

除了年度计划控制外，物流企业还需要衡量不同服务产品、不同区域、不同渠道和不同促销规模等方面的实际获利情况，这些需要运用盈利能力控制来测定。

盈利能力是指企业利用现有资源或资产获取利润的能力。盈利性控制的主要环节是进行盈利能力分析。盈利能力分析就是通过对有关财务报表和数据的处理，把所获利润划分到产品、地区、渠道、客户等方面以方便比较每个因素对企业最终获利的贡献大小以及其获利能力的高低。主要是用销售利润率、总资产报酬率、资本收益率、物流服务周转率等指标来衡量。

3．战略控制

战略控制是指在年度计划控制、利润控制以外的带有企业全局性营销活动意义的控制。其目的是确保企业营销战略和计划与动态变化的市场营销环境相适应，促进企业协调稳定发展。其控制的主要手段是市场营销审计或市场营销稽核。

市场营销审计是对企业或业务单位的营销环境、目标、战略、组织等诸方面进行的一种带有整体性、系统性、独立性和定期性特点的检查评比方法，以发现营销机会，找出营销的薄弱环节，提出改善营销工作的行动计划，提高企业的营销成效。营销审计通常由企业外部一个相对独立的、富有经验的营销机构客观进行，经过一定的程序，最后提交终审报告。市场营销审计大致有以下 7 个方面。

1）市场营销环境审计。营销环境的审计包括宏观环境和微观环境审计。宏观环境审计包括经济发展趋势、经济政策、法律制度、对企业发展的影响以及中间商对企业的态度等。微观审计包括有关产品、竞争者等相关因素及其对企业的影响等。

2）市场营销组织审计。审计营销组织与营销计划的一致性。

3）市场营销系统审计。主要评估信息系统、计划系统、控制系统和产品开发系统的协调一致性。

4）市场营销年度计划审计。主要审核年度营销计划的实现情况。

5）市场营销盈利水平审计。主要进行成本和利润方面的分析。

6）市场营销职能审计。主要对市场营销组合的各种因素进行效果分析。

7）市场营销战略审计。主要分析企业的战略决策是否适应外部环境变化。

8.4　营销绩效评估

8.4.1　营销绩效评估的意义

营销绩效评估是指运用一定方法，对照统一的标准，按照一定的程序，通过定量定性对比分析，对物流营销活动做出客观、公正和准确的综合评判。就是研究分析营销活动对物流企业绩效的影响及对营销生产力进行测量、营销活动对企业造成何种影响及这些影响的大小、营销活动对企业的财务绩效和企业价值的影响。

物流企业开展营销绩效评估有如下的意义：

1）调整现有营销工作思路。对物流企业营销绩效进行评估，就可以发现哪些营销方法是有效的，哪些营销方法效果不大甚至无效，从而对整个营销工作的思路以及计划实施等进行调整，为企业的后续营销活动指明正确的方向。

2）促进营销工作水平的提高。通过营销绩效的评估，可以有针对性地解决物流企业存在的问题，不断改进营销活动，促进营销工作水平的提高。

3）激励营销人员更好地工作。绩效评估是一种有效的管理工具。通过对营销绩效的评估，可将评估结果与员工的奖励挂钩，从而激励物流企业的营销人员更好地开展营销工作。

8.4.2 营销绩效评估的主要内容

营销绩效评估的主要内容包括三个方面：

1）对营销价值链的研究。如营销活动影响了客户行为（客户思想、客户情感、客户的知识和行为等），客户行为进而影响企业的财务绩效，最后影响企业的股东价值。营销价值链的主要目的是把营销活动与股东价值联系起来，同时区分各个具体的营销活动的影响程度。

2）对营销度量的研究。即选择一套用于测量某个过程的参数，并且通过纵向对比和横向对比来解释现在的测量方法。

3）对营销度量指标之间关系的研究。在确定了营销度量指标之后，研究度量指标之间的关系，包括各度量指标之间的影响关系或因果关系等，如总指标之间的关系、具体指标之间的关系。总指标度量研究包括营销战略（或活动）、营销资产（包括客户资产和品牌资产）以及企业价值（一般用股东价值来衡量）。具体指标如营销战略或策略又可以分为广告、新产品、促销等。

8.4.3 营销绩效评估的方法

1）关键绩效法。关键绩效评估法是从整个营销活动中找出数个关键目标作为评估指标，然后再对这些关键指标进行具体设置、取样、研究分析，以判断整个营销活动的绩效。关键绩效法可以使营销部门和物流公司的其他部门明确自己的主要职责，并以此为基础，明确部门员工的业绩衡量指标，加之有效的激励，可大大提高营销绩效。

2）内部员工评估法。营销的绩效如何，可以通过物流企业内部员工评估，这种评估方法既省时又节约费用。内部员工评估法可以采取召开员工座谈会，对主要员工进行个别访问，组织企业员工进行问卷调查等方法。这些方法既可单独使用，也可综合应用。在实践中，一般应综合应用各种方法，这样的评估结果才比较全面、真实和可靠。

3）社会公众评估法。邀请社会公众对物流企业的营销绩效进行评估也是一种常用的方法。这种评估方法的目的是站在"局外人"的角度，对实施了一系列营销措施的企业在技术、质量、服务等各个方面的变化进行综合性的评价，以考察其营销活动的效果。

4）委托专业公司评估法。委托专业公司评估的好处在于专业公司具有较强的综合实力，评估方法应用全面，分析技术先进，评估结果一般比较客观、公正，同时物流公司也不必投入过多的人力和精力。其缺点是评估费用较高。

5）目标管理法。作为一种成熟的绩效考核模式，广泛应用于各个行业。为了保证目标管理的成功，目标管理应做到：确立目标的程序必须准确、严格，以达成目标管理项目的成功推行和完成；目标管理应该与预算计划、绩效考核、工资、人力资源计划和发展系统结合起来；要弄清绩效与报酬的关系，找出这种关系之间的动力因素；要把明确的管理方式和程序与频繁的反馈相联系；绩效考核的效果大小取决于上层管理者在这方面的努力程度，以及他对下层管理者在人际关系和沟通方面的技巧水平；目标管理计划准备工作在目前目标管理实施的末期之前完成，年度的绩效考评作为最后参数输入预算之中。

6）平衡记分卡。平衡记分卡是从财务、客户、内部业务过程、学习与成长四个方面来衡量绩效。平衡记分法一方面考核企业的产出（上期的结果），另一方面考核企业未来成长的潜力（下期的预测）；再从客户和内部业务两方面考核企业的运营状况参数，把公司的长期战略与公司的短期行动充分联系起来，把远景目标转化为一套系统的绩效考核指标。

7）360度反馈法。360度反馈也称全视角反馈，是指被考核人的上级、同级、下级和服务的客户等对他进行评价，通过评论知晓各方面的意见，清楚自己的长处和短处，来达到提高自己的目的。

本章小结

营销计划是物流企业为物流营销活动目标所制订的一系列对未来营销活动的安排和打算。其包括战略计划和作业计划；作业计划包括计划概要、当前市场营销状况、机会与威胁、营销目标、营销策略、行动方案、预计损益表、控制；营销预算编制的影响因素主要有产品、竞争、策略、其他因素。

营销组织是物流企业营销管理人员系统组合、协同行动的结合体，是企业实现其经营目标的核心职能部门，建立营销组织要坚持各方面的原则，市场营销组织模式主要有职能式、地区式、产品式、市场式和事业部式。

营销控制是对物流企业营销活动的实际过程进行检查，通过考察实际情况与编定计划的偏差，分析原因，采取措施，保证营销目标实现。物流企业营销控制的基本程序有七个方面：确定目标、选择控制方法、设定标准、明确责任、信息沟通、纠正偏差、评价效果；物流企业营销控制方法主要有年度计划控制、盈利性控制、战略控制。

营销绩效评估，是指运用一定的方法，对照统一的标准，按照一定的程序，通过定量定性对比分析，对物流营销活动做出客观、公正和准确的综合评判。评估方法有：关键绩效法、内部员工评估法、社会公众评估法、委托专业公司评估法、目标管理法、平衡记分卡、360度反馈法。

【关键术语】

营销计划　战略营销计划　市场营销组织　市场营销控制　年度计划控制
盈利性控制　战略控制　营销绩效评估　关键绩效法　目标管理法

【知识检测】

1. 填空题

1）企业营销计划包括_____和_____的手段两方面内容。

2）物流企业营销计划可分为_____和_____两种。

3）营销预算的内容主要有_____和_____。

4）营销预算编制的方法有销售百分比法、竞争均势法和_____。

5）_____是指由专人负责管理不同市场的营销业务，企业按照物流产品的不同服务市场设置营销机构。

6）_____是指企业的部门按照产品（或服务）的类别来设立设置市场营销组织机构。

7）_____是对物流企业营销活动的实际过程进行检查，通过考察实际情况与编定计划的偏差，分析原因，采取措施，保证_____实现。

8）物流企业进行营销控制的目的在于确保执行结果与_____相一致。

9）市场占有率有三种具体度量指标：即总体市场占有率、可达市场占有率和_____。

10）战略控制的主要手段是_____。

11）营销绩效评估的方法有_____、_____、_____、_____、_____、_____等。

2. 判断题（判断下列各题是否正确。正确的打"T"；错误的打"F"）

1）年度计划控制的中心是目标管理。　　　　　　　　　　　　　　　　（　　）

2）最佳的机构是既能完成工作任务、组织形式又最为复杂的机构。　　（　　）

3）组织形式和管理机构只是手段，不是目的。　　　　　　　　　　　（　　）

4）生产多种产品或拥有多个品牌的企业，通常设置市场管理型组织。　（　　）

5）市场营销组织常常只是一个机构或科室。　　　　　　　　　　　　（　　）

6）在正常情况下，市场占有率上升表示市场营销绩效提高，在市场竞争中处于优势。

　　　　　　　　　　　　　　　　　　　　　　　　　　　　　　　（　　）

7）产品式组织模式可以协调开发产品市场的各方面力量，费用低、连续性好。

　　　　　　　　　　　　　　　　　　　　　　　　　　　　　　　（　　）

8）营销预算是物流企业综合预算的重要内容，即在营销期内企业从事营销活动所需的经费总额。　　　　　　　　　　　　　　　　　　　　　　　　　　（　　）

9）物流企业营销计划可分为战略计划和作业计划两种，都是由企业营销部门制订的。

　　　　　　　　　　　　　　　　　　　　　　　　　　　　　　　（　　）

10）营销审计是进行营销控制的有效工具，其任务是对企业或经营单位的财务状况进行审计。　　　　　　　　　　　　　　　　　　　　　　　　　　　　（　　）

3. 单项选择题（在下列每小题中，选择一个最合适的答案）

1）营销作业计划一般由（　　）负责编制，计划期为半年至一年，所着重的是较具体的工作目标、营销策划、财务预算和各自的资源利用情况。

A. 财务部门　　B. 人事部门　　　　C. 主管部门　　　　D. 营销部门

2）物流服务营销战略计划是企业的长期计划，年限不等，一般为（　　）年以上。

    A．3　　　　　　B．4　　　　　　C．5　　　　　　D．6

3）在营销预算中，根据竞争对手的营销费用开支来确定本企业营销预算的方法，称为（　　）。

    A．销售百分比法　　　　　　　　B．竞争均势法

    C．目标任务法　　　　　　　　　D．营销人员估计法

4）营销组织的模式和运行程序，最重要的是要适应（　　）的变化而不间断地进行调整。

    A．企业目标　　B．营销目标　　　C．市场环境　　　　D．市场需求

5）（　　）是最常见的市场营销组织形式。

    A．职能型组织　　　　　　　　　B．产品型组织

    C．地区型组织　　　　　　　　　D．市场型组织

6）企业的部门按照产品（或服务）的类别来设立设置市场营销组织机构的营销组织模式，称为（　　）。

    A．职能型组织　　　　　　　　　B．产品型组织

    C．地区型组织　　　　　　　　　D．事业部式组织

7）（　　）决定着一切营销活动的方向，用来说明计划的最终目的。

    A．营销目标　　B．营销战略　　　C．企业目标　　　D．企业战略

8）销售差距分析主要用来衡量造成（　　）的不同因素的影响程度。

    A．销售差距　　B．市场营销　　　C．营业总额　　　D．销售数量

9）盈利性控制一般由企业内部负责监控营销支出和活动的营销主要计划人员负责，其主要环节是进行（　　）。

    A．营业额分析　　　　　　　　　B．盈利能力分析

    C．利润率分析　　　　　　　　　D．收益状况分析

10）战略控制的目的是确保企业营销战略和计划与动态变化的（　　）相适应，促进企业协调稳定发展。

    A．推销计划　　B．市场营销计划　　C．市场营销环境　　D．管理人员任期

4．思考题

1）物流服务营销战略计划一般包括哪些内容？

2）物流企业营销控制的基本程序如何？

3）营销审计的内容主要有哪些？

4）试述物流服务营销作业计划的内容。

5）物流项目商业计划书概要包括哪些内容？

6）物流企业开展营销绩效评估有何意义？

【职场体验】

根据某个物流企业营销部门的营销活动，编制一份物流营销绩效评估报告。

参 考 文 献

[1] 朱岩，李树玲．营销渠道管理：理论与实务[M]．北京：机械工业出版社，2017．

[2] 伊冯娜·麦吉温．市场调研实务[M]．4版．北京：机械工业出版社，2017．

[3] 陈葆华，任广新．现代实用市场营销[M]．北京：机械工业出版社，2016．

[4] 杨明刚．市场营销策划[M]．3版．北京：高等教育出版社，2016．

[5] 郑锐洪．服务营销[M]．北京：机械工业出版社，2016．

[6] 克里斯托弗·洛夫洛克，等．服务营销[M]．北京：机械工业出版社，2014．

[7] 苏兰君，翁运春．现代市场营销[M]．2版．北京：高等教育出版社，2013．

[8] 许晖服．服务营销[M]．北京：科学出版社，2011．

[9] 仇向洋，朱志坚．营销管理[M]．北京：北京师范大学出版社，2008．

[10] 特伦斯·A.辛普，等．整合营销传播[M]．北京：北京大学出版社，2006．

[11] 沃克等．营销战略[M]．北京：北京大学出版社，2006．

[12] 闫毅.市场营销理论与实务[M]．北京：科学出版社，2005．

[13] 李晓．服务营销[M]．武汉：武汉大学出版社，2004．

[14] 陈文若．第三方物流[M]．北京：对外经济贸易大学出版社，2004．

[15] 赵光忠．市场营销[M]．北京：中国经济出版社，2004．

[16] 张保善．物流·总务·招投标操作文案[M]．广州：广东人民出版社，2003．

[17] 陆道生．第四方物流[M]．上海：上海社会科学院出版社，2003．

[18] 牛鱼龙．第三方物流[M]．深圳：海天出版社，2003．

[19] 赵宏波．电信企业客户关系管理[M]．北京：人民邮电出版社，2003．

[20] 黄福华．现代物流运作管理精要[M]．广州：广东旅游出版社，2002．

[21] 郭世华．物流经理实务手册[M]．北京：机械工业出版社，2002．

[22] 上海现代物流教材编写委员会．现代物流管理教程[M]．上海：上海三联书店，2002．

[23] 张旭．服务营销[M]．北京：中国华侨出版社，2002．

[24] 陈孟建．网络营销与策划[M]．北京：电子工业出版社，2002．

[25] 马绝尘．实例化市场营销学[M]．北京：企业管理出版社，2001．

[26] 袁炎清，屈定坤．现代企业管理定量分析[M]．北京：人民交通出版社，1997．